왜 그렇게 살아야 할까

모든 판단의 순간에 가장 나답게 기준을 세우는 철학

왜 그렇게 살아야 할까

히라오 마사히로 지음
최지현 옮김

북하우스

내 삶에 가장 중요한 철학자가
나 자신이라면

시작하면서

이 책은 윤리학 입문서입니다. 윤리학은 인간의 올바른 삶에 대한 학문입니다. 혹시 '올바른 삶을 사는데 무슨 학문이나 교과서가 필요하나?'라고 생각하셨나요? 그런 분들이라면 꼭 읽어보세요. 윤리학이 우리의 삶에 꼭 필요한 구체적이고, 재미있고, 효율적인 지식을 담고 있다는 것을 느끼실 수 있을 것입니다.

이 책의 목적은 윤리학 전반을 쉽게 아우르면서, 일상생활과 취미 또는 비즈니스에서 활용할 수 있도록 돕는 것입니다. 장담하건 대 더 '나다운' 사람이 되고 싶은 분이라면 살면서 윤리학을 피하실 수 없을 것입니다. 이 책은 윤리학에 입문해보겠다고 마음먹은 분들에겐 최적의 입문서가 될 것입니다. 여전히 고민이 되시거나 별로 내키지 않는다고요? 일단 읽다 보면 분명 손에서 책을 놓지 못할 것입니다. 읽든 안 읽든 상관없다는 생각이 드신다면, 읽지 않는 것보다 읽는 게 낫습니다. 그러니 윤리학에 대한 선입견은 잠시 제쳐두고 이 책이 당신의 삶에 어떤 도움을 줄지 궁금한 독자라면 일단 읽어보세요.

처음이자 마지막 윤리학 책

본래 사람들이 책을 쓰는 이유는 무언가에 불만이 있기 때문입니다. 저도 그렇습니다. 기존의 윤리학 책에 불만이 있었기 때문에 직접 써야겠다고 생각했습니다. 기존의 책들은 윤리를 '살짝' 건드린 정도로 끝나거나 아니면 갑자기 너무나도 '전문적'으로 들어가거나, 둘 중 하나인 경우가 많았기 때문입니다. 너무 쉽거나 너무 어렵거나 했던 것이지요.

전문적으로 배우려는 사람에게는 전문적이고 학술적인 지식이 의미가 있을 것입니다. 하지만 그렇지 않은 사람에게는 거의 의미가 없을뿐더러 오히려 윤리나 윤리학에서 더 멀어지게 할 우려조차 있습니다. '정언명령의 제1정식'이라든가, '메타 윤리학의 보편적 및 규범적 기반에 근거한 선호/규칙 공리주의'라든가, '폰 노이만-모르겐슈테른 효용 함수' 같은 걸 깊이 배운다고 해도 일상에서 활용하기엔 무리가 있습니다.

그럼 윤리를 살짝 건드리기만 하는 입문서는 어떨까요? 윤리학을 살짝 접한 후에 '윤리학은 이게 전부구나'하며 윤리학을 멀리하게 되면 너무 아깝단 말이죠. 왜냐하면 윤리학은 평생 가져가야 할

지혜라고 생각하니까요.

기왕 배울 거라면 적어도 실제로 사용할 수 있을 부분까지는 배우셨으면 합니다. 그런 생각으로 이 책을 썼습니다. 윤리를 전반적으로 아우를 수 있도록 구성했고, 일반 윤리학 책에서는 다루지 않지만 우리 삶에 적용할 수 있는 지식 또한 풍부하게 다루었습니다. 즉, 이 책은 여러분이 읽을 처음이자 마지막 윤리학 책의 역할을 수행할 수 있도록 구성했습니다.

답이 있는 문제부터 스스로 생각하는 문제까지

윤리학 입문서의 종류는 한 가지 더 있습니다. 윤리학에서 다루는 문제 중에는 아무리 생각해도 답이 안 나오는 문제가 있습니다. 단순한 상식으로는 답을 찾을 수 없는 어려운 문제를 제시한 후, 포기하지 않고 일부러 생각하고 고민하게 만들어서 재미를 유도하는 유형의 입문서입니다. 윤리학을 배우는 이유는 여러 가지 문제의 답을 스스로 찾아내기 위함이고, 그걸 위해서는 스스로 생각하는 힘이 중요합니다. 특히 철학을 좋아하는 분에게는 이런 유형이 익숙하고 재미있을 것입니다. 스스로 생각하는 걸 좋아하는 사람은 어려운 문제일수록 투지가 막 끓어오를 것입니다. 하지만 처음부터 이런 유형의 입문서를 읽으면, 역시나 윤리 문제는 정확하게 정해진 답이 없다는 잘못된 선입견이 생길 수 있습니다.

윤리 문제 중에는 굉장히 어려운 것도 있고, 실제로 윤리학자들 사이에서 의견이 분분한 문제도 있습니다. 하지만 답이 있는 문제도 당연히 많이 있습니다. 따라서 이 책에서는 답이 나오기 쉬운 문제로 연습을 한 후에 조금 더 어려운 문제에 도전하는 방식으로 구성했습니다. 어려운 문제가 대체 왜 어려운지도 자연스럽게 이해할 수 있어 쓸데없는 고민을 줄일 수 있을 것입니다.

윤리학과 우리를 연결하기

저는 명성 있는 윤리학자는 아닙니다. 일반인보다는 윤리학을 잘 알지만 훌륭한 윤리학자라고 할 수는 없습니다.

근데 왜 윤리학 책을 쓰냐고 물으실 수도 있겠습니다만, 사실 제가 이런 사람이라서 쓰려는 것입니다. 즉, 제가 윤리학에 딱히 관심이 없는 일반 사람과 전문적인 윤리학자 사이를 연결하기에는 아주 적합한 위치에 있다는 생각을 했습니다.

윤리를 살짝 건드린 입문서는 내용이 부족하고, 전문적인 도서는 내용이 과한 것은 책을 쓴 사람이 전문가의 눈치를 봐서 생긴 결과라고 생각합니다. 다른 전문가의 지적을 받지 않으려다 보니 무난하고 적당한 내용만 쓰거나 아니면 아예 진지하고 어려운 내용을 쓰게 된 것입니다. 결국 어느 쪽이든 원래 독자여야 했을 사람들을 잊은 것입니다.

저는 이 책에서만큼은 다른 전문가에게 지적받을 걱정은 넣어두기로 했습니다. 중요한 점을 알기 쉽게 설명하기 위해서 기존의 책과는 다른 설명 방식을 사용했습니다. 여러분이 이 책을 읽기 시작할 무렵에는 지적할 부분을 쉽게 찾지 못하실 겁니다. 하지만 다

읽고 났을 무렵에는 지적할 부분을 스스로 찾고 그 이유를 생각할 수 있게 구성했습니다. 그만큼 여러분은 성장하게 될 것입니다. 책에서 다루는 문제와 이론에 대한 관점을 얻는 것이지요.

수만 명의 저자들과 함께

윤리학자로서 저의 장점은 오랫동안 대학교에서 윤리학 강의를 하고 있고, 강의할 때마다 학생들이 의견과 질문을 작성한 카드를 저에게 제출했다는 것입니다. 1년에 수천 명의 수강생이 있고 6개월에 강의가 열다섯 번 있습니다. 그리고 고맙게도 매번 학생들이 의견을 써주고 있어 지금까지 수만 명의 카드를 읽은 셈입니다. 이 정도로 큰 혜택을 받는 윤리학자는 없을 겁니다.

덕분에 때로는 좌절하고 때로는 용기도 얻으면서 학생들이 윤리학의 어떤 부분을 어려워하고 어떤 식으로 반응하는지 알고 있습니다. 이 책에는 그 목소리가 반영되어 있습니다. 지금까지 제 강의에 참여한 수만 명의 학생이 이 책의 저자입니다.

윤리에서는 우리 모두가 주인공

이 책을 읽어주신다면 여러분도 이 책의 저자가 되는 것입니다. 윤리학은 '누군가에게 배우는' 지식이 아니라 나도 참여해서 만들어 가는 것이기 때문입니다. 그래서 전문적인 내용은 핵심만 간추렸고, 훌륭한 윤리학자들의 의견을 참고하면서 스스로 나만의 윤리학을 만들 수 있도록 최대한 친절하게 썼습니다.

윤리학은 오래된 학문입니다. 과학보다 몇 배나 더 오래된 역사가 있습니다. 여러 윤리학자가 많은 것을 남겼지만, 과학과 달리 지식의 축적이 어렵습니다.

과학은 모두가 배우지 않아도 과학자가 연구하면 진보합니다. 하지만 윤리는 다릅니다. 왜냐하면(나중에 자세히 설명하겠지만) 윤리 지식은 가만히 놔두면 제대로 작용하지 않기 때문입니다.

그리고 윤리의식이 부재하면 살기 어려워집니다. 의외라 생각하실지도 모르지만, 경제도 정치도 과학도 윤리 없이는 성립되지 않습니다. 그래서 우리는 한 명 한 명이 모두 윤리에 대해서 생각해야 합니다. 윤리라는 건 남의 일이 아니라 내 인생 문제이기 때문입니다.

모든 사람이 과학을 연구해서 이론을 발견할 필요도 없고 또 그런 일도 불가능하지만, 윤리에 관해서는 다릅니다. 윤리에서는 우리 모두가 주인공입니다. 이를 의식하지 못하면 엑스트라가 되어버립니다.

이 책의 특징과 윤리가 중요하다는 분위기가 잘 전달됐을까요? 그럼 본격적으로 시작해보겠습니다.

기본부터 탄탄하게

서장 이 책의 사용법

갑자기 쪽지 시험!

프롤로그에도 썼듯이 이 책은 단순히 윤리학의 전문 지식을 배우기 위한 책이 아닙니다. 어떻게 해야 할지 고민되는 순간에 윤리적인 판단으로 스스로 답을 찾을 수 있는 힘을 기르는 책입니다. 우리가 인생에서 접하는 다양한 상황의 의미를 이해할 수 있도록 이끕니다.

그래서 말인데 갑작스럽지만 문제를 풀어봅시다.

전혀 답을 모르겠다는 분도 있을 것입니다. 걱정하지 마세요. 이 책을 읽으면 알게 되니까요.

만약 책을 구매했다면 표시하면서 풀어보세요. 도서관에서 빌린 책이라면 표시하시면 안 됩니다.

문제 1〉 당신은 어느 시의 시장입니다. 어느 날 한 건설업자가 찾아와 "이번에 하게 될 중요한 건축 공사의 시공사로 우리 회사를 지명해주십시오"라고 부탁합니다. "답례로 1억 엔을 드리겠습니다"라고 합니다.

당신은 어떻게 하면 좋을까요?

다음 보기 중에서 하나만 선택해주세요.

① 1억 엔을 받고 그 회사에 발주한다.

② 1억 엔을 받고 그 회사에 발주하지 않는다.

③ 거절한다.

④ 좌절하며 시장직을 그만둔다.

⑤ 업자를 처벌한다.

문제 2〉 당신은 결혼을 약속한 사람이 있습니다. 그런데 그 사람이 위중한 병에 걸렸습니다. 일상생활도 제대로 할 수 없고 치료비도 듭니다. 아이도 낳을 수 없습니다.

당신은 어떻게 하면 좋을까요?

하나만 선택해주세요.

① 결혼할 수 없으니 헤어진다.

② 약속대로 결혼한다.

③ 함께 죽는다.

④ 일단 커피를 마신다.

⑤ 상대방에게 벌을 준다.

당연하다는 이유를 넘어

1번 문제는 대부분 3번을 고르지 않았을까 생각합니다. '당연히 3번 아냐?'라고 생각한 분도 있을 것입니다.

그 이유는 뭘까요? 왜 당연히 그래야 할까요? '당연하다'라는 논리는 충분하지 않습니다. '그 이유가 뭔데?'라고 물으면 '당연한 건데 이유가 어디 있어'라는 대답이 돌아오는 경우가 많기 때문입니다. 그러면 곤란합니다. 제대로 된 이유가 있어야 합니다.

강의 시간에 물어보니 '뇌물을 받는 건 위법이라서'라는 대답이 제일 많았습니다. 그걸로는 안 됩니다. 뇌물이 위법이 된 것은 그게 나쁘기 때문입니다. 그럼 뇌물은 왜 나쁠까요? 윤리학에서 중요한 것은 답을 도출하는 것뿐 아니라 그 이유를 말하는 것입니다.

2번 문제는 어떤가요? '사람에 따라 다를 것'이라는 대답이 제일 많았습니다. '그게 당연하니까'라는 주장도 곤란하지만, '사람에 따라 다르다'라는 주장도 마찬가지로 곤란합니다. 둘 다 이유가 없는 것에 대한 변명에 지나지 않는 경우가 많기 때문입니다.

이 밖에도 현실 속 일상부터 픽션 세계에 이르기까지 윤리 및 도덕에 관해서는 설명하기 힘든 일이 많이 있습니다.

예를 들면 다음 문제를 봐주세요.

문제 3〉 흔히 깡패 또는 조폭이라 불리는 사람들은 의리와 인의를 중요시합니다. 의리와 인의는 윤리적인 가치관입니다(특히 동양의 대표적인 윤리 사상인 유교에서 유래한 단어입니다). 하지만 그들은 나

뻔 짓을 많이 하고 다니니까 도저히 도덕적인 사람들이라고 생각할 수 없죠. 그런데 왜 당당하게 '의리'라든가 '인의'라고 말하는 걸까요?

픽션을 예로 들면, 만화 『데스노트』의 주인공 야가미는 데스노트를 사용해 범죄자를 계속해서 죽입니다. 이건 과연 정의일까요? 만화 『원피스』에서 해군은 정의라고 쓰인 옷을 입고 있으면서도 나쁜 짓을 서슴지 않습니다. 이것은 정말로 정의일까요? 저는 애니메이션 〈바람의 언덕의 나우시카〉를 보고 눈물을 흘렸는데요, 왜 나우시카의 행동은 우리를 감동시키는 것일까요?

이런 질문에 답을 찾아내는 것. 다시 말하면 윤리적인 판단을 할 수 있게 하는 것. 그리고 그 판단의 이유를 잘 설명할 수 있도록 하는 것이 이 책의 목표입니다.

이 책을 읽는 법

전체적으로 보면 이 책은 장과 절로 꽤 상세히 나뉘어 있습니다. 이것은 하나의 절에 하나의 포인트만 적었기 때문입니다. 여러 가지를 쓴 것처럼 보여도 각 절의 중요 포인트는 하나뿐입니다. 읽어가면서 각각의 절에서 포인트가 무엇인지 찾아보시기 바랍니다.

1부는 윤리학이 어떤 일을 하는지, 그것이 왜 필요하고 우리 삶에 어떻게 도움이 되는지를 다루었습니다.

초고에서는 그다음에 윤리학의 주요 사고방식과 윤리학을 만드는 법을 썼었습니다. 하지만 쓰다 보니 분량이 다소 많아서 이 부분은 부록으로 뺐습니다. 궁금하신 분은 부록을 먼저 읽으셔도 됩니다. 그렇지 않은 분은 쭉 읽어나가셔도 괜찮습니다.

처음 부분은 일단 대략 이해하시면 됩니다. 세세한 부분에서 걸리는 것이 있어도 넘기고 읽어주세요. 나중에 되돌아보면 다 이어지는 부분이라 앞에서 몰랐던 것이 자연스럽게 이해가 됩니다. 하지만 3장은 꼼꼼히 읽어 주세요. 본론에 나오는 상세한 내용을 파악하기 위한 큰 틀이기 때문입니다.

2~5부는 이 책의 핵심입니다. 윤리학의 기본 원리와 윤리적인 판단을 할 수 있는 기초를 설명했습니다. 추상적인 원리만 나열하는 것을 피하고 응용 예시를 풍부히 넣었습니다. 일상에서 마주치는 다양한 상황의 해석 방법을 배우는 것이 이 책의 진수라고 말해도 좋습니다.

이 부분까지는 윤리학 전문 지식이 없어도 괜찮습니다. 하지만 그것만으로 끝이라면 윤리학자는 딱히 필요 없을 것입니다. 윤리학자들은 세세한 부분도 놓치지 않고 지금까지 논의되지 않았던 부분까지도 다룹니다. 윤리학의 최전선을 마주하고 싶은 분들을 위해 6부에서 해당 부분을 다루었습니다.

그럼 바로 시작하겠습니다!

1부

기본부터
탄탄하게

1장 모든 생각은 윤리에서 시작된다

일단은 쉽게

쉽게 말해서 윤리학이란?

좀 식상하긴 해도 윤리학이란 무엇인가부터 시작하겠습니다. 윤리학이란 무엇일까요?

'윤리학이니까 윤리를 연구하는 것 아니야?'

네. 맞습니다. 윤리를 연구하는 학문입니다.

그래서 윤리란?

아직 전혀 감이 오지 않으신가요? 맞습니다. 윤리는 무엇이냐는 쉽지 않은 문제입니다.

윤리는 도덕이라도 해도 좋습니다. 윤리와 도덕은 때에 따라서는 구별해서 쓰기도 하지만 같은 것으로 생각해도 됩니다(어느 한 쪽으로 통일할까 생각도 했지만, 미묘한 어감의 차이가 있으니 둘 다 사용하기로 했습니다). 그렇다면 윤리, 도덕이란 무엇일까요?

'삶의 방식?'

그래요. 삶의 방식. 또는 이건 되고 저건 안 되는, 반드시 이렇게 해야 하는, 그런 선악의 기준이라고 해도 좋습니다. 윤리학의 기초를 세운 고대 그리스의 철학자 소크라테스는 이걸 '잘 사는 것'이라고 말합니다.

정확히 짚자면 포인트는 인간, 행위와 삶의 방식, 가치, 규범, 이렇게 네 개입니다. 이것들은 모두 밀접하게 연결되어 있으니 하나씩 살펴보겠습니다.

인간이기 때문에

윤리나 도덕이 문제가 되는 건 인간과 관련된 부분입니다. 반대로 말하면 동물이나 식물이 주인공인 윤리학은 없습니다. 왜냐하면 (아마도) 동물과 식물은 생각하고 행동하지 않고, 행동 방식이 일정하기 때문입니다. 본능적으로 정해져 있는 것입니다 '이 개가 하는 일은 도덕적으로 옳지 않아'라고 하지는 않습니다.

하지만 인간은 다릅니다. 인간은 생각하고, 행동하며, 자유롭습니다. 이건 반대로 부정적으로 말할 수도 있습니다. 인간은 동물에 비하면 본능이 약하거나 무너져 있다고 할 수 있습니다. 그래서 어떻게 행동해야 할지 안정되어 있지 않습니다.

동물은 본능이 있으니까 고민하지 않지만, 인간은 어떻게 해야할지 고민합니다. 우리가 고민하는 상황은 다양하고 모두 다릅니다. 만약 일정한 규칙이나 기준이 있으면 얼마나 좋을까요? 그러면 매번 고민하지 않아도 될 텐데요.

　그래서 윤리가 생긴 것입니다.

행위하는 존재

인간은 단순히 존재하기만 하는 게 아니라 '행위'를 한다는 점이 중요합니다. 윤리적이거나 비윤리적이거나, 선하거나 악하거나 하는 것은 사람이 삶의 방식을 선택하고, 어떤 행위를 선택하기 때문입니다.

선악이 생긴다

다음으로 중요한 것은 인간이 무엇을 하는지에 따라서 가치가 생긴다는 점입니다. 가치는 물건의 가격이 아니고 선하고 악한 것을 말합니다. 그래서 윤리학의 가장 중요한 질문은 '선(善)이란 무엇인가'입니다.

선악의 기준은 누가 정하는가?

나쁜 것보다 착한 것이 좋으니까 나쁜 일보다 착한 일을 하고 싶습니다. 하지만 그러기 위해선 어떤 행동이 선인지 아닌지를 판단해야 합니다. 그래서 선악의 기준이 문제가 됩니다. 우리는 이미지나간 일뿐만 아니라 앞으로 할 일에 대해서도 '그건 해선 안 돼'라든가 '이건 이렇게 해야지'라는 식으로 판단하는데, 이것을 규범이라고 부릅니다. 쉽게 말하면 규칙 같은 것입니다.

정리

윤리학은 윤리 또는 도덕을 연구하는 학문이다. 그리고 윤리, 도덕은 인간의 삶의 방식 및 행위에 대한 가치 규범이다. 쉽게 말하면 이렇게 정리할 수 있습니다.

소크라테스식으로 말하면 '잘 산다는 것이 무엇인지를 아는 것'입니다. 소크라테스는 다른 무엇보다도 이것을 배우는 것이 가장 중요하다고 생각했습니다.

그래서 왜 필요한데?

모든 것이 윤리의 문제

윤리학과 윤리가 무엇인지는 알게 되었습니다. 왠지 여러분의 반응은 미적지근할 것 같군요. '그래서요?'라고 말할 것 같습니다.

첫 강의에서 수강생들이 가장 많이 써서 내는 의견은 '윤리학 공부는 처음이에요. 잘 부탁드려요'입니다. 그 밖에도 '윤리에 대해서 생각해본 적이 없는데 뭘 배우는지 궁금해요'라는 반응도 있습니다.

아마 최대한 호의적으로 써준 것 같은데 아마 다들 속마음은 '그래서요?'가 아닐까 싶습니다. 윤리는 나와 상관도 없고 딱히 필요도 없지만, 강의가 재미있다면 들어는 주겠다는 분위기가 감지됩니다.

일단 짚고 넘어가야 할 게 있습니다. 윤리 및 도덕은 나와 아주 먼 세계의 이야기가 아니라 우리가 살아 있는 한 모든 것과 관련이 있습니다. 윤리는 인간이 하는 일, 행위에서 생기는 선악의 규범을 말하는 것이었습니다. 그리고 우리는 살아 있는 한 여러 활동을 할 수밖에 없습니다. 우리가 하는 행동은 선하기도 하고 나쁘기도 합니다. 그러니 내가 무엇을 하든 윤리 이야기가 안 나올 수가 없습니다.

그런데 왜 윤리에 대해서 생각해본 적도 없다는 의견이 나올까요? 지금까지는 생각하지 않아도 괜찮았기 때문이 아닐까요?

법도 도덕도 통하지 않는 세계?

윤리가 왜 우리 삶을 지탱하는 데 필요한지, 그런데 왜 지금까지 깊게 생각하지 않을 수 있었는지 살펴보겠습니다.

2016년에 NHK에서 '가림페이로'라 불리는 아마존의 금 채굴자에 관한 다큐멘터리를 방영한 적이 있습니다. 아마존 오지에 있는 금광은 광산 책임자가 취재진에게 '사람들에게 여길 알리면 죽이겠다'라고 협박할 만큼 비밀스러운 곳에 있습니다. 브라질 각지에서 일확천금을 노리는 무법자들이 금을 채굴하기 위해 찾아옵니다.

살인을 저지르고 도망쳐 왔다는 남자부터 마약중독자 소년까지 이곳에서 금을 캡니다. 그래서 프로그램 첫머리에 '법도 도덕도 통하지 않는 세계'라는 해설이 나옵니다.

그들도 좋아서 이런 생활을 하는 것은 아닙니다. 금을 채굴하는 것은 엄청나게 힘듭니다. 허름한 헛간 같은 곳에 살고, 먹을 것이 없어 쥐를 잡아먹을 정도입니다. 독벌레가 주변에 득시글거리고 진흙투성이 생활을 해야 합니다.

재미있게 본 다큐멘터리였습니다만, 그중에서도 특히나 흥미로웠던 것은 법이나 도덕 같은 것은 존재하지 않을 듯한 이 무법지대에도 명확한 규칙이 있다는 점이었습니다.

하나는 타인의 과거를 캐묻지 않을 것. 그래서 아무도 본명을 사용하지 않습니다. 또 하나는 다른 사람이 채굴한 금은 훔치지 않을 것. 게다가 채굴한 금의 70퍼센트는 광산을 총괄하는 책임자가 가져가고 채굴자들은 남은 30퍼센트를 공평하게 나누어 갖습니다.

확실히 그곳은 무법자들이 모여 혹독한 환경에서 비참한 생활을 합니다. 그런데 그곳조차 '법도 도덕도 통하지 않는 밀림'은 아니었던 것입니다.

무의식 속 윤리 의식

정말로 법도 도덕도 통하지 않는 곳이었다면 왜 고생하면서 금을 채굴할까요? 필요하면 금을 가진 사람에게서 빼앗으면 그만일 텐데요. 금을 채굴하는 사람들은 금 자체가 필요한 게 아니라 금을 팔아서 돈을 갖고 싶은 것이기 때문에, 정말 법과 도덕을 무시한다면 필요한 것은 모조리 다 훔치든가 빼앗으면 됩니다. 하지만 무법자라 불리는 사람들조차 그렇게 하지 않습니다. 그들도 광산을 이루는 집단의 규칙, 규범을 따르고 있습니다.

그렇게 생각하면 가림페이로의 세계에서도 우리가 생각하는 도덕과 느낌이 많이 다를지 몰라도 모종의 규칙이나 질서가 있는 듯합니다. 사람과 사람이 관련된 이상 그곳에는 규칙이나 규정이 생기기 마련입니다.

무법자의 세계에서조차 그러하니 하물며 평범하게 생활하려면 나름대로 분명한 도덕이 필요합니다. 우리는 평소 도덕이나 윤리를 의식하지 않고 살고 있을지 모릅니다만, 무의식중에 그것을 따르고 있고 다른 사람도 따르고 있다는 것을 암묵적으로 믿기 때문에 안심하고 살 수 있는 것입니다. 그렇지 않으면 우리는 살아가기조차 어렵습니다.

생각한 적이 없고 의식한 적이 없었을 뿐, 우리는 항상 무언가의 규범을 따르면서 살고 있습니다.

아마도 윤리나 도덕이 전혀 없는 세계를 우리는 상상할 수도 없을 것입니다.

윤리를 의식하는 게 힘든 이유

추상적인 윤리 교육

하지만 왜 우리는 그것을 의식하지 않고 깨닫지 못하는 것일까요?

대답은 간단합니다. 우리는 어린 시절부터 주변 어른들에게 도덕 또는 윤리를 배웠지만 딱히 도덕이라는 명목으로 교육받지 않았고, 그분들도 윤리란 이런 것이라면서 가르치지 않았기 때문입니다.

언어와 윤리의 유사성

이런 점에서 도덕을 배우는 것은 말을 배우는 것과 비슷합니다. 태어나서 자란 곳의 언어는 문법을 배우지 않아도 사용할 수 있게 됩니다. 문법은 그 언어를 모르는 사람이 배우기 위한 것이고 그 언어를 쓰는 사람은 크게 의식하지 않습니다. 윤리도 그렇습니다. 이미 윤리가 몸에 밴 사람들은 별로 의식하지 않습니다.

하지만 평범하게 말을 하다가도 가끔 '이게 맞나?' 싶을 때가 있습니다. 틀린 표현을 써서 지적을 받을 때도 있고요. 이럴 때 필요한 것이 문법입니다. 이처럼 도덕도 맞는 건지 틀린 건지 헷갈릴 때가 있습니다. 그럴 때 필요한 것이 바로 윤리학입니다.

기억이 안 나는 과목?

초등학교 때의 도덕 시간은 뭐였냐는 질문도 자주 나옵니다.

선생님은 '이런 것이 도덕이고, 답은 이것'이라고 말씀하시지 않았을 것입니다. 어린 시절의 도덕은 지식으로 배우는 것이 아니기 때문입니다. 그래서 많은 사람이 '잘 모르겠는 과목'으로 기억하고 있을 뿐입니다. 선생님들은 기껏해야 "답은 없지만 스스로 잘 생각해보세요"라고 말씀하셨을 것입니다.

학습지도 요령에는 도덕은 '도덕 수업' 시간뿐 아니라 학교생활 전반에 걸쳐 배우는 것이라고 나와 있습니다. 다른 교과 시간, 쉬는 시간, 동아리 활동, 청소 시간 등 모든 학교생활은 도덕을 배우기 위해서 설정된 것입니다. 가정에서는 부모님에게, 밖에서는 어른들에게 이것저것 주의하라는 말을 듣기도 합니다. 이렇게 우리는 어린 시절부터 자연스럽게 우리도 모르는 사이에 도덕을 익히게 됩니다.

공기처럼 중요한

따라서 첫 수업 시간에 "윤리에 대해서 깊이 생각해본 적이 없어요"라고 말한 사람도 사실 이미 그 시점에서 윤리를 어느 정도 배운 상태입니다.

아주 어린아이였을 때부터 배워야 했을 만큼 중요한 것이었기에 굳이 도덕에 대한 생각을 하지 않아도 됐던 것입니다.

그런 점에서 말하자면 도덕과 윤리는 공기와도 같습니다. 눈에도 안 보이고, 있는 것이 당연하며, 딱히 고맙다고 생각하지 않습니다. 하지만 실제로는 없으면 살아갈 수 없습니다.

공기가 없으면 우린 바로 죽을 것입니다. 도덕이 없으면 바로 죽지는 않을지 모릅니다. 하지만 인간으로서 온전히 살아갈 수 없습니다. 반대로 지금 내가 인간으로서 온전히 살아가고 있다면 이미 우리 주변에는 도덕, 윤리가 작용하고 있다는 뜻입니다(다만 '인간으로서 온전히'가 어떤 뜻인지는 앞으로 생각할 것입니다).

한걸음더1 윤리학이 더욱 필요해지는 세상

어릴 때부터 도덕을 익힌(배운) 셈이라 어지간한 일이 없는 한 그것만으로도 충분히 살아갈 수 있습니다. 그러면 새삼스럽게 다시 윤리학을 배우지 않아도 되는 거냐라는 의문이 생길 수 있겠습니다. 그 점에 대해서는 앞으로 설명할 테니 일단은 다른 설명을 먼저 간단히 하고 넘어가겠습니다.

아주 먼 옛날에는 인간의 교류 범위가 좁았고 한 인간의 힘이 미치는 범위도 제한적이었습니다. 그래서 잘못을 하더라도 그렇게 큰 문제로 발전하지 않았습니다. 따라서 그 무렵에는 부모를 비롯해 주변 어른들에게 배운 도덕만으로 충분했습니다.

물론 그 무렵에도 윤리학은 있었습니다. 하지만 윤리학이 필요했던 사람은 주로 사람들에게 큰 영향을 미치는 사회적으로 신분이 높은 사람들, 즉 권력을 가진 사람들이었습니다. 힘을 함부로 사용하면 다른 사람은 물론 본인도 스스로 다치기 때문입니다. 힘을 제한하는 것이 윤리, 도덕적인 의무였던 셈입니다. 프랑스어에는 '노블레스 오블리주'라는 말이 있습니다. 노블레스는 고귀하다는 뜻이고 오블리주는 의무가 있다는 의미입니다. 사회 고위층 인사에게는 (그만큼의) 의무가 있었습니다.

그런데 지금은 과거와 달리 교통수단이 발달해 인간의 이동이 활발해졌고, 기술이 발달해 인간의 영향력이 커진 데다, 정보 통신 수단을 통해 교류 범위도 넓어졌습니다. 불과 얼마 전까지만 해도 인간의 행동 범위는 태어난 지역을 크게 벗어나지 않았습니다. 태어난 동네를 떠나본 적이 없는 사람도 많았을 정도입니다. 하지만 지금은 평범한 사람이 편하게 해외로 갈 수 있게 되었습니다.

맨손으로 사람을 때려죽이려고 하면 꽤 어렵습니다. 하지만 철제무기와 총이 발명되어 사람을 죽이는 일도 쉬워졌습니다. 물리적 공격이 아니어도 인터넷에 악플을 달거나 협박 글을 적어 타인에게 쉽게 상처를 줄 수 있게 되었습니다. 할 수 있다고 뭐든 다 하면 엄청난 일이 벌어지는 시대가 되었습니다.

옛날에는 힘 있는 사람에게 윤리학이 필요했습니다. 하지만 현대에는 평범한 사람도 큰 힘을 갖게 되었기 때문에 그 힘을 함부로 쓰지 못하게 하기 위한 제어장치가 필요해졌습니다. 윤리학은 모든 사람에게 꼭 필요한 것이 된 것입니다.

2장 윤리학이란 무엇인가

윤리학이 하는 일

윤리의 두 가지 약점

사람들은 윤리에 대해 신뢰감이 약할 뿐만 아니라 별로 안 좋은 인상이 있는 것 같습니다.

실제로 도덕이 필요하다는 건 비교적 단순한 이야기입니다. 오히려 골치 아픈 건 그다음입니다. 윤리나 도덕에는 몇 가지 약점이랄까 난점이 있습니다.

일단 '선악은 사람에 따라 다르다'라는 문제. 이것이 도덕에 불신감을 가지는 가장 큰 이유인 것 같습니다.

다음은 '강요하는 것 같다'라는 문제입니다. 억지로 강요하는 느낌 때문에 안 좋은 인상이 생기게 된 것입니다.

선악은 사람에 따라 다르니까

학생들이 특히 많이 쓰는 말이 '선악은 사람에 따라 다르다'입니다. '그래서 윤리학을 공부해 봤자 소용없을 것 같고'라든가 '윤리학이 무슨 의미가 있는지도 잘 모르겠다'라는 말이 이어집니다.

다행히 이런 감상은 강의를 계속하면 줄어들지만, 이런 생각이 든다면 윤리학을 배우고 싶다는 마음이 들지 않는 것도 당연합니다.

같은 것을 봐도 사람마다 의견이 다르고 사람에 따라 가치관이 다양합니다. 하지만 그렇다고 윤리학을 공부해도 소용이 없고 아무 의미가 없는 건 아닙니다. 완전히 그 반대입니다. 사람에 따라 가치관이 달라서 윤리학이 필요하다는 것이 정답입니다.

다르기 때문에 정리가 필요

사람에 따라 무엇을 윤리, 도덕으로 생각하는지 다릅니다. 따라서 그것을 정리하기 위해 윤리학이 필요합니다.

정확하게 말하면 사람마다 윤리, 도덕이 다르기만 하다면 괜찮습니다. "우린 서로 생각이 다르네" 그러면서 방긋 웃으며 헤어지면 깔끔하죠. 문제는 다른 의견이 대립하는 경우입니다. 둘 중에 누가 맞는지를 따지기 시작하면 싸움이나 전쟁이 일어날 수도 있습니다.

예를 들어 생각해보죠. 속담은 도덕적 지혜의 보물 창고입니다. 하지만 '좋아하면 잘하게 된다'라는 말이 있는가 하면 '잘하지도 못하는데 열심히 한다'라는 말도 있죠. 내용이 정반대입니다. '서두르면 일을 그르친다'와 '급하면 돌아가라'는 같은 말이지만, 완전히 반대되는 '선수필승', 즉 '뭐든지 먼저 선점해야 유리하다'는 가르침도 있습니다. '어디를 가나 좋은 사람은 있기 마련'이지만 '사람을 쉽게 믿으면 안 된다'라고도 하죠.

자녀를 키울 때도 마찬가지입니다. 자녀에게 '사람은 늘 솔직해야 한다'라고 가르치는 부모도 있고 '약삭빠르게 처신하라'라고 가르치는 부모도 있습니다. 이런 것들이 현실적으로 다양한 대립을 낳게 되고 결국에는 이러한 대립과 갈등 때문에 사람이 살해당하거나 전쟁이 일어나는 것입니다.

따라서 신중히 생각해서 윤리, 도덕을 정리해놓아야 합니다. 이것들을 정리하기 위해 윤리학이 있는 것입니다.

어쩔 수 없으면 안 돼!

실제로 도덕에 대한 사람들의 사고방식은 다양하고, 때에 따라서는 대립도 합니다. 그건 '사실'입니다. 그리고 많은 사람이 사실이 그러니 어쩔 수 없다고 생각합니다. 그래요. 사실이란 것은 강력합니다. 하지만 윤리, 즉 가치의 문제에 관해서는 조금 사정이 다릅니다.

예를 들어 삼각형의 내각의 합은 어떻게 생각해도 180도입니다. 그걸 가지고 '안 돼요! 180도면 곤란해요!'라고 호소한들 아무 일도 일어나지 않습니다. 한탄해도 어쩔 수 없는 사실이고, 애초에 180도면 곤란하다는 것이 무슨 뜻인지도 모르겠습니다. 곤란하다고 호소해도 어찌할 수 없으니 오히려 더 곤란합니다.

하지만 윤리의 경우는 '그래서는 곤란하다'는 것이 중요합니다. 뉴스를 보면 살인, 강도, 공무원의 뇌물 수수, 대통령이나 총리의 거짓말 등 수많은 사건이 일어납니다. 하지만 그걸 '사실이니까 어쩔 수 없지'라면서 넘어가서는 안 됩니다. 그래서는 곤란합니다. 왜냐면 그런 사실은 있어서는 안 되는 일이고 노력하면 없앨 수도 있기 때문입니다.

다른 선택지가 없다면 어쩔 수 없습니다. 하지만 인간이 하는 일은 대부분 다른 선택지가 있으니까 어쩔 수 없지 않습니다. 따라서 '소극적'으로 말하자면 이대로는 곤란하고, 좀 더 '적극적'으로 말하자면 좋은 쪽으로 바꿔야 합니다. 그래서 다양하게 다르기도 하고 때에 따라서 대립하기도 하는 도덕, 윤리를 최대한 정리해야 합니다. 이것이 윤리학의 역할입니다.

자유로운 삶을 위해서

강요하는 것 같아서

두 번째 의문 '강요하는 것 같다'라는 문제로 들어가겠습니다.

우리는 누가 강요하는 걸 싫어합니다. 그러니 윤리나 도덕을 강요하면 싫다는 건 자연스러운 의견입니다. 역시 문제는 '그러니까 윤리학은 배워도 소용없다'라는 결론을 내리는 것입니다.

윤리는 모호하고 사람에 따라 달라서 윤리학이 필요하다고 했습니다. 그것과 마찬가지로 도덕은 강요하게 될 수도 있기에 그렇게 되지 않도록 윤리학이 필요한 것입니다.

어린 시절 잔소리 때문에

쉽게 말해 도덕을 강요한다는 건 아이들의 관점입니다. 우리는 어린 시절부터 이건 이래서 안 되고, 그건 그래서 안 된다며 어른들에게 잔소리를 들으며 자랍니다. 물론 아이들은 그걸 싫어합니다. 왜 어른들은 하지 말라고만 하는지 모르겠습니다. 그래서 도덕이라고 하면 어린 시절의 안 좋은 기억이 떠올라서 '강요하니까 싫어'라고 느끼게 됩니다.

하지만 지금 생각해보면 어른들이 하지 말라고 했던 것은 남에게 피해를 주지 않기 위해서, 아이가 위험해지니까 등등의 이유가 있었을 것입니다.

어른들이 이유부터 설명했더라면 아이들도 이해했을지도 모릅니다. 아이들의 마음을 어른은 알아주지 않습니다. 하지만 어른의 설명을 아이도 알아주지 않습니다. 말을 알아듣고 이해하는 아이도 있을 수 있겠지만 그런 상황을 늘 기대할 수는 없습니다.

이유를 알지 못했으니까

이유를 설명하고 아이가 이해하기를 기다리기엔 상황이 위급할 때도 있습니다. 그런 일이 빈번하다 보니 어른들도 일일이 설명하기가 힘들어 결국 설명 없이 아무튼 안 되니까 하지 말라고 말하는 것입니다.

물론 어른들도 기분이 안 좋을 때가 있어서 이유도 없이 아이들에게 화풀이할 때가 있을 수 있습니다. 자신이 직접 경험해서 알게 된 자신의 가치관을 아이에게 강요할 때도 있고요. 아이들은 힘으로는 어른을 이기지 못하니까 억지로 말을 듣지만 뭔가 석연치 않을 겁니다. 아이들의 '왜 하면 안 돼?'라는 질문은 어른들의 기분을 더 언짢게 만들 수도 있습니다. 사실 어른들도 왜 내가 아이를 혼내는지 모를 때가 많으니까요.

하지 말라는 건 많고 할 거면 이렇게 하라고 잔소리하면서 어른들은 그 이유도 제대로 설명해주지 않아 불만이 쌓입니다.

이렇게 쌓인 불만이 성장한 후에도 마음에 남아 결국에는 그 화살이 윤리학 교사에게 돌아오게 되니 참으로 슬픈 일이 아닐 수 없습니다.

윤리가 주는 자유

하지만 이런 사정 때문에 윤리학이 있는 것입니다. 이것이 윤리학이 하는 두 번째 일입니다.

윤리학이 하는 첫 번째 일은 윤리와 도덕의 정리였습니다. 윤리 및 도덕은 필요한 것도 있지만, 그중에는 개인적인 경험(인생론)이나 단순한 착각(편견), 전통적인 관습(예전부터 내려오는 격언) 같은 것도 있습니다. 윤리학은 일단 그런 것들을 정리합니다. 도덕이라고 생각한 것이 모두 중요하다고는 할 수 없기에 그중에서 정말로 필요한 것과 필요하지 않은 것을 나누는 것입니다.

그리고 그것이 필요하다면 왜 필요한지 그 이유를 설명합니다. 윤리학이 하는 두 번째 일이 바로 이것입니다.

사실은 필요도 없고 이유도 모르는데 '도덕'이라면서 지키라고 하면 그건 강요에 지나지 않습니다. 윤리학은 이런 강요를 제거하는 일을 합니다. 윤리 및 도덕은 어떻게 하라거나, 하지 말라는 명령형의 형태를 취합니다.

사람을 구속하는 것이니 최대한 개수가 적은 편이 좋습니다. 요약하자면 윤리학은 도덕 및 윤리를 정리해서 필요한 것을 추리는 것입니다. 결과적으로 윤리학은 우리를 자유롭게 합니다.

그리고 필요한 윤리가 있다면 윤리학은 그렇게 해야만 하는 이유를 생각합니다. 필요한 이유가 있다면 공감하고 따를 수 있습니다. 따르는 데서 멈추지 않고 우리 자신의 의지로 따져 보고 내 삶에 맞춰 적용할 수 있습니다. 이런 의미에서도 윤리학은 우리를 자유롭게 합니다.

이렇듯 윤리학은 이중의 의미로 우리를 자유롭게 하는 셈입니다.

한 걸음 더 2 과학과 윤리학의 차이

윤리, 도덕에서는 이유를 설명하는 것이 중요합니다. 이건 과학과 윤리학의 차이라서 과학적 사고가 익숙한 사람에게는 알기 어려운 부분입니다. 과학이 설명하려는 것은 이유가 아니라 원인이기 때문입니다. 우리는 어렴풋이 이유와 원인이 다르다는 것을 알고 있지만 잘 생각해보면 의외로 어렵습니다. 둘 다 '왜 이런 일이 일어난 것인가'를 묻습니다. 그리고 '그것은 ~ 때문이다'라고 대답합니다. 하지만 이 '때문이다'가 원인일 때가 있고 이유일 때가 있어서 헷갈립니다.

손에 들고 있는 유리컵을 바닥에 떨어뜨려 깨진 경우, 과학자는 컵이 떨어진 속도와 무게, 컵에 가해진 충격의 힘을 계산해 '이 정도의 힘이 가해졌으니(이것이 원인) 컵이 깨졌다'라는 결론을 내립니다.

하지만 윤리학은 인간의 행위를 문제 삼습니다. 예를 들어 정치인 A 씨에게 친구 B 씨가 "넌 정치인이니까 힘 좀 써서 내 편의 좀 봐줘. 답례는 할게"라는 부탁을 받았다고 합시다. 그래서 A 씨는 자신의 위치를 활용해 B 씨의 편의를 봐주었습니다.

A 씨가 '우정 때문에 어쩔 수 없었다' 또는 '돈의 유혹에 지고 말았다'라고 한다면 그것은 원인에 불과합니다.

A 씨는 '그렇게 생각했고 그게 이유인데요'라고 말할지도 모릅니다. 하지만 원인의 경우엔 맞고 틀린 것이 없지만, 이유에는 반드시 옳고 그름이 있습니다. A 씨의 이유가 도저히 옳다고 생각할 수 없다면, 우리는 이것을 옳은 행위라고 판단할 수 없습니다. 오히려 이것을 '옳지 않은, 도덕적으로 나쁜 행위다'라고 판단합니다.

이렇게 과학이 원인을 연구하는 것이라면 윤리학은 이유를, 그것도 옳은 이유를 연구합니다.

이유와 원인의 차이가 보이기 시작하나요?

가장 도움이 되는 지식

일상생활에 도움이 안 되잖아

'윤리학이 정말로 일상에 도움이 되나요?' 이것도 자주 듣는 질문입니다.

앞에서 살펴봤듯이 윤리학은 우리를 자유롭게 해주는 셈이니 그 점에서는 도움이 되지만, 이것만으로는 조금 막연하다는 생각도 듭니다. 조금 더 설명이 필요합니다.

세상에는 도움이 되는 지식이 많이 있습니다. 경영학은 회사를 경영하는 데 도움이 되고, 토목공학은 댐을 만들거나 수로를 만드는 데 도움이 됩니다. 의학 지식은 병을 치료해서 사람의 생명을 구하는 데 도움이 됩니다. 하지만 이것들도 언제나 반드시 도움이 된다고는 할 수 없습니다. 실패할 때도 있으니까요. 그래도 적어도 도움이 되는 방식은 알기 쉽습니다. 그럼 윤리학은 어디에 어떻게 도움이 될까요? 알기 어렵습니다. 하지만 여기에는 이유가 있습니다.

앞에서 살펴봤듯이 첫 번째 이유는 윤리학은 평소에는 의식하지 않기 때문입니다. 이미 우리 몸에는 윤리가 자연스럽게 배어 있습니다. 평소에는 그 정도로도 어느 정도 대응할 수 있습니다. 그래서 따로 배울 필요성을 느끼지 못합니다.

하지만 우리가 어린 시절부터 배우는 윤리와 도덕은 정리된 것이 아닙니다. 때로는 모순되는 내용을 배우기도 합니다. 주변 어른들은 그 이유를 설명해주지 않고 때에 따라서는 본인들 마음대로 해선 안 되는 것을 정하기도 합니다. 그래서 막상 고민스러운 상황이 생기면 주저하게 됩니다(서장의 문제들을 떠올려주세요). 윤리학은 이럴 때 도움이 됩니다.

윤리학이 주는 독특한 도움

윤리학은 확실하게 도움이 되고, 수많은 지식 중에서도 가장 도움이 됩니다. 아주 독특한 방식으로 도움을 주지요.

경영학은 회사를 경영하는 데 도움이 되고 의학은 병을 치료하는 데 도움이 되죠. 하지만 경영에 관한 지식은 회사를 경영하지 않는 사람에게는 별다른 도움이 되지 않고, 의학 지식은 댐을 만들 때는 도움이 되지 않습니다. 이른바 도움이 되는 지식은 특정 분야에서는 도움이 돼도 사실 다른 분야에서는 도움이 되지 않습니다.

윤리학은 어떨까요. 윤리학만으로는 댐을 만들 수도 없고, 병을 치료할 수도 없습니다. 하지만 댐을 만드는 것도, 병을 치료하는 것도, 회사를 경영하는 것도, 과학 연구를 하는 것도 모두 사람이 하는 일입니다. 그런 이상 그곳에는 반드시 윤리가 관련되어 있습니다.

비윤리적 의사? 비도덕적인 건축가?

예를 들어 의학은 알아도 윤리는 모른다는 의사가 있으면 환자는 큰일 납니다. 그런 의사는 신용할 수 없으니 안심하고 치료를 맡길 수 없습니다. 처음 만나는 사람에게 갑자기 옷을 벗으라고 하는데, 윤리 의식이 없는 의사 앞에서 옷을 벗을 수 있을까요? 수술이라도 하게 되면 그 신용할 수 없는 사람이 무방비 상태인 우리에게 칼(메스)을 들고 다가오는 무서운 상황에 놓이게 됩니다.

반대로 평소 우리가 안심하고 의사에게 진찰받고, 수술받고 있다는 건 이미 윤리가 작용하고 있다는 뜻입니다. 우리는 깨닫지 못해도 윤리가 도움이 되는 것입니다.

아파트를 설계하는 건축가는 내진 기준에 맞춰 구조 계산을 할 수 있어야 합니다. 이건 기술의 문제입니다. 하지만 윤리 의식이 없다면 어떨까요? 어차피 아무도 모를 거라며 아파트를 대충 설계한다면 지진이 발생할 때 아파트가 무너져버릴지도 모릅니다. 기술자에게는 기술자의 윤리가 필요합니다(그래서 지금은 기술자 교육과정에 윤리학도 필수로 들어 있습니다).

건설회사 측에서 건축가에게 "공사비를 아끼고 싶으니 설계를 바꿔, 지진은 언제 일어날지 모르잖아"라며 내진 설계 위장을 요구한다고 생각해봅시다. 이런 경우에 건축가는 자신이 배운 윤리 지식을 떠올려 "아니요, 안 됩니다. 건축가에게는 해도 될 일과 해서는 안 되는 일(윤리)이 있습니다"라고 똑바로 거절할 수 있게 되는 것입니다.

정리해봅시다. 경영학, 의학 등의 지식은 사실은 도움이 될 때도 있고 아닐 때도 있었습니다. 하지만 윤리학은 우리가 깨닫든 깨닫지 못하든 언제 어느 때나 도움이 되는 것입니다.

<u>한 걸음 더 3</u> 기술과 윤리의 관계

지식 및 기술은 우리 능력과 가능성을 확대해줍니다. 지식과 기술을 익히면 지금까지 할 수 없었던 일을 할 수 있게 되니 참으로 기쁜 일입니다.

하지만 모든 지식과 기술을 혼자서 전부 배울 수는 없습니다. 그래서 전문가가 있는 것입니다. 전문가는 특수한 지식과 기술을 활용해 일반인들이 할 수 없는 일을 할 수 있습니다. 좋은 방향으로 사용하면 도움이 되지만 나쁜 방향으로 사용하면 기술이 없는 경우보다도 훨씬 더 큰 손해를 입힙니다. 의사가 의사라는 점을 악용하면 큰일 납니다. 사람의 생명을 살리는 힘을 가지고 있다는 것은 사람을 죽이는 힘도 가지고 있다는 뜻이 됩니다. 그렇기에 힘에는 제한이 필요합니다. 지식과 기술을 좋은 방향으로만 사용할 수 있도록 제한하는 것입니다. 힘을 무제한으로 사용하면 단순한 폭력에 지나지 않습니다. 그 제한을 윤리라고 부릅니다.

아직도 '과학과 기술은 윤리와 상관없다'라고 믿는 사람이 가끔 있습니다만, 그것은 잘못된 사고방식이라는 것이 분명해지고 있습니다.

윤리 없이 기술을 사용한다면 피해만 발생할 뿐입니다. 윤리 의식이 없는 과학자는 미친 과학자, 윤리 의식이 없는 변호사는 악덕 변호사입니다. 얼핏 도움이 되는 것처럼 보이는 지식과 기술도 사실은 윤리 없이는 제대로 사용할 수 없습니다.

그래서 특수한 지식 및 기술을 가진 사람, 일반인보다 할 수 있는 일의 범위가 넓은 전문가에게는 그만큼 특수한 윤리가 필요한 것입니다. 이것을 '직업윤리'라고 부릅니다. 변호사의 직업윤리, 의사의 직업윤리, 기술자의 직업윤리. 이에 대해 일반적인 모든 사람과 관련 있는 윤리는 '일반 윤리'라고 부릅니다.

답이 정해진 철학?

윤리학에는 답이 없어!

'윤리학에 답이 있나요?' 이것도 자주 듣는 질문입니다. 이런 질문은 과학 선생님에게는 하지 않을 것으로 생각합니다. 역시 윤리학은 신용이 없는 모양입니다.

윤리학이 모호하고 답이 없는 것처럼 보이는 이유는 우리가 윤리 또는 도덕이라고 부르는 것이 모호하고 사람에 따라 다르기 때문이었습니다. 윤리학은 그것을 정리하고 필요하다면 이유를 생각합니다. 그런 의미에서는 윤리학에도 물론 답이 있습니다.

가끔 '철학, 윤리학에는 답이 없어!'라고 말하는 선생님도 계시기에 혼란스럽게 만들었을 수도 있습니다. 사실 그건 스스로 생각하게 만들려고 한 말일 뿐입니다.

물론 모든 문제에 대해서 수많은 윤리학자의 의견이 모두 일치했다고는 할 수 없지만, 그것은 비단 윤리학만 그런 것이 아닙니다. 과학이든 철학이든 대부분의 학문이 마찬가지입니다. 그저 통설을 따르기만 한다면 연구 같은 건 필요 없을 것입니다. 전문가는 통설을 어떻게 뒤집을지 어떻게 하면 남과 다른 의견을 낼 수 있을지를 생각하는 묘한 사람들이니까요.

구체적인 답을 원해?

윤리학에도 답은 있습니다. 단, 주의할 점이 있습니다.

앞서 봤듯이 댐을 만드는 기술, 병을 고치는 기술, 이런 기술이 도움이 되는 방식은 알기 쉽고 구체적이지만, 언제든지 사용할 수 있는 것은 아니었습니다. 윤리학의 지식은 그렇게 구체적인 것은 아닙니다. 확실히 말해 추상적입니다. 추상적이라서 여러 경우에 사용할 수 있습니다. 의미도 없이 추상적인 것은 아닙니다.

추상적인 것을 싫어하는 사람이 있어서 더 구체적으로 설명해달라는 의견도 종종 있습니다만, 구체적인 윤리 지식은 둥근 사각형 같은 것이라서 있을 수가 없습니다.

생각해보세요. 예를 들어 제가 어떤 학생에게 "자네는 강의를 참 열심히 듣는군. 윤리학자인 내가 특별히 자네에게만 좋은 것을 알려주지. 앞으로 자네가 어떻게 살아야 하고 지금은 뭘 하면 좋을지 구체적으로 가르쳐주겠네"라고 말하면 어떨 것 같은가요? "아니요. 괜찮아요"라고 뒷걸음질치면서 거절하지 않을까요? 뒤도 안돌아보고 도망칠지도 모릅니다. 윤리학은 분명 인간의 삶을 논하지만, 구체적인 누군가의 삶에 대해서가 아니라 인간이라면 모두에게 해당하는 것을 다룹니다.

윤리의 기본 원리

우리가 일반적으로 윤리, 도덕이라고 부르는 것 중에는 추상적인 삶의 지침도 있지만, 구체적인 지시도 있고, 서로 모순되는 것도 포함되어 있습니다. 윤리학은 이런 막연한 것을 정리합니다. 여기저기서 나오는 다양한 의견을 최대한 모순이 없도록 정리하는 것이죠. 모두가 인정할 수 있는 최소한의 기준을 목표로 하다 보니 어쩔 수 없이 추상적인 것이 되는 것입니다.

이런 식으로 정리해서 나온 결과를 '윤리의 원리', '윤리의 기본'이라고 부릅니다. 물론 윤리, 도덕은 모호하며 사람에 따라, 때에 따라 다릅니다. 하지만 윤리의 '기본 원리'는 최대한 명확하고 일반적이어야 합니다. 그래서 윤리학이 내는 답은 '넌 이렇게 살아야해, 이런 경우에는 이렇게 해'라는 식이 아니라 일반적인 기본 원리인 것입니다.

답을 찾는 건 나 자신

윤리학에 답이 없다고 주장하는 사람이 생각하는 답이란, 구체적인 상황에 정확하게 어떻게 대처해야 할지 알려주는 것입니다.

지금까지 얘기했듯, 그건 윤리학의 답이 아닙니다. 윤리학은 그런 의미의 답을 스스로 찾도록 이끕니다.

왜 윤리학은 내가 원하는 구체적인 답을 주지 않을까요? 반복해서 말하지만 '구체적인 경우'라는 건 무수히 많고 다양해서 그야말로 케이스 바이 케이스이기 때문입니다. 그리고 윤리학이 거기까지 간섭한다면 우리에게서 자유는 사라집니다.

그래서 윤리학은 윤리의 원리라는 형태로 답을 줍니다. 그것을 실생활에서 응용하는 건 각 개인인 우리의 몫입니다.

윤리학 칼럼 1 윤리학과 인생론의 차이

서점이나 도서관에 가면 인생론에 관한 책이 많습니다. 윤리학(또는 철학)을 인생론이라 생각하는 사람이 많을지도 모르겠습니다. 하지만 전혀 다릅니다. 윤리학과 인생론은 확실히 말해서 정반대입니다.

윤리학은 일반적인 해답을 줍니다. 하지만 본문에 썼듯이 그 해답은 추상적이라서 구체적으로 자신의 경우에 맞춰서 사용하기 위해서는 스스로 생각해야 합니다.

이에 비해 인생론은 '이런 경우에는 이렇게 하라'라고 구체적으로 가르쳐 줍니다. 비즈니스 서적 중에도 인생론을 다루고 있는 책이 많습니다. '잘나가는 비즈니스맨은 이것이 다르다!'라든가 '일류가 되는 법'이라는 제목의 책은 대체로 인생론에 관한 내용이 포함되어 있습니다.

그럼 윤리학과 인생론, 어느 쪽이 좋을까요?

인생론이 좋다고 하는 사람도 있을 것입니다. 구체적으로 어떻게 하라고 말해주니 스스로 생각할 필요가 없어 편하니까요. 이에 비해 윤리학은 어느 정도 답은 주지만 나머지는 스스로 생각해야 합니다. 인생론이 더 편리한 걸까요?

물론 인생론을 다루는 책이나 비즈니스 서적 중에는 좋은 책도 많지만, 치명적인 결함이 있는 것도 많습니다. 보통은 구체적인 경우를 다루고 있기에 사람에 따라 맞는 것이 있고 안 맞는 것이 있습니다. 이런 책을 한 권 읽고 나서 내 상황과 맞지 않으면 다른 책을 찾아보시나요? 책마다 하는 얘기가 정반대인 경우도 있습니다. 내 상황에 맞는 책을 찾다가 평생을 허비할지도 모릅니다.

한편 윤리학은 스스로 응용을 생각해야 하는 약점(?)은 있지만 모든 사람이 자신에게 적용할 수 있게 되어 있어 굉장히 편리합니다. 심지어 그걸 실제로 응용하는 것이 '나'라는 것은 사실 약점이 아니라 우릴 자유롭게 만들기 때문에 오히려 큰 이점이라고 봐야 합니다.

운명의 버튼

버튼을 누르기만 하면 1억 엔

그래도 구체적인 예가 있는 편이 좋을 것 같아서 하나 소개하겠습니다.

수업 시간에 한 학생이 이런 질문을 써서 냈습니다.

"친구에게 '이 버튼을 누르면 1억 엔을 드립니다. 버튼을 누르면 당신이 모르는 사람이 어딘가에서 죽습니다. 버튼을 누르시겠습니까?'라는 질문을 받아서 누르지 않겠다고 대답했는데요. 1억 엔이나 준다는데 제가 이상한가요? 제가 누르지 않겠다고 판단한 것은 제 생각이 상식적인 도덕에 구속되어 있기 때문일까요?"

이것은 미국의 소설가 리처드 매드슨의 단편 소설 「버튼, 버튼」에 나오는 이야기입니다. 픽션이지만 윤리학적으로 생각하는 것이 더 재미있습니다. 소설이나 영화는 남의 일로 생각하고 보지만 윤리학은 나라면 어떻게 할지를 생각하니까요. 윤리학의 관점으로 읽으면 내가 주인공이 됩니다.

버튼을 누르고 싶은 마음도 들긴 하는데 뭔가가 마음에 걸립니다. 그래도 1억 엔이나 준다니 고민이 됩니다.

사고실험

꽤 재미있는 문제입니다. 윤리학적 사고실험의 일종이라고도 할 수 있습니다. 윤리학에서는 실험이나 관찰을 할 수 없는 경우가 많기에 생각으로 실험합니다. 이를 사고실험이라 부릅니다.

트롤리 딜레마*나 경험 기계**와 같은 유명한 사고실험도 많

---

* 다섯 사람을 구하기 위해 한 사람을 죽이는 것이 도덕적으로 허용 가능한지에 대한 질문.—옮긴이

** 1974년 미국의 철학자 로버트 노직이 했던 사고실험. 사용자가 원하는 모든 것을 실현해주는 가상 현실 기계인 경험 기계를 통하여, 현실 세계와 완전히 분리되어 기계가 창조하는 가상 현실에서 살아갈 수 있다면 영원히 경험 기계에 연결되어 살아갈 것인지를 묻는 질문.—옮긴이

고, 최근에는 유행처럼 퍼지기도 해서 관련 책도 많이 나와 있으니 관심이 있으신 분은 찾아보시기 바랍니다.

사고실험이란 일종의 픽션입니다, 저는 이미 많이 다뤄진 사고실험 대신 만화나 애니메이션, 소설 등의 픽션의 사례를 다루겠습니다.

누르고 싶은데 눌러도 될까요?

이런 문제를 보면 심리 테스트 같다는 학생도 있습니다. 버튼을 누를 것이냐 안 누를 것이냐만 따진다면 심리 테스트 같을 수도 있겠습니다.

하지만 윤리학이 문제로 삼는 것은 누르냐 안 누르냐가 아니라 '인간이 그런 짓을 해도 되느냐, 안 되느냐'입니다. 이 두 가지 질문은 완전히 다릅니다. 누를 것인지, 아니면 누르고 싶은지를 묻는다면 솔직히 저도 누르고 싶다고 대답할지도 모릅니다. 수업 시간에 물어보니 '누르겠다'라고 대답한 사람도 꽤 있었습니다.

하지만 누르고 싶은 마음에 제동을 거는 것이 우리에게 있는 게 분명합니다. 실제로 '누르지 않겠다'라고 대답하는 사람이 '누르겠다'라고 대답한 사람보다 많았습니다. 하지만 질문을 바꿔서 '누르고 싶은가요? 누르고 싶지 않은가요?'라고 하면 '누르고 싶다'라고 대답하는 사람이 더 많아집니다.

'누르고 싶은지'는 마음, 감정, 욕구와 같은 심리적인 원인의 문제지만, '눌러도 되는지'는 도덕, 윤리적인 문제입니다. 일단 이 두 가지를 구분하는 일이 중요합니다.

심리적 동기와 윤리적 이유의 차이

도덕의 문제라고 생각하면 그 이유가 중요합니다.

분명히 개인의 관점에서 보면 1억 엔이 갖고 싶다고 생각할 것입니다. 하지만 학생은 누르지 않겠다고 대답했습니다. 단지 이유를 설명하지 못했을 뿐이죠. 이유를 설명할 수 있으면 자기의 결정에 자신감이 생길 것입니다. 그것이 분명한 이유라면 자신뿐 아니라 타인에게도 똑같이 해당하기(즉, 객관적이기) 때문입니다. 그러기 위해선 모두가 공감하고 이해할 수 있는 이유여야 합니다. 이것이 윤리의 이유입니다.

'난 무조건 1억 엔을 갖고 싶어. 그러니까 버튼을 누를 거야!'라고 생각하는 사람이 있을지도 모릅니다. 한 학생은 "저요? 저는 바로 그 자리에서 연타할 거예요!"라고 활기차게 대답하더군요. 이유를 물어보니 "그야 돈을 갖고 싶으니까요"라더군요. 하지만 그것은 버튼을 누르고 싶은 동기(심리적 원인)일 뿐이지 눌러도 되는 이유(윤리적 이유)가 될 수 있을까요? "음, 누구든 다 그렇게 생각할 것 같은데요. 선생님도 그렇게 말했잖아요!" 마음속으로는 조금 그랬죠. 하지만 그것이 눌러도 되는 이유가 될 수 있다면 나뿐 아니라 다른 사람이 눌러도 된다는 뜻이 됩니다. 그래도 되나요?

당신이 눌렀으니 나도 눌러도 될까요?

버튼을 누르겠다고 생각한 사람은 '버튼을 누른다 → 1억 엔을 받는다'라는 부분에 매혹되어 '누군가가 죽는다'라는 사실을 생각하지 않습니다. 어딘가에서 모르는 사람이 죽는다고 하니 심리적으로는 실감이 안 날 수도 있습니다. 하지만 '버튼을 누른다 → 내가 1억 엔을 받는다'와 '버튼을 누른다 → 사람이 죽는다'는 동시에 일어납니다.

게다가 1억 엔을 받을 수 있다는 이유로 버튼을 누르는 것이 성립된다면 그것은 다른 사람에게도 적용될 테니까, 다른 사람이 1억 엔을 얻기 위해서 누군가가 죽어도 된다는 걸 인정해야 합니다. 그리고 그 경우, 죽는 누군가는 내가 될 수도 있습니다.

나는 모두 개인이고, 사람들은 개인의 위치에서 생각해버립니다. 하지만 그것만 생각하면 나에게도 남에게도 결국 좋지 않습니다. 이것이 윤리, 도덕의 기본입니다. 이 사실을 이끌어내기 위해서 중요한 건 바로 '서로'라는 것, 즉 상호성입니다. 이것은 윤리학의 기본 원리 중 하나입니다. 내가 해도 되는 일은 당신도 해도 된다. 반대로 당신이 해도 되는 일은 나도 해도 된다. 이런 상호성을 생각하면 버튼을 누르는 것이 괜찮다고 말할 수 없게 됩니다.

단순히 느낌만으로 운명의 버튼을 누르면 안 될 것 같아서가 아니라 분명한 이유가 있어서 안 된다고 생각할 수 있게 됩니다. 여기에는 도덕의 기본 원리가 해당합니다.

정의의 진정한 의미

만화 『도라에몽』의 등장인물 골목대장 퉁퉁이의 대사 중에 가장 유명한 것은 "내 것도 내 것, 네 것도 내 것"입니다. 이건 자신의 권리만 주장하고 상대의 권리를 인정하지 않는 것이라서 상호성을 부정하는 것입니다. 만약 그의 주장이 성립된다면 진구가 "내 것도 내 것, 퉁퉁이 것도 내 것"이라고 해도 인정해야 합니다. 물론 퉁퉁이는 인정하지 않겠죠? 남이 하는 걸 인정할 수 없다면 그건 내가 할 수도 없는 것입니다. 자신의 권리를 인정받기 위해서는 다른 사람의 권리도 인정해야 합니다. 이것이 상호성입니다.

퉁퉁이와 진구는 서로 알고 있는 사이지만, 운명의 버튼 문제에서는 버튼을 눌러서 죽는 것은 당신이 모르는 사람입니다. 모르는 사람이 죽는다니까 실감이 안 나서 그렇지 이건 결국 사람을 죽이면 1억 엔을 주겠다는 것과 똑같은 얘기입니다. 그러면 결국 서로를 죽이는 것도 괜찮다는 뜻이 되어버립니다.

이처럼 상호성은 단순히 나와 눈앞에 있는 너를 얘기하는 것이 아니라 모르는 사람 모두에게도 해당합니다. 나의 권리와 당신의 의무, 당신의 권리와 나의 의무, 이게 상호성을 통해 연결되어 사회로까지 확대된 것, 이것이 정의의 정체입니다. 상호성도 굉장히 추상적이지만 정의는 훨씬 더 추상적입니다. 하지만 추상적이라서 기본 원리입니다. 다양한 상황에 응용할 수 있습니다.

정리하자면 퉁퉁이의 대사가 도덕적으로 틀렸다는 것도, 운명을 버튼을 누르면 안 된다는 것이 정답인 것도 모두 상호성, 정의의 원리에 기반하고 있습니다.

체크 포인트

이쯤에서 한번 정리하고 넘어가겠습니다.

1) 윤리학은 버튼을 누르고 싶은지 누르고 싶지 않은지를 물어보는 심리 테스트가 아니라 눌러도 되는지 안 되는지를 따지는 도덕적 규범의 문제를 생각합니다.

2) 과학과는 달리 그것을 실험이나 관찰로 확인할 수 없으므로, 그 규범이 도덕적으로 바른지를 확인하기 위해서는 모두가 이해할 수 있는 이유를 들어야 할(즉, 논증할) 필요가 있습니다. 조금 전 예시의 경우, 분명한 이유는 '난 1억 엔을 받기 위해 남을 죽일 수 없다. 만약 그것이 허용된다면 내가 죽을 수도 있다는 것을 인정해야 하기 때문이다'가 됩니다.

3) 이런 식으로 이유를 생각하다 보면 여러 상황에서 응용할 수 있는 기본 원리를 찾을 수 있게 됩니다. 조금 전 예시에서는 내 권리를 인정받으려면 남의 권리도 인정해야 한다는 것, 즉 상호성의 원리(정의)를 찾았습니다.

반대로 보면 3)에서 찾은 기본 원리가 2)의 이유를 뒷받침해주고 그것이 1)의 규범의 근거가 되는 셈입니다.

이 질문을 써서 냈던 학생은 누르지 않겠다고 대답했었습니다. 본인은 그 대답에 자신 없긴 했지만, 이렇게 생각해보면 단순히 직관적으로 옳은 대답을 한 것인데, 이것저것 따지면서 철저하게 생각해봐도 역시 옳은 대답이었던 것입니다. 이렇게 이유를 설명하며 대답할 수 있게 되는 것이 윤리학을 배우는 이유입니다.

3장 삶을 지탱하는 세 가지 기둥

개인, 사회, 그리고 친밀한 관계

인간관계의 문제

원래는 이다음에 윤리학의 여러 분야와 연구 방법을 쓰고 그것을 토대로 윤리의 기본을 찾는 작업에 들어갈 생각이었습니다. 이 책의 콘셉트가 우리가 스스로 윤리학을 만들자는 것이었기 때문입니다. 하지만 그러면 본론에 들어가기 전에 미리 좌절하는 사람이 나오지 않을까 싶을 정도로 내용이 길어지더군요. 그래서 그 부분을 부록으로 넘기고 여기서부터 본론에 들어가기로 했습니다.

읽는 순서는 여러분께 맡기겠습니다. 윤리학을 처음부터 만들어 가고 싶다는 콘셉트를 따르고 싶다면 부록을 먼저 읽어도 좋고, 그건 나중에 생각하고 싶다면 본론을 먼저 읽어도 좋습니다.

이 책을 쓴 가장 근본적 목적은 우리의 인생 전체를 총망라하는 윤리학을 만들고 싶다는 것이었습니다. 그러기 위해서는 기본적인 시점이 확실해야 합니다.

새삼스럽습니다만 윤리는 다른 사람과의 관계입니다. 이것은 일본을 대표하는 윤리학자인 와쓰지 테쓰로(和辻 哲郎)도 주목한 부분입니다. 윤리의 윤(倫)이라는 한자는 묶어서 모은다는 뜻의 윤(侖)에 사람 인(亻)변이 붙은 글자입니다. 게다가 인간(人間)이라는 말도 원래는 문자 그대로 사람과 사람 사이라는 뜻입니다.

실제로 생각해보면 대부분 도덕적이라고 생각되는 것은 타인과의 관계에서 어떻게 하면 좋을지, 어떻게 해야 할지에 대한 것입니다. 남에게 피해를 주면 안 된다거나 상대방의 입장이 되어보라는 등, 우리는 어릴 때부터 이런 것들을 주입식으로 배웁니다. 물론 막연하게 타인이라고는 해도 그것이 구체적으로 어떤 관계인지는 문제가 될 수 있습니다. 하지만 일단은 '인간관계'에 주목해보겠습니다.

개인, 사회, 그리고 한 가지 더

문제는 다양한 인간관계를 정리하는 방법입니다. 우리 한 명 한 명은 타인과의 관계를 떼어내고 생각하면 모두가 각각 개인입니다. 개인의 개(個)는 낱으로 된 물건을 뜻하기 때문에 개인이라는 것은 다른 사람과의 관계가 끊어진 것을 말합니다. 하지만 이상한 표현일지 몰라도 타인과 관계가 없다는 것도 관계의 방식 중 하나입니다. 그런 개인이 모인 것이 사회입니다. 하지만 사회도 딱히 인간관계라는 느낌이 들지 않습니다. 사회는 굉장히 멀고 얄팍한 관계이기 때문입니다. 사회는 기본적으로 '서로 타인인 사람들끼리' 모인 관계인 것입니다.

이 두 가지는 알기 쉬우므로 기존의 윤리학도 이 두 가지를 중심으로 생각해왔습니다(부록에 썼지만, 윤리학자 중에서도 벤담은 사회 중심이었던 반면, 칸트는 개인을 기반으로 생각했습니다). 하지만 이것만으로는 우리 생활을 아우르기엔 충분하지 않습니다. 사실 기존의 윤리학자들도 인간관계에 한 가지가 더 있다는 것을 알고 있었지만, 중요하게 다루지 않았던 것입니다.

거짓말은 절대로 해서는 안 돼!

자주 다뤄지는 문제입니다만, 칸트는 '거짓말을 해서는 안 된다'라는 규범을 절대적이라고 봤습니다.

물론 거짓말을 하는 것은 좋지 않습니다. 하지만 선의의 거짓말이라는 말도 있듯이 조금은 허용될 수도 있지 않을까요? 칸트는 절대로 안 된다고 했습니다. 물론 이유는 있지만 직관적으로 정말로 그런지 의문이 듭니다. 실제로 프랑스 철학자 뱅자맹 콩스탕은 다음과 같은 예시를 들면서 의문을 던졌습니다.

친구가 집에 갑작스럽게 찾아와, 살인마에게 쫓기고 있으니 숨겨 달라고 부탁합니다. 친구를 집에 숨겨주었는데, 쫓아온 살인마가 "지금 여기 사람 숨겼지? 그 녀석 당장 나오라고 해!"라고 말하면 어떻게 할 것인가, 하는 예시입니다. 이런 경우라면 거짓말을 해도 되지 않을까요?

너무 대쪽 같은 거 아니야?

칸트는 그래도 거짓말을 해서는 안 된다고 이야기합니다. 그것도 아주 단호하게요.

깔끔한 대답입니다. 하지만 친구가 살인마에게 쫓기고 있는 상황인데 너무 대쪽 같은 것 아닌가요?

윤리학 칼럼 2 거짓말이 마음껏 허용되는 세계

저는 친구를 구하기 위해서 거짓말을 할 것입니다.

하지만 칸트의 말도 공감합니다.

우리는 평상시 사람은 함부로 거짓말을 하지 않는다고 믿고 있습니다. 그런 기본적인 신뢰가 없으면 살아가기 어렵기 때문입니다('아무것도 믿지 않는다'라고 말하는 사람이 있지만 그건 절대로 불가능합니다). 만약 거짓말을 해도 되는 세상이라면 다른 사람이 하는 말이 진실인지 아닌지 판단하기가 어렵습니다. 이것은 무서운 상태입니다. 예를 들어 만화 『라이어 게임』을 생각해보면 알 수 있습니다. 주인공은 큰돈을 걸고 게임을 하는데 그 게임에서는 거짓말을 해도 된다는 규칙이 있습니다. 그래서 눈앞에 있는 사람이 자신에게 거짓말을 하고 있진 않은지 끊임없이 의심해야만 합니다.

하지만 이렇게 삭막한 라이어 게임에도 희망은 있습니다. 절대적인 권력을 가진 게임의 주최자 또한 규칙을 엄격히 지키고 있기 때문입니다. 주최자에게는 다른 규칙이 적용되는데, 절대로 거짓말을 하지 않는다는 것입니다. 주최자 또한 규칙을 엄격히 지킨다는 신뢰가 있기에 라이어 게임은 게임으로서 성립합니다. 게다가 게임에서 벗어나면 일반적인 현실도 기다리고 있습니다.

라이어 게임의 상황처럼 거짓말이 마음껏 허용되는 세계가 정말로 있다면 (게임과 달리 절대적인 권력을 가진 주최자도 없고, 벗어날 곳도 없다면) 그야말로 아무것도 믿을 수 없는 지옥 같은 세계가 펼쳐질 것입니다. 예를 들어 슈퍼에서 장을 볼 때도 원재료 표기를 믿을 수 없고 주스를 한 병 사더라도 계산대에서 점원이 날 속일 수도 있습니다. 주스에 치명적인 위험 물질이 들어 있을지도 모릅니다.

현실적으로 있을 수 없다는 생각이 드나요? 하지만 이런 악몽은 현실에서 일어나고 있습니다. 거짓말로 진실을 은폐하는 권력자가 있는가 하면 인터넷에 의도적으로 허위 정보를 올리는 사람도 있습니다. 그 결과 어떻게 됐나요? 인터넷 정보는 신빙성이 없다는 인식이 퍼지고 있습니다. 이런 현실을 생각하면 칸트의 말은 더 무겁게 느껴집니다.

중요한 것은 우리 한 사람 한 사람이 거짓말을 하지 않도록 노력하는 것, 그리고 냉정하게 진실을 판별하는 눈을 갖는 것입니다. 아무리 거짓말이 만연해도 그것이 거짓말이라는 것을 알아차리는 눈이 있다면 거짓말도 힘을 잃게 될 것입니다(이 책에 거짓말이 쓰여 있다면 그것도 스스로 판별해야 합니다).

칸트가 대쪽 같은 이유

칸트는 의무론이라 불리는 사고방식의 대표 주자입니다. 의무론의 특징은 인간을 극히 추상적으로 파악한다는 것입니다. 『정의론』으로 유명한 존 롤스나 미국의 철학자 로버트 노직도 마찬가지입니다. 의무론자로 불리는 그들은 종잇장처럼 얇디얇은 인간상을 이야기합니다.

하지만 이것이야말로 의무론의 목표입니다. 칸트와 같은 의무론자들은 인간이 평소에 생활할 때 맺는 구체적인 인간관계를 의도적으로 배제합니다. 그렇게 하지 않으면 누구에게나 해당하는 도덕의 원리를 찾기 어렵다고 생각했기 때문입니다. 우리의 목표에서 보면 얇디얇은 인간상입니다. 하지만 좋게 말하면 상당히 순수하고 이상적인 인간상입니다. 따라서 이런 인간상을 동경하는 진지한 칸트주의자가 많습니다. 하지만 이것은 우리가 지금 찾고 있는 윤리학과는 다릅니다.

윤리학 칼럼 3 언제 어디서든 누구에게나

절대로 거짓말을 해서는 안 된다는 칸트의 사고방식은 완고한 주장이라고 생각할 수 있지만, 이것은 나름대로 도덕을 가장 그럴듯하게 파악하는 방식입니다.

칸트는 도덕이란 것은 무조건(절대적)인 명령이라고 생각했습니다. 왜냐면 도덕을 어떤 경우든, 어떤 사람이든, 상대가 누구든 적용할 수 있는(즉, 조건에 얽매이지 않고 언제든지 통용할 수 있는) 형식으로 찾아내려고 했기 때문입니다. 이게 바로 정언명령입니다.

'정언명법'이라고도 하는데, '명법'이란 것은 결국 명령을 뜻합니다. 그리고 정언이란 것은 윤리학 용어입니다. 윤리학에서는 글(명제)의 형태를 가언명제, 선언명제, 정언명제로 분류합니다. 가언명제는 '만약 ~ 한다면 ~ 이다'라는 형태, 선언명제는 '~이거나 또는 ~이다'라는 형태의 문장입니다. 정언명제는 단적으로 '~이다'라고 말하는 형태입니다. 즉, 칸트는 도덕을 조건이나 선택의 여지가 없는 절대적인 명령이라고 생각한 것입니다. 반복하자면 칸트가 이런 생각을 한 것도 '언제 어디서든 누구에게나 해당하는 도덕'이라는 매우 추상적인 것을 찾아내려고 했기 때문입니다(본문에서 썼듯이 칸트는 인간을 매우 추상적이고 얄팍한 존재라고 생각했습니다).

'정언명령'이 윤리학의 전문용어가 사용된 것은 나름대로 필요했기 때문입니다. 정언명령이라는 말을 사용하지 않으면 '언제 어디서든 누구에게나 해당하는 절대적이고 조건 없는 도덕적 규범을 명령이라는 형태로 만든 것'이라는 긴 표현이 되어버립니다. 그런 의미에서 전문용어라는 건 편리합니다. 하지만 정언명령이라는 전문용어를 제대로 이해하기 위해서는 조금 전에 봤듯이 윤리학의 기본 지식과 칸트의 기본 생각도 알아야 해서 따로 공부가 필요합니다. 그래서 이 책에서는 전문용어는 거의 사용하지 않습니다.

전문용어를 사용하면 복잡한 내용을 간결하고 정확하게 표현할 수 있지만, 이런 용어를 사용하는 대신 최대한 정확하게 표현하려 노력했습니다.

개인과 사회 사이의 중간 영역

칸트는 '언제 어디서든 누구에게나 해당하는 도덕'에 집착했습니다. 그래서 친구 관계처럼 사람이나 장소에 따라 사정이 달라지는 것은 별로 중요하게 생각하지 않았습니다. 공리주의로 유명한 제러미 벤담과 영국의 철학자 윌리엄 고드윈 같은 경우도 '누구에게나 해당하는' 원리를 고집했기 때문에 사랑이나 결혼을 부정하려고 했습니다. 그들의 고집에는 중요한 의미가 있지만 좀 극단적입니다. 그들이 무시하거나 부정했던 것, 그것은 개인도 사회도 아닌 그 중간에 있는 이른바 '친밀한 관계'입니다. 이런 중간 영역이 있어야 우리의 인생은 '깊이'를 갖게 됩니다.

우리 한 명 한 명은 개인입니다. 우리는 타인과의 관계 속에서 살고 있습니다. 타인과의 관계는 두 종류가 있습니다. 하나는 사회입니다. 앞서 살펴보았듯이 사회에서 개인은 기본적으로 서로 타인이기 때문에 관계로서는 '얄팍한 관계'입니다. 또 하나의 관계는 칸트와 벤담이 배제했던 가족과 친구와 같은 '친밀한 관계'입니다.

이 친밀한 관계에도 간결한 이름이 있으면 좋겠지만 찾기가 어렵습니다. 친밀권이라는 표현도 있지만 별로 쓰지 않습니다. 적당한 이름이 없다는 것은 사람들이 생각하지 않고 넘어가기 쉽다는 증거이기도 합니다. 지금은 '친밀한 관계'라고 부르기로 하겠습니다. 잘 생각해보면 인간관계는 개인, 사회, 친밀한 관계 이 세 가지밖에 없습니다.

삶에 적용해보면

친밀한 관계의 중요성

인간관계는 세 가지뿐이라는 말은 아무래도 추상적인 내용이라 이해하기가 쉽지는 않습니다. 이제부터 상세하게 살펴보면, 실제로 어떤 인간관계든 결국은 이 셋 중 하나에 들어가는 걸 확인할 수 있을 것입니다. 개인과 사회가 양쪽 끝에 있고 그 중간에 친밀한 관계가 있다고 치면 이 세상의 인간관계는 이 세 가지밖에 없습니다. 기하학에 비유하자면 이 셋은 점, 선, 면이라고 할 수 있습니다.

개인과 사회라는 양쪽 끝은 알기 쉽지만, 친밀한 관계는 대략 그 중간쯤에 있어서 여러 관계가 들어가는 건 어쩔 수 없습니다. 가족이나 연인은 꽤 가까운 관계지만, 마을 자치회는 이웃이긴 해도 그다지 친하지 않은 사람이 있을 수 있습니다. 물론 친밀도로 치면 사회라는 추상적인 것에 비해 훨씬 가깝다고 할 수 있지만, 가족이나 연인에 비하면 멀다고도 할 수 있습니다.

개인과 사회는 양쪽 끝에 고정되어 있고 절대적이지만, 친밀한 관계는 '비교적 멀거나 가까운' 관계라 상대적입니다. 게다가 친밀한 관계는 겹치기도 합니다. 따라서 복잡한 인간관계는 친밀한 관계에 집중되어 있습니다.

그래서 학문적인 윤리학을 만들고자 한 윤리학자들은 개인에 주목하거나(칸트), 사회를 고려했을 뿐(벤담)이고, 친밀한 관계를 다루지 않았습니다. 하지만 정말로 우리에게 필요한 윤리의 전체 모습을 보려면 이 중간 영역을 무시할 수 없습니다.

일상 속 여러 인간관계

구체적인 예시를 들어 세 가지 관계를 확인해봅시다.

다음은 2015년 어느 날에 쓴 저의 일기입니다.

(a) 병원에 입원해 계신 아버지를 찾아뵈었다. 상태가 호전되어 가져간 음식을 드실 수 있게 되었다.

(b) 그 후에 집에 돌아와 시험 문제를 만들었다. 문제를 만드는 건 늘 어렵다.

(c) 문제를 만들고 나서 대학 사무 담당자인 이노우에 씨에게 메일을 보냈다.

(d) 저녁에는 스즈키를 만나 좋아하는 밴드의 콘서트에 갔다. 1년 만에 가는 공연이라 너무나 즐거웠다.

(e) 돌아오는 길에는 근처 술집에서 스즈키와 저녁을 먹고 돌아왔다.

(a)에서는 나와 아버지라는 상당히 친밀한 관계가 나타나 있습니다. (b)에서는 사회적인 관계가 나타났습니다. 시험 문제를 만드는 것은 제가 혼자서 한 일이지만 그것은 사회적인 제도인 학교와의 관계에서 필요한 일이기 때문입니다. (c)도 마찬가지입니다. 이노우에 씨는 일 때문에 아는 사이일 뿐 어떤 사람인지는 잘 모릅니

다. 친구 같은 친밀한 관계가 아닙니다.

(d)에 나오는 스즈키는 제 친구이므로 친밀한 관계입니다.

(e)도 계속해서 친구와 있었으니 친밀한 관계가 나타납니다.

이렇게 저는 하루 동안 여러 관계 속에서 살고 있습니다.

중복되는 관계

(d)에서는 스즈키와 함께 콘서트에 갔지만, 콘서트를 보는 동안에는 옆자리에 스즈키가 있다는 것을 잊고 온전히 콘서트를 즐겼습니다. 이건 순수하게 나 개인의 즐거움이기도 했던 것입니다. 이 콘서트를 경제적인 관점에서 본다면 밴드와 콘서트의 주최자는 서비스를 제공하는 쪽이고 저는 그것에 대가를 치르는 관객입니다. 이것은 확연한 사회적인 관계입니다.

이렇게 보면 하나의 상황에서도 몇 가지 측면을 볼 수 있습니다. 세 가지 종류라는 것은 관계이기도 하지만 하나의 시점이기도 합니다.

만화에도 응용해보면

만화 속 세 가지 관계

그다지 관심이 없었을 제 하루를 소개했으니 이번에는 모두가 관심을 가질 만한 것을 소개해보겠습니다. 유명한 만화와 애니메이션을 소재로 그 이야기들을 우리가 발견한 세 가지 관계라는 관점에서 어떻게 분석할 수 있을지 시도해보겠습니다.

사회를 바로잡기 위해서

먼저 애니메이션과 영화로도 만들어진 『데스노트』입니다.

주인공은 야가미라는 고등학생이고 전국 1등을 다툴 정도로 수재입니다. 아버지는 경찰 간부이고 본인도 굉장히 정의감이 강합니다. 그런 그의 운명을 한 권의 노트가 바꿔버립니다. 원래 사신이 갖고 있던 노트는 누군가의 이름을 쓰면 그 사람이 죽는다고 합니다. 일상이 따분했던 사신 류크는 노트를 인간 앞에 떨어뜨렸고 그것을 야가미가 주은 것이었습니다.

노트를 손에 넣은 야가미가 한 일은 세상의 범죄자, 특히 아직 잡히지 않았거나 처벌을 받지 않은 극악무도한 사람을 말살하는 일이었습니다. 아버지의 컴퓨터를 통해 경찰 시스템에 해킹해서 정보를 모으고 나쁜 놈들을 하나씩 죽여나갑니다.

사람들은 '야가미가 한 일은 과연 정의일까?'라고 생각했습니다. 그것은 나중에 자세히 생각하기로 하고 일단은 세 가지 관계를 확인해보겠습니다.

야가미는 데스노트를 사용하면서 범죄가 없는 이상적인 사회를 목표로 삼았습니다. 그 목표를 이루기 위해 자신과는 상관없는 범죄자들을 계속해서 죽였습니다. 여기에 있는 것은 분명 사회입니다.

하지만 누군가가 모종의 수단으로 범죄자를 계속 죽이고 있다는 걸 경찰도 깨닫습니다. 야가미는 경찰의 수사망을 피하려고 주변 사람들을 이용합니다. 영화 버전에서는 사귀던(자신의 의도를 위해 사귀는 척을 했던) 여자친구를 데스노트로 죽이고 자신이 피해자라는 연출까지 합니다.

게다가 야가미의 말이라면 무조건 따르는 미사라는 여자아이도 이용합니다. 나중에 야가미와 미사는 결혼하지만, 이 작품의 특성상 연애 이야기는 조금도 나오지 않습니다. 그녀는 야가미와 결혼해서 행복해 보이지만 야가미는 결혼 같은 건 안중에도 없습니다.

이렇게 보면 야가미가 보고 있는 건 어디까지나 사회뿐이고 친밀한 관계에는 아무런 흥미도 갖고 있지 않다는 것을 알 수 있습니다.

사랑하는 사람의 복수를 위해서

드라마로도 만들어진 만화 『우로보로스』도 흥미로운 작품입니다.

주인공 류자키 이쿠오는 보육원 출신입니다. 어린 시절, 모두가 좋아했던 유이코 선생님이 살해를 당하지만, 경찰이 제대로 수사도 하지 않고 사건을 덮어버렸던 것을 기억하고 있습니다. 류자키가 경찰이 된 건 복수를 위해서입니다.

이 작품은 얼핏 『데스노트』와 마찬가지로 정의가 주제인 것처럼 보이지만 사실은 전혀 아닙니다. 『우로보로스』의 주제는 사회의 정의라기보다 친밀한 관계인 사랑이라고 보는 게 나을 것 같습니다. 나중에 살펴보겠지만 정의와 사랑은 종종 혼동되곤 합니다. 참고로 이 만화의 드라마 버전은 제목이 〈우로보로스: 이 사랑이야말로 정의〉라고 부제가 변경되었습니다.

우정을 나눈 동료를 위해서

수업 시간에 정의 문제를 다루면 많은 학생이 만화 『원피스』가 떠오른다며 꼭 읽어보라는 얘기를 하곤 합니다.

읽어보았는데 굉장히 재미있더군요. 스토리 안에 온갖 인간관계가 그려져 있었기에 더욱 흥미로웠습니다.

주인공 루피는 대해적이 되기 위해 동료를 모읍니다. 독자는 루피에 감정 이입을 합니다. 루피와 대적하는 해군은 겉으로는 정의의 실현을 외치지만, 실제 행동은 매우 악랄합니다. 그래서 학생들이 "『원피스』에 나오는 해군은 자신들이 정의라고 하면서 온갖 나쁜 짓은 다 하고 다니는데요, 해군은 정말로 정의인가요?"라는 글을 써서 내고는 합니다.

하지만 제가 봤을 때 『원피스』의 가장 큰 주제는 정의가 아니라 다른 것입니다. 테마는 앞부분에 확실하게 나옵니다. 어린 루피는 해적인 붉은 수염 샹크스를 동경합니다. 샹크스는 자신이 다치면서까지 동료를 지켰기 때문입니다. 대해적이 되고 싶은 루피도 샹크스처럼 동료를 소중히 여깁니다.

우리의 표현으로 하자면 루피의 세계는 친밀한 관계입니다. 원피스는 판타지이기 때문에 사회가 어떤 구조인지는 확실하게 나오지 않습니다. 확실히 드러나 있는 것은 오히려 동료 간의 순수한 우정입니다. 소년 만화의 전형이라 할 수 있습니다.

이런 식으로 세 가지의 관계를 찾기만 해도 만화를 보는 시점이 달라져 두 배는 더 재미있게 볼 수 있을 것입니다.

2부

첫 번째 기둥
_____

사회의
윤리
·
정의

4장 정의의 정체

균형을 맞추기 위해

『데스노트』의 주인공은 정의로운가?

사회, 친밀한 관계, 개인이라는 세 개의 영역은 각각 어떤 윤리의 기본 원리가 필요한지 짚어보겠습니다. 먼저 사회입니다.

예를 들어 『데스노트』에서 모두가 궁금해하는 건 '야가미가 한 일은 정의인가?'입니다. 학생들의 의견은 크게 갈렸습니다. 이유까지 들어보니 재미있는 점을 알게 되었습니다. 의견은 '정의다', '아니다'로 분명히 갈렸지만, 각 의견의 이유는 거의 일치했습니다.

'정의가 맞다'를 선택한 학생들은 나쁜 짓을 했으니 벌받는 게 당연하다는 것을 이유로 들었습니다. 조금씩 표현은 다르지만 거의 비슷한 내용이었습니다.

'정의가 아니다'를 선택한 학생들은 나쁜 짓에도 정도의 차이가 있는데, 데스노트로 무조건 죽여버리는 건 이상하다는 것이 주된 이유였습니다. 야가미는 그 판단을 자기 마음대로 하고 있다, 결국엔 죄가 없는 사람도 죽였다, 나쁜 사람이라고 해도 죽이면 안 된다 등등의 의견이 이어졌습니다.

결과적으로 야가미가 한 일은 정의가 아니라는 의견이 더 많았습니다.

승패가 있는 윤리학?

얼마 전부터 토론이 유행하면서 학생들이 수업 시간에 토론을 하고 싶다고 종종 말합니다. 윤리 문제는 토론하기 좋은 주제인 모양입니다.

그런데요, 토론은 어차피 게임입니다. 승패가 확실해서 좋아하는 사람이 있다는 건 이해합니다. 하지만 윤리학에는 승패가 없습니다. 윤리학의 목적은 모두가 인정하는 이유를 찾는 것입니다.

실제로 야가미의 행동은 정의가 아니라는 의견이 대세였지만, 정의라고 생각한 사람은 반대편의 의견을 조금도 이해하지 못하는 경우가 많았습니다. 이러면 아무것도 되지 않습니다. 양측의 의견을 어떻게 정리할지 생각해봅시다.

죄와 벌 사이에 존재하는 균형

정의가 맞다고 한 학생들이 상대의 의견을 이해하지 못하는 이유는 뭘까요? 다시 한 번 정의가 맞다고 한 학생들의 이유를 살펴봅시다. 죄를 지은 사람에게 벌을 주는 것이라서, 나쁜 짓을 하면 처벌받는 것이 당연하니까. 이것이 이유였습니다. 그들은 이 부분에서는 한 치도 물러날 생각이 없는 듯합니다.

그럼 정의가 아니라고 한 학생들의 의견은 뭐였죠? 결론적으로는 야가미가 정의라는 사실을 부정하지만, 나쁜 짓을 하면 벌을 받는다는 부분까지는 부정하지 않았습니다.

그렇다면 '죄에 대해 벌을 준다'는 점에서는 양측의 생각은 일치하고 있는 것입니다. 다른 것은 '어느 정도의 벌을 줄 것인가. 그것을 어떻게 정할 것인가' 하는 부분입니다.

물론 어느 정도의 벌을 줄지 정하는 것은 어려운 문제입니다. 죄에는 여러 가지 종류가 있기도 하고요. 하지만 무거운 죄에는 무거운 벌, 가벼운 죄에는 가벼운 벌을 줘야 하지 않을까요? 즉, 죄와 벌은 균형이 맞아야 한다는 것이죠. 야가미를 정의라고 하는 학생도, 아니라고 하는 학생도 이 부분은 인정할 수 있지 않을까 합니다.

이것이 정의의 가장 중요한 부분입니다.

정의의 정체는 바로!

법원 앞에 세워져 있는 정의의 여신상을 본 적이 있나요? 여신의 이름은 유스티티아. 라틴어로 '정의'라는 뜻입니다. 정의의 여신은 손에 저울을 들고 있습니다. 변호사 협회의 배지에도 이 저울이 새겨져 있습니다. 한쪽 접시에는 죄, 다른 한쪽 접시에는 벌을 올려 양쪽 접시의 균형을 맞추는 것이 재판의 역할임을 보여주고 있습니다.

정의는 바로 균형을 맞추는 일이었던 겁니다. 그리고 그것을 실현하기 위한 수단이 법과 재판입니다.

이 정도면 야가미가 정의라고 하는 사람들도, 아니라고 주장하는 사람들도 모두 인정할 수 있겠죠?

나만의 이유를 넘어

누가 균형을 맞추는가?

야가미의 행동이 정의롭다고 주장하는 사람들은 별로 신경 쓰지 않는 것 같았지만, 정의가 아니라고 주장하는 사람들은 하나를 더 지적했습니다. 야가미가 '혼자 판단해서' 사람을 죽인다는 점입니다. 물론 이것은 야가미가 데스노트라는, 다른 사람에겐 없는 특별한 힘을 가지고 있어서 가능한 일입니다. 하지만 현실에 그런 물건은 없습니다. 그럼 우리는 어떻게 하고 있을까요? 경찰이 범죄자를 잡고 법원에서 판결을 내리고 있습니다.

왜 법과 재판이 필요할까요? 가령 야가미처럼 머리가 비상한 사람이라도 혼자서 죄를 판단하게 되면 편중이 생기기 마련이라 균형을 맞추기 어려워지기 때문입니다.

야가미도 처음에는 정의를 실현하고 싶은 마음이었을 것입니다. 죄를 지은 사람에게 벌을 줘서 사회를 바로잡고 싶었겠지요. 경찰이 있어도 범인을 놓칠 때도 많고, 또 재판을 하더라도 증거 불충분이나 책임 능력이 없다는 이유로 처벌하지 못할 때도 있으니 죄와 벌의 균형이 맞지 않는 것처럼 보이기도 했을 것입니다. 그러다 데스노트라는 악마의 수단을 손에 넣게 되자 '이걸 이용해 죄와 벌의 균형을 맞춰야겠다!'라는 것이 야가미의 생각이었습니다. 하지만 실제로 야가미가 할 수 있었던 건 어떤 죄든 모두 같은 벌, 즉 데스노트로 죽이는 것뿐이었습니다. 게다가 위험한 상황이 되면 자기를 지키기 위해 데스노트로 형사를 죽이기도 했습니다. 이쯤 되면 균형을 논할 문제가 아닙니다. 야가미는 정의(=균형)를 실현하기 위해 정작 자신은 정의를 지키지 못했습니다(=불균형). 절대적인 힘을 가진 야가미가 혼자서 모든 것을 결정하고 있었기 때문입니다.

정의라는 것은 균형을 맞추는 것이었습니다. 이렇게 보니 균형의 기준은 개인이 혼자 정할 수 없다는 것이라는 걸 알 수 있습니다. 다시 말해 사회라는 시스템이 필요하다는 것입니다.

정의와 테러리즘은 한 끗 차이

정의는 개인의 것이 아닙니다. 이 사실은 굉장히 중요합니다. 수업 시간에는 '정의란 자신의 신념을 관철하는 것'이라는 의견이 꽤 많이 나옵니다. 예를 들어 사회적 신분이 높은 사람이 나와 다른 의견을 내놓는 경우, 주변 사람이 모두 동조해도 나 혼자서 당당히 내 의견을 관철하는 용기 같은 걸 상상하는 것 같습니다. 물론 모두가 틀리고 나만 맞을 때가 있을 수도 있습니다. 그럴 때는 스스로 멋지다고 생각할 수도 있겠죠. 하지만 혼자서는 그것이 옳은 신념인지 아닌지 알 수 없습니다. 그런데도 그것이 정의라고 우긴다면 결국은 야가미와 같은 사람이 되어버립니다. 이러면 테러리스트와 별다를 바가 없습니다. 테러리스트들의 이야기를 들어보면 나쁜 짓을 하려고 하는 사람은 거의 없습니다. 그들은 '우리는 정당한 주장을 하는데 사람들은 우리 말을 듣지 않아. 세상이 잘못됐어, 이런 세상은 파괴하는 게 나아'라고 생각하고 있을 것입니다. 이렇게 정의는 폭주하는 경향이 있습니다. 그리고 폭주하면 더는 정의가 아닙니다.

정의란 말의 뜻은 '옳은 것, 옳은 일'입니다. 사회뿐 아니라 사람에 대해서도(옳은 사람, 정의로운 사람), 행위에 대해서도(옳은 행위, 정의로운 행동) 사용할 수 있습니다. 하지만 앞에서 살펴봤듯이 개인이 정한 '나만의 정의'를 인정해버리면 결국 무엇이 정의인지 알 수 없게 됩니다. 옳은 행동을 하고 있다고 믿어도 그건 결국 자기중심주의라고밖에는 할 수 없습니다.

사회 안에서 개인을 의식하기

정의가 사회의 균형이라면 그것은 한 인간이 성립시키는 자기중심적인 것이 아닙니다.

하지만 우리는 아무래도 자신을 중심으로 생각할 수밖에 없습니다. 나에게 나 자신은 특별하니까요. 자기중심주의를 벗어나는 일은 매우 어렵고 그래서 더더욱 정의를 파악하기도 어렵습니다.

자기중심주의에서 벗어나려면 자신이 사회의 일원이라는 것을 생각해야 합니다. 또 스스로를 특별한 존재라고 생각하지 않아야 합니다. 그렇다고 나의 가치가 낮아진다는 뜻은 아닙니다. 중요한 것은 인간은 모두 동등한 존재이며 난 그중 하나라고 생각해야 한다는 것입니다. 역설적이게도 이를 의식하는 것이 가장 '나다운' 것을 찾는 시작입니다.

살아 있는 사회

인간의 몸과 비슷한 사회

사회는 나와 같은 수많은 개인이 모인 것입니다. 그 안에서 최대한 균형을 맞추는 것, 그것을 '정의'라고 부릅니다.

인간의 몸으로 비유하자면 건강 또는 항상성(homeostasis) 같은 것입니다. 몸에 균형이 잡혀 있다면 건강하게 지낼 수 있습니다. 마찬가지로 사회도 전제적으로 균형이 잡혀 있다면 정의가 실현되어 있다는 뜻입니다.

인간은 살아서 움직이는 이상, 먹거나 마시거나 배출하는 활동을 하면서 늘 변화하고 있습니다. 그러면서 어떻게든 균형을 유지하도록 하는 것이 항상성의 역할입니다. 사회도 마찬가지로 살아 있으며 항상 변화하고 있습니다. 여기서 균형을 맞추는 것이 정의입니다. 베스트셀러인 『생물과 무생물 사이』를 쓴 생물학자 후쿠오카 신이치는 살아 있는 것은 "동적인 평형 상태에 있다"라고 표현합니다. 평형은 물리학에서 사용되는 말인데 균형이나 조화를 말합니다(같은 말을 경제학에서는 '균형'이라고 부르고 있습니다). 후쿠오카 신이치는 다이내믹하게 변화하면서도 균형을 유지하는 것이 바로 살아 있는 것이라고 말합니다. 이것은 생물에게만 해당하는 것이 아닙니다. 사회도 마찬가지로 정의라는 '다이내믹한 균형'이 있어야 제대로 제 기능을 발휘할 수 있습니다.

하지만 몸도 컨디션이 안 좋으면 병에 걸리듯 사회의 컨디션도 안 좋아질 때가 있습니다. 균형이 무너지는 것입니다. 자기중심적인 사람이 자신의 이익을 위해서 다른 사람을 상처 입히거나 다른 사람의 것을 빼앗기도 합니다. 그럴 때 무너진 균형을 원래대로 회복시키는 것이 바로 정의의 역할입니다.

정의를 향한 노력

생명이 가지고 있는 '동적인 균형'은 자연적이지만, 사회가 가지고 있는 '동적인 균형'은 우리 인간의 노력으로 만들어낼 수밖에 없다는 점이 중요합니다.

그렇다고 의식적으로 만들어내는 측면만 있는 것은 아닙니다. 우리는 역시 무의식중에 균형을 추구하고 있습니다. 불공정하거나 불공평한 것을 보면 이상하다고 느낍니다. 이것이 이른바 정의감입니다. 이것은 각 개인이 느끼는 감정입니다. 정의감이 없으면 정의를 실현하고 만들어내려는 노력도 안 하게 될 것입니다.

정의를 실제로 실현하기 위해서는 사회의 의식적인 노력이 필요합니다. 우리가 만들고 있는 사회의 다양한 제도는 정의를 실현하기 위한 것입니다. 앞서 살펴본 내용 중에서는 경찰과 법원이라는 제도가 있습니다. 또한 정치도 경제도 사실은 정의를 실현하기 위한 제도입니다.

5장 오해와 편견 걷어내기

정의는 무조건 이긴다?

기대했던 것보다 심심한데

윤리의 기본으로서 정의가 중요하다는 것을 알았습니다. 그리고 정의란 사회 안에서 균형을 유지하는 것, 무너지면 균형을 회복하는 것이라는 것도 알게 되었습니다.

강의를 오래 하다 보니 알게 되었습니다만 이런 식으로 이야기가 진행되면 "정의가 정말로 그것뿐인가요? 정의는 뭔가 더 대단한 게 있을 줄 알았는데요!"라고 말하는 사람이 많이 나옵니다. 사실 저도 그런 생각이 듭니다. 정의는 뭔가 더 농밀하고 뜨거워야 할 것 같단 말이죠. 그럼 이번엔 그것이 단순한 착각인지 아니면 이유가 정확히 있는 것인지 생각해봅시다.

사랑이나 정의라는 말을 듣고 떠오르는 이미지가 착각이나 단순히 쓸데없는 상상이라면 제대로 제거하고 넘어가야 합니다. 반대로 만약 중요한 것이라면 모두가 인정할 수 있도록 정리하고 넘어가야겠죠.

정의를 일상 대화 속에서 직접 쓰는 일이 많지 않겠지만 그래도 '정의의 사도'나 '검찰의 정의', '이긴 쪽이 정의'라는 말은 자주 들었을 테고 의미도 대략 알고 있을 것입니다. 그래서 더욱 주의해야 합니다. 우리도 모르게 필요 없는 이미지가 섞여버리면 사람에 따라 정의의 내용도 달라지기 때문입니다.

정의의 사도

정의가 들어간 말로 뭐가 있는지 생각해보자고 할 때 자주 나오는 대답은 역시 '정의의 사도'입니다. 하지만 이 말의 뜻을 헤아리는 건 의외로 어렵습니다. 연습 삼아 비교적 쉬운 것부터 살펴보겠습니다. '이긴 쪽이 정의'나 '이기면 관군, 지면 적군'이라는 말도 자주 쓰입니다.

조금만 생각하면 알겠지만 뭔가 이상합니다. A와 B가 싸워서 A가 이기면 A가 정의라서가 아니라 A가 강해서 이겼다고 해야 이해가 됩니다. 이기는 것은 강하거나 힘이 있어서지 옳기 때문이 아닙니다. 정의는 단순히 옳은 것을 뜻하기 때문에 강함, 힘, 승리와 반드시 연관이 있는 것이 아닙니다.

실제로 만약 '이기는 쪽이 정의'라면 만화 『도라에몽』에서 매번 진구에게 이기는 퉁퉁이는 늘 정의라는 뜻이 됩니다. 그게 아니라 퉁퉁이는 진구보다도 힘이 세서 이기는 거잖아요?

그러니까 강함, 힘, 승리와 정의를 혼동해선 안 됩니다.

강하고 친절하고 잘 생기고 멋진

이제 '정의의 사도'의 비밀도 알게 되었을 것입니다. 만화 또는 애니메이션에 나오는 정의의 사도에게는 정의로운 부분도 있지만, 정의 말고도 여러 가지 요소가 뒤섞여 있습니다.

정의의 사도는 악당을 혼내줍니다. 사람들의 삶을 위협하고 사회의 질서를 파괴하는 악당을 쓰러뜨리고 사회를 원래대로 되돌린다는 점에서는 정의가 맞습니다. 하지만 정의의 사도들은 악당을 법정에 세우지 않고 그냥 그 자리에서 폭발시켜버릴 때도 있으니 이건 『데스노트』의 주인공처럼 방식에 조금 문제가 있습니다.

또한 정의의 사도는 기본적으로 반드시 이깁니다. 안 그러면 보고 있는 우리(어린이)가 용납하지 않기 때문이죠. 앞에서 말했듯이 이기려면 힘이 필요합니다. 정의의 사도는 정의를 실현하기도 하지만 힘도 강합니다.

그리고 정의의 사도는 사람들에게 친절합니다. 하지만 정의와 친절함은 확연하게 다릅니다. 또 정의의 사도는 외모도 아주 멋있습니다. 외모와 정의 또한 아무 상관이 없습니다.

정의의 사도는 대단합니다. 이런 사람을 현실에서 찾기는 힘듭니다. 정의의 사도가 대단한 건 정의 말고도 여러 가지 요소인 강함, 힘, 친절함, 멋짐이 모두 뒤섞여 있기 때문입니다. 그래서 정의 의 사도라는 이미지를 기반으로 '정의'에 대해서 생각하면 정의가 사회의 균형을 유지하는 역할을 한다고 했을 때 뭔가 이상하고 부 족하다고 느껴지는 것입니다.

정의는 없다?

대립하는 정의

정의에 대한 다양한 이미지 가운데 반드시 짚고 넘어가야 하는 것 이 바로 "정의는 없다고 생각해요"라는 의견입니다. 그렇게 생각하 는 이유는 정의는 사람에 따라 다르기 때문이라고 합니다.

그런 식으로 말하고 싶은 마음도 이해는 합니다. 전쟁이 일어나 면 두 나라가 모두 '우리가 정의다'라고 말합니다. A국은 'B가 나 쁜 짓을 했으니 그것을 바로잡기 위해 공격한 것이다. 우리는 틀리 지 않았다'라고 하고, B국은 '아니다. A가 갑자기 공격해왔다. 정 의는 우리다'라고 주장합니다. 모모타로*가 도깨비를 쓰러뜨린 건 잘한 일이라는 '모모타로＝정의'설이 있는가 하면, '아버지가 어느 날 모모타로에게 살해를 당했습니다'라는 반론도 나오니 '모모타

---

* 일본의 전래 동화. 복숭아에서 태어난 모모타로가 개, 원숭이, 꿩과 함께 나쁜 짓을 일삼는 도 깨비를 무찌르는 이야기. —옮긴이

로는 과연 정의일까?'라는 생각이 들 수 있습니다. 대체 어느 쪽이 옳은지, 어느 쪽이 정의인지 결정이 어려우니 사람에 따라, 입장에 따라 정의는 다르다, 결국 정의는 없다고 말하고 싶어지는 거겠죠.

당신의 사정은 정의가 아니에요

알 수 있는 건 대립하고 있는 쌍방이 본인들이 정의라고 주장하고 있을 뿐이라는 것입니다. 즉, 다른 것은 정의 그 자체가 아니라 '내가 정의다'라는 주장뿐입니다. 이런 주장의 대립은 극히 평범한 일입니다.

그리고 본인이 정의라고 주장하는 사람은 자신에게 유리한 것을 정의라고 하고, 불리한 것은 정의가 아니라고 말하는 경우가 많습니다. 이것은 단순히 정의와 본인의 사정을 착각하고 있는 것입니다. 이런 사람은 많습니다. 하지만 앞에서 언급했듯이 정의는 모두의 것이니까 '내가 정의다' 같은 자기중심적인 주장은 정의라고 할 수 없습니다.

정의가 없다는 느낌이 익숙한 이유

그래서 정의를 둘러싸고 대립이 생긴다 해도 '정의가 없다'라는 결론은 내릴 수 없습니다. 왜냐면 정의를 둘러싼 다양한 주장이 있고 서로의 의견이 대립해서 정의가 필요한 것이기 때문입니다. 정의라는 것은 있고 없고의 문제가 아니라 필요하니까 만들어야 합니다.

한 가지 재미있는 것은 '정의가 없다'라는 말은 많이 들어봤지만

'정의가 있다'라는 말은 별로 들어본 적이 없다는 사실입니다. 이 차이에는 어떤 의미가 있을까요? 실제로 우리는 정의가 있다는 느낌은 드물게 받지만, 정의가 없다는 느낌은 많이 받습니다.

정의가 실현된 상태는 말하자면 균형이 잘 잡혀 있는 상태, 즉 극히 일반적이고 평범한 상태입니다. 정의(정의가 실현된 상태)는 있는 것이 당연하고 없으면 이상합니다. 그래서 실현된 상태여도 깨닫지 못합니다. 하지만 정의가 사라지면 '이게 뭐야! 이상해! 정의가 없어!'라고 깨닫게 됩니다.

앞서 언급했듯이 정의는 건강과 같습니다. 건강하게 생활하고 있을 때는 내가 건강하다는 걸 딱히 느끼지 않습니다. 그것과 마찬가지로 평범하게 생활하고 있을 때는 이게 정의라는 생각을 하지 않습니다. 하지만 병에 걸리면 '너무 괴로워. 빨리 나으면 좋겠다'라고 생각합니다. 이것과 마찬가지로 악행이나 부정행위가 일어나면 '이런 건 싫다! 정의가 실현되었으면 좋겠어!'라고 생각하게 되는 것입니다.

정의는 실현 불가능하다?

정의는 환상에 불과해

정의가 없다고 생각하는 사람들이 말하는 또 다른 이유가 있습니다. 세상에 부정이 있다는 것을 의식하고, 그렇기에 정의가 필요하다고 생각하지만, 그걸 실현하는 건 '불가능하다'고 생각하는 경우입니다. 쉽게 말해 윤리 의식이 강하기 때문에 현실 세계에서 윤리에 어긋나는 일이 생기는 것을 못 견디는 사람입니다.

이건 정의는 없다는 의견과 결론은 비슷하지만 사실은 상당히 다릅니다. 사람에 따라 다르니까 정의는 없다고 생각하는 사람은 그냥 그렇게 살 수 있지만, 실현이 불가능하니 정의는 없다고 생각하는 사람은 훨씬 더 고지식하게 세상을 보고 피곤함을 느낍니다.

문제는 수단에 대한 관점

'정의는 있는가'와 '정의를 실현하려면 어떻게 해야 하는가'는 별개의 문제입니다. 이런 건 구분할 수 있다면 구분해놓는 것이 좋습니다.

삼각형을 그려봅시다. 그리셨나요? 그건 정말로 삼각형이 맞나요? 옆 사람이 그린 삼각형과 비교하면, 내가 그린 것과 그 사람이 그린 것이 다를 수 있습니다. 게다가 아무리 자를 대고 그려도 종이에 그린 삼각형은 어딘가 휘어져 있습니다. 하지만 우리는 삼각형을 이해할 수 있고 삼각형의 성질도 알고 있습니다. 내각의 합은 180도라든가 말입니다.

마찬가지로 정의를 생각할 때 떠오르는 각자의 이미지와 이 세상에 있는 여러 정의는 조금씩 다릅니다. 하지만 사회의 질서를 유지하기 위해서 균형을 맞추는 것이라는 정의의 개념은 이해할 수 있습니다. 정의는 우리가 지향하는 것이니 '정의의 이념'이라고 말해도 좋습니다.

정의의 이념은 기본적으로 모두가 인정합니다. 그런데도 정의가 사람에 따라 다르다는 생각이 드는 것은 각자가 생각하는 정의의 이미지가 다르기 때문입니다. 그리고 그 이미지는 정의를 실현하기 위한 '수단' 또는 '방법'이 아닐까 생각합니다.

고지식하게 정의가 없다고 생각하는 사람이 절망하는 이유는 정의가 없다는 사실이 아니라 모두가 인정할 만한 실현 수단이 없다고 생각해서 그런 것입니다. 그리고 절망 끝에 결국엔 체념하고 '어차피 정의는 힘 있는 사람이 강요하는 거야'라고 삐딱하게 생각해버리는 것입니다.

물론 정의는 실현되어야 하고, 이를 위해서는 정의를 실현할 수단이 필요합니다. 이기는 쪽이 정의라고 주장하는 사람은 사실 정의의 뜻을 말했던 게 아니라 정의를 실현할 수단은 이기는 것, 즉 강인함과 힘이라는 것을 말하고자 했던 것입니다.

정의를 실현하는 수단은 다양

정의뿐 아니라 이념이나 목적을 실현하려면 방법이나 수단이 필요합니다. 그리고 목적이 하나여도 그것을 실현할 수단은 여러 개 있는 것이 보통입니다. 예를 들어 배가 고파서 밥을 먹는다는 목적을 실현하려면 편의점에서 도시락을 사 먹을 수도 있고, 고급 레스토랑에서 코스 요리를 먹어도 되는 것처럼 말입니다.

정의를 실현하는 수단은 많을 수 있습니다. 재판에서 검사는 살인죄를 저지른 피의자에게 징역 5년 또는 10년, 때에 따라서는 사형을 구형할 수 있습니다. 의견이 갈리는 것은 어떤 수단으로 균형을 맞출지에 관한 것입니다.

뒤에서 보겠지만, 예를 들어 '세금을 어떻게 징수할까' 하는 것도 정의의 문제입니다. 기본적으로는 공평한 세금 부담이 좋겠지만(그래야 정의라고 할 수 있겠지만), 그것을 실현하려면 소비세를 올릴지 소득세의 누진과세를 강화해야 할지 등을 놓고 갈등이 생깁니다.

하지만 반복하자면 의견이 갈리는 것은 정의의 뜻(정의의 이념)에 관해서가 아니라 어떻게 해야 정의를 실현할 수 있을까(정의 실현 방법)에 대한 것입니다.

이 두 가지를 확실히 구분해 놓도록 합시다. 물론 정의의 실현 방법을 정하는 것은 어렵지만, 그렇다고 정의가 없는 것은 아닙니다. 적어도 정의가 무엇인가에 대해서는 이미 확실하게 답이 나와 있습니다.

6장 사법, 경제, 정치를 보는 눈

조정의 정의

정의의 몇 가지 패턴

4장에서는 '죄를 지은 자에게 벌을 줌으로써 사회의 균형을 유지하는 것이 정의'라고 생각했습니다. 이런 결론에 이른 것은 정의를 생각할 때 『데스노트』를 참고했기 때문이었습니다. 정의에는 그 밖에도 몇 가지 패턴이 더 있습니다. 오랜 옛날에도 이를 논의한 윤리학자들이 있었습니다.

죄에 대해서 벌을 주는 패턴의 경우, 특정 죄에 대해 그에 해당하는 벌을 주어서 균형을 맞추는 것이었습니다. 이 패턴을 '조정의 정의'라고 부릅니다. 이에 관한 약속이 법률이고, 구체적인 판단을 내리는 것이 법원이었습니다.

법률이나 법원은 사회의 제도라는 것이 중요합니다. 그래서 한 개인이 멋대로 벌을 주면 안 됩니다. 그것은 폭력입니다.

과거에는 피해자가 개인적으로 복수하지 않았냐라고 반박하는 사람이 있을지도 모릅니다. 예를 들어 에도시대에는 원수를 갚는 제도가 있었습니다. 하지만 그것은 엄밀한 의미의 사적 제재나 복수가 아니었습니다. 원수를 갚는 것은 무사 계급에 한정되어 있었습니다. 게다가 해도 되고 안 해도 되는 것이 아니라 반드시 해야만 하는 사회적인 의무였으며, 원수를 갚은 일에 대해서 또다시 원수를 갚는 행위는 금지되어 있었습니다. 그렇게 하지 않으면 원수를 갚고 또 그 원수를 갚고 또 그 원수의 원수를 갚는 식으로 연쇄가 일어나 영원히 끝나지 않기 때문입니다. 그러면 사회는 불안정해집니다. 원수를 갚는 것은 개인적인 복수가 아니었으며 또 그렇게 되지 않기 위해 사회적인 제도로 존재했던 것입니다.

복수는 정의일까?

복수와 정의는 다릅니다. 이 점은 확실히 해둡시다.

피해자 측에서는 복수하고 싶은 마음이 있을 것입니다. 하지만 복수의 연쇄가 일어나면 사회가 불안정해집니다. 안 그래도 복수는 과해지기 쉽습니다. '내가 당한 것의 두 배로 갚아주마!'가 되어버린다면 그야말로 사태가 심각해집니다. 피해자는 일시적으로 마음이 후련해질지도 모르지만, 상대방이 또다시 나에게 복수를 할지도 모르고 상황이 더 복잡해질 수도 있습니다.

피해자는 가만히 있자니 용납이 안 될 것입니다. 피해 당사자가 아닌 같은 사회의 일원인 우리가 보더라도 기분이 좋지 않습니다. 그래서 사회를 대표하는 법원이 죄와 벌을 측정해 판결을 내리는 것입니다. '죄와 벌의 균형'을 맞추는 일은 굉장히 어렵습니다. 그렇기에 더더욱 개인이 결정해서는 안 됩니다.

이렇게 조정의 정의는 피해자의 감정을 배려하면서도 어디까지나 사회의 안정을 위한 것이어야 합니다. 가령 범죄자에 대한 구형이 피해자 측에서 보면 '처벌이 너무 약하다'라고 느낄 수도 있습니다. 피해자의 감정을 무시할 수는 없지만, 그렇다고 개인적인 감정을 중시하면 사회의 질서는 성립되지 않을 것입니다.

교환의 정의

경제 개념에서의 정의

죄에 합당한 벌을 내려 균형을 맞추는 것은 이른바 마이너스에 마이너스를 더해서 서로 상쇄해버리는 패턴입니다. 이에 대해 플러스에 플러스를 더해서 균형을 맞추는 패턴도 있습니다.

A가 B에게 무언가를 주고, B는 그 답례로 A에게 무언가를 주는 것이 교환입니다. 이 경우도 정의라고 한다면 A가 준 것과 B가 준 것이 균형이 맞아야 합니다. 이른바 등가교환이라는 것입니다. 교환한 것의 가치가 같다면 균형이 이루어집니다. 이것이 '교환의 정

의'입니다.

하지만 죄와 벌의 경우엔 균형을 맞추는 것이 어려워 재판이라는 사회의 제도를 사용했습니다. 마찬가지로 교환의 경우에도 주는 것과 받는 것의 균형을 맞추기 위해 모두에게 공통되는 척도로 '돈'이라는 사회의 제도를 사용합니다. 그러면 이건 단순 교환이라기보다 매매가 됩니다. 정의는 법률뿐 아니라 경제와도 관련이 있습니다.

시장이 균형을 결정

죄와 벌의 균형은 법원이 결정합니다. 그럼 매매의 균형(등가성)은 무엇이 결정할까요? 바로 시장입니다.

같은 정의지만 조정의 정의와 교환의 정의에는 서로 다른 부분이 있습니다. 죄에 맞는 벌을 줄 때는 법률에 기반하지만 실제로 판결을 내리는 것은 판사라는 인간입니다. 그러다 보니 같은 죄라도 법원이나 판사에 따라 상당히 차이가 납니다. 그것을 최대한 방지하기 위해 법률이 있고 3심 제도도 있으며 배심원 제도도 있습니다. 이런 제도를 통해 우리의 감각과 법률가의 감각을 조정하지만 그래도 완벽하지는 않습니다. SF 작품에서 이런 판단을 컴퓨터가 한다는 재미있는 아이디어가 등장할 때도 있지만 그건 또 그것대로 무섭습니다.

교환의 경우에 상품 가격의 적절성 여부는 시장에서 거의 자동으로 결정됩니다. 따라서 경제학은 다른 사회과학에 비해 수학을 자주 사용하고 법학과 비교하면 자연과학과 가까워 보입니다.

모든 걸 자유롭게 사고팔아도 될까?

가격이 시장에서 자동으로 결정된다고 해서 그저 자유롭게 매매하기만 하면 되는 것은 아닙니다. 예를 들어 장기 이식을 위해 장기를 기증하지 말고 매매를 하면 어떠냐는 의견이 있습니다. 학생들에게 물어보니 대부분은 반대하였지만 찬성하는 사람도 있었습니다. 이유를 물어 보니 '서로 동의하면 괜찮다고 생각한다'라고 하더군요. 일리가 있습니다. 하지만 서로 동의하는 건 필요조건이지만, 그것만으로는 매매가 성립되는 충분조건은 될 수 없습니다. 그것만으로 매매가 성립된다면 매춘도 인신매매도 괜찮아지기 때문입니다.

따라서 뭐든 자유롭게 매매할 수 있는 게 아니라 일정한 제한이 있습니다. 그것을 정하는 것이 법률입니다. 그 밖에도 기업이 매매를 독점하거나, 몇몇 회사가 담합해서 멋대로 가격을 정하는 일이 일어나지 않으리란 법이 없습니다(이른바 카르텔이라고 부릅니다). 그래서 공정거래위원회라는 정부 조직이 감시하고 있습니다.

이렇듯 매매는 판매자와 구매자만으로 성립되는 것이 아니라 여기에도 사회가 개입하고 있습니다. 사실 애초에 매매에 사용하는 돈 그 자체가 사회 제도의 산물입니다.

윤리학 칼럼 4 윤리가 없으면 돈도 없다

저희 부모님은 장사를 하고 있어서 개인적으로 돈의 소중함을 절실하게 알고 있습니다. 돈은 학문적으로 봐도 굉장히 재미있습니다. 돈과 윤리와의 상관관계를 조금만 살펴보고 넘어가겠습니다.

가게에서는 늘 상품과 돈이 교환되고 있습니다. 상품도 돈으로 가게에 온 것이고, 그 상품을 팔아서 얻은 돈으로 또 상품을 삽니다. 여러 상품이 돈을 매개로 계속해서 흘러갑니다. 그에 맞춰 돈도 흐르고요. 돈은 천하를 돌고 도는 것이라는 말이 있습니다만, 정말 그 말 그대로입니다.

하지만 돈이 돌기 위해서는 돈을 받아주는 사람이 있어야 합니다. 왜 우리는 돈을 받는 걸까요? 그건 그 돈을 또 다른 사람이 받아줄 거라고 믿기 때문입니다. 돈이 돌고, 세상이 돌기 위해서는 사람들 사이에 사회적인 '신용'이라는 윤리적 힘이 작용해야 합니다. 그렇지 않으면 지폐는 그야말로 종잇조각일 뿐입니다.

실제로 이런 윤리적 힘이 사라지면(이른바 신용 붕괴) 정말로 돈은 단순한 종잇조각이 되어 더는 아무도 받아주지 않게 됩니다. 이른바 하이퍼 인플레이션으로, 경제학자가 가장 두려워하는 상태입니다.

세상은 돈으로 돌고 있고, 돈으로 움직이고 있다는 말은 틀린 말이 아닙니다. 하지만 돈만으로 돌고 있다고 생각하는 것은 눈 뜬 채로 꿈을 꾸고 있다는 말이나 마찬가지입니다. 실제로는 그 돈도 윤리의 힘을 받아야 현실적인 것이 됩니다.

분배의 정의

세금과 정의의 관계

조정의 정의와 교환의 정의는 서로 차이는 있었지만 모두 기본적으로는 사회 속에서의 양자 관계였습니다. 조정의 경우에는 가해자와 피해자, 교환의 경우에는 판매자와 구매자가 있습니다. 하지만 양자가 마음대로 정할 수 없으니 그곳에 사회가 관여하는 형식이었습니다.

이에 비해 분배의 정의라 불리는 것은 조금 다릅니다. 대략 말하자면, 이것은 무언가를 다 같이 나누는 것인데 양자 관계가 아니라 사회 전체와 각 개인의 관계입니다. 게다가 양자 관계는 상호적이었지만 분배의 경우 흐름은 기본적으로 일방통행입니다.

대표적으로는 국가의 예산 배분이 있고, 좀 더 알기 쉬운 것은 세금입니다. 세금은 우리가 납부하는 것이지 분배해서 받는 것은 아니라고 생각하는 사람이 있을지도 모르겠습니다. 세금은 사회 전체에서 필요한 것을 모두가 분담하는 제도입니다. 이른바 마이너스 분배일 뿐이지 분배임은 틀림없습니다.

조정의 정의가 법, 교환의 정의가 경제와 관련이 있다면, 분배의 정의를 담당하는 것은 정치입니다. 이렇게 정의의 세 가지 패턴은 사회의 중요한 세 가지 시스템과 각각 대응한다는 것을 알 수 있습니다.

회식 장소 선택에도 정의가 필요하다

조정의 경우에는 죄에 맞는 벌을 내려 균형을 맞춥니다. 교환의 경우에는 등가교환으로 균형을 맞춥니다. 그럼 분배는 어떻게 균형을 맞출까요?

분배도 정의인 이상 균형을 맞춰야 합니다. 분배에는 완전히 다른 두 가지 방식이 있습니다. '사람에 따라 차등하게'라는 방식과 '모두 일률적으로 똑같이'라는 방식입니다.

쉽게 회식을 예로 들어 설명해보겠습니다. 다 같이 밥을 먹으러 갈 때 전골 요리로 할지 정식이나 프랑스 코스 요리로 할지 정하는 것과 비슷합니다. 코스 요리의 경우에는 일인당 양이 정해져 있습니다. 모두가 똑같은 양이죠. 하지만 몸집이 큰 사람도 있고 작은 사람도 있고 또 많이 먹는 사람도 있고 적게 먹는 사람도 있습니다. 반면 전골 요리나 큰 접시에 주요리가 나오는 식당에 가면 각자 자신의 앞접시에 필요한 양을 덜어 먹는 방식을 선택할 수 있습니다.

누구는 적게 누구는 많이?

이 두 가지 방식 중 어느 쪽이 좋은지는 당연하게도 상황에 따라 다릅니다. 반복해서 말하자면 결국엔 균형을 맞춰야 하는데, 그 방식은 한 가지가 아니라서 무엇을 사용할지는 상황에 맞게 선택해야 합니다.

모두에게 일률적으로 같은 양을 나누어주면서 균형을 맞추는 것은 평등한 방식입니다. 쉽기도 합니다. 반면 개인별로 차등을 두어 균형을 맞추는 방식은 평등하지 않습니다. 그럼에도 이 방식으로 균형을 맞출 수 있다면 차등을 주는 이유가 있는 경우여야 합니다. 그렇지 않으면 이유 없는 차별이 되어버립니다.

예를 들어 세금(소득세)은 사람마다 납부 금액이 다른 차등 분배를 하고 있습니다. 그건 이 방식이 공평하기 때문입니다. 사람마다 수입에 차이가 있기 때문입니다. 일률적으로 적용한다면 대부분의 사람은 파산해버릴 것입니다.

패턴 구분의 의미

본질은 하나 패턴은 세 가지

앞에서 봤듯이 정의의 본질은 하나였습니다. 사회 안에서 균형을 맞추는 것, 유지하는 것, 회복하는 것이었죠.

그리고 이제 정의의 패턴이 세 가지라는 것을 알게 되었습니다. 그리고 이 패턴의 본질은 모두 균형을 맞추는 것입니다. 조정의 정의는 죄와 벌의 균형, 교환의 정의는 주는 것과 받는 것의 균형, 그리고 분배의 정의는 다 함께 나누는 것의 균형을 맞춥니다.

정의가 싫다고 말하는 사람일수록

정의는 사회적입니다. 그래서 이 세 가지 패턴은 그에 맞는 사회

정의	조정의 정의	사법	죄와 벌
	교환의 정의	경제	매매
	분배의 정의	정치	세금 등

정의의 세 가지 패턴

제도가 있었습니다. 조정의 정의는 사법, 교환의 정의는 경제, 분배의 정의는 정치. 이 차이는 정의의 실현 방법, 즉 균형을 맞추는 방법을 구체적으로 정하는 방법의 차이이기도 했습니다.

교환의 정의에서 균형은 시장에서 거의 자동으로 정해집니다. 따라서 별로 의식하지 않습니다. 조정의 정의는 재판에서 법률 전문가가 중심이 되어 판결을 내립니다. 법률은 방대하고 복잡하므로 전문가의 힘이 필요하기 때문입니다. 배심원 제도를 통해 일반 시민도 관여할 수 있지만, 그래도 좀 멀게 느껴지는 것이 사실입니다. 분배의 정의는 국회의원이 다수결로 정합니다. 이것도 그리 친근하게 느껴지지는 않습니다.

이것들은 우리 생활과 밀접한 관련이 있는 것이지만(사회에 나오면 세금을 떼어가는 것이 절실한 문제가 됩니다), 왠지 나와는 상관없는 곳에서 이미 정해져 있다는 느낌이 듭니다. 그걸 정하는 사람은 권력을 가진 사람들이나, 전문가이고, 다수결이라 해도 결국 힘의 문제라고 생각됩니다.

'정의는 먼 나라 이야기 같아서 실감 나지 않는다'라는 의견 말고도 '나는 정의가 싫다'라는 사람도 의외로 많습니다. 그런 사람들이 싫어하는 것은 사실 정의가 아니라 이런 식으로 정의가 힘에 따라 내 생각과는 다른 방식으로 결정되는 현실이 아닐까 합니다. 정의가 싫다고 말하는 사람일수록 사실은 진지하게 정의를 원하고 있는 셈입니다.

하지만 불만을 늘어놓기만 해서는 아무 소용이 없습니다. 국회의원도 우리가 선택한 우리의 대표입니다. 판사나 법률가도 우리 모두의 지지 없이는 멋대로 판결을 내릴 수 없습니다. 경제에 관해서도 마찬가지입니다. 뭔가 부당하고 불합리한 것 같아서 불만이 생기고 그러다 결국 극단적으로 정의를 싫어하게 되기 전에 먼저 우리가 부당한 사회, 균형이 맞지 않는 상태를 고치려고 노력해야 합니다. 그렇지 않으면 정말로 정치인이나 전문가가 마음대로 행동해서 사회의 균형을 무너뜨릴지도 모르니까요. 역시 정의는 우리가 우리의 노력으로 만들어내는 것입니다. 정의의 사도 같은 사람이 어디선가 홀연히 나타나 우리에게 선사해주는 것이 아닙니다.

이렇게 말하니까 꼭 윤리학자 티를 내는 것 같군요.

뇌물 문제로 돌아가서

우리는 정의와 정의처럼 보였던(하지만 사실은 정의와는 상관없는) 이미지를 구분했습니다. 그다음에는 정의의 패턴을 구분했습니다. 왠지 계속 구분하고만 있는 것 같지만 이렇게 구분하지 않으면 마구 섞여버리고 맙니다. 실제로 정의를 실현하려고 해도 이렇게 구분해 놓지 않으면 제대로 사용할 수 없습니다.

서장에 나왔던 1번 문제를 다시 생각해봅시다.

어느 시의 시장에게 건설업자가 찾아와 '이번 공사의 시공사를 저희 회사로 지정해주시면 답례로 1억 엔을 드리겠습니다'라고 청탁한다는 문제였습니다. 이제 이건 어떻게 생각해보면 좋을까요?

물론 직관적인 답은 돈을 받을 수 없다는 것이었습니다. 하지만 이제 우리가 도출해야 할 건 그 이유입니다.

수업 시간에 가장 많이 나왔던 대답은 '뇌물을 받는 건 위법이니까'였습니다. 하지만 뇌물이 위법인 것은 그게 나쁜 것이기 때문이었죠. 그럼 뇌물은 왜 나쁠까요?

이 질문에 모두가 고민하던 중, 한 학생이 멋진 생각을 해냈습니다. "1억 엔을 받고 그것과 동등한 가치가 있는 걸 돌려주면 되지 않나요? 이 경우에는 그 업자를 시공사로 지정하면 교환의 정의가 성립한다고 생각합니다!"라고 하더군요.

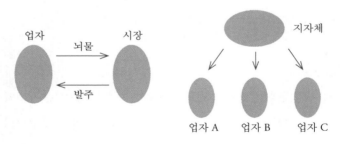

교환의 분배

문제의 답

그 학생이 정답을 알아냈다는 듯 기뻐하던 얼굴을 잊을 수가 없습니다. 하지만 다음 순간 그는 제 악마와 같은 미소를 보게 됩니다. 이미 눈치챈 사람도 많겠지만, 시장이 공사를 발주한다는 것은 그 시의 예산을 사용한다는 뜻이고 이건 특정 업자와의 교환이 아니라 분배입니다. 돈은 시장의 것이 아니라 우리 시민의 세금입니다. 뇌물을 주겠다는 그 업자 말고도 발주를 원하는 건설업자는 많이 있을 것입니다. 만약 뇌물을 받아서 그 시공사를 지정하면 업자에게만 특혜를 주게 되는 것이고, 이건 시민과 다른 건설업체에 피해를 주는 일이 됩니다. 그래서 얼핏 뇌물(업자 → 시장)과 발주(시장 → 업자)의 교환으로 보여도 이것은 분배의 정의를 위반하는 것입니다. 그래서 이것이 나쁜 일입니다.

이런 식으로 정의의 패턴을 나누면, 정의인지 아닌지 구체적으로 판단할 수 있습니다.

7장 개인의 권리를 지키는 사회의 작동 원리

정의와 권리

정의에 대한 단상을 넘어

정의가 어떤 것인지는 이제 알았을 것으로 생각합니다. 그럼 정의가 필요한 이유는 무엇일까요?

옳다는 것 자체가 이유가 된다고 생각할 수도 있습니다. 옳은 것과 그른 것 중에서는 옳은 것을 선택해야 할 테니까요.

하지만 이 정도로는 정의가 필요한 이유를 이해했다고 할 수는 없습니다. 이해가 안 된다면 중요하다는 생각도 제대로 안 들겠죠? 그러니 이 점에 대해서 생각해봅시다.

정의와 억울함

지극히 '감각적'으로 말하자면 정의가 필요한 이유는 균형이 맞지 않았을 때 '억울'하다는 느낌을 받기 때문입니다.

예를 들어 가격이 저렴한 외국산 소고기를 한우라고 속여서 판다면 그 고기를 산 소비자는 손해를 봅니다. 억울한 마음이 듭니다. 동등한 가치가 아니라서 정의가 지켜지지 않으면 한쪽이 이득을 보고 다른 한쪽은 손해를 입게 되기 때문입니다.

이건 교환의 정의를 보여주는 예시였습니다. 그렇다면 분배의 정의는 어떨까요? 예를 들어 시험을 칠 때 A와 B가 같은 답을 적었는데 A만 10점이고 B는 5점이라면 이것도 억울하겠죠? 왜 그럴까요? A는 이득을 보고 B는 손해를 입었기 때문입니다. 앞에서 살펴봤던 뇌물도 이 패턴입니다.

정의가 지켜지지 않으면 누군가는 손해를 봅니다. 그래서 억울한 것입니다. 억울함이라는 감정은 사소해 보일 수 있지만, 우리 사회와 인간을 지탱하고 흔드는 아주 중요한 감정입니다. 모든 억울함을 자세히 들여다보면 대부분 정의와 관련된 정확한 이유가 있었던 것입니다.

꼭 참거나 복수를 하거나 복수를 당하거나

마찬가지로 조정의 정의의 경우에도 범죄는 실제로 보통 단순히 억울한 것으로 끝날 문제는 아닙니다만 이것도 한쪽이 손해를 입고 있다는 점은 확실합니다. 그런데 피해자가 억울해도 참고 넘어가야 한다면 우리는 뭔가 잘못됐다고 느끼지 않을까요?

만약 정의가 지켜지지 않으면 손해를 입는 사람, 손해를 입고도 그냥 참아야 하는 사람이 생깁니다. 그렇게 되면 사회는 엉망진창이 되어버릴 것입니다.

무슨 짓을 해도 처벌받지 않는 사회가 된다면 당당하게 다른 사람의 것을 빼앗고 상처 입히는 사람이 나타날 수도 있습니다. 손해를 본 사람 중에는 개인적 복수를 하고 싶은 사람도 나올 것입니다. 한편으로는 나쁜 의도 없이 누군가에게 상처를 주게 되었는데, 용서를 구해도 받아주지 않고, 마땅한 법적 처벌도 없다면 무작정 상대에게 복수를 당하게 될지도 모릅니다.

이런 사회에서는 아무도 안심하고 살아갈 수가 없습니다. 그래서 정의가 필요한 것입니다.

소중한 권리를 지키기 위해

정의가 없으면 누군가가 손해를 입습니다. 그것이 돌고 돌아 사회 전체에 피해를 줍니다. 그러니까 정의는 필요합니다.

무언가가 손해를 입고 무언가가 침해를 당합니다. 그것을 우리는 정의에 위반된다고 말합니다. 이 무언가가 바로 '권리'입니다. 정의는 우리의 권리를 지키기 위해 필요합니다.

장을 보러 가서 돈을 냈는데 잘못된 상품을 받았다면 내 소유의 권리, 소유권이 침해를 받은 것입니다. 공해로 대기오염이 확산된다면 우리의 생존권이 침해를 받습니다. 손해를 입으면 손해배상

청구권이 생깁니다.

내가 권리를 갖고 있다면, 다른 사람에게는 의무가 생깁니다. '권리에는 의무가 따른다'라는 말은 나에게 권리가 있다면 동시에 의무도 있다는 의미로 오해받고 있지만, 엄밀히는 그렇지 않습니다. 내 권리와 다른 사람의 의무가 세트입니다. 그리고 다른 사람의 권리와 내 의무가 세트입니다. 이로써 '상호'가 됩니다. 이것이 앞에서 나왔던 상호성입니다. 상호성의 원리를 통하여 서로의 의무에 의해 각자의 권리가 보호받고 있는 셈입니다.

이렇게 개인이 권리(와 의무)로 보호받는 것, 사회 전체가 권리를 보호하기도 하고 회복시키기도 하는 것이 바로 정의입니다.

한 걸음 더 4 어원이 들려주는 이야기

권리는 유럽어를 번역한 말입니다. 영어로는 라이트(right)이고, 독일어는 레히트(Recht), 라틴어로는 유스(jus), 프랑스어로는 드루아(droit)라고 합니다. 이 말들은 모두 정의와 법과 관련된 의미가 있습니다.

라틴어로는 정의를 유스티티아, 권리와 법을 유스라고 합니다. 이두 가지는 물론 관련이 있습니다. 독일어 레히트는 주로 '법, 권리, 정의'라는 의미를 포함하고 있습니다. 레히트라고 하면 주로 권리를 가리키지만, 권리와 구별해서 법을 따로 가리킬 때는 '객관적 레히트'라고 하며, 개인의 권리를 가리킬 때는 '주체적 레히트'라고 합니다. 영어는 여러 단어의 영향을 받아 생긴 말이라서 관련성이 복잡하게 얽혀 알기 어렵지만, 라이트는 명사로는 권리, 형용사로는 맞다 또는 옳다는 뜻입니다.

어원이 중요한 것은 아니지만 권리와 정의가 관련이 있다는 것만큼은 확인해둡시다. 참고로 『데스노트』의 주인공 야가미의 풀네임도 야가미 '라이토'였습니다.

가까워지고 싶지 않은 사람일지라도

사회는 사람들의 집합입니다. 친밀한 사람들의 집합이 아니라 기본적으로는 실로 다양한 사람들의 집합입니다. 정말로 여러 사람이 있습니다. 이 중에는 앞으로 만나서 친해질 사람도 있겠지만 한편으로는 별로 가까워지고 싶지 않은 사람도 있을 겁니다.

친한 사람들만 있다면 정의 같은 건 필요 없을 수도 있습니다. 하지만 다행인지 불행인지 사회는 그렇지 않습니다. 수많은 사람이 함께 살아가면서 모두 다 사이좋게 지내기는 어렵습니다. 하지만 '사이좋게'까지는 아니어도 적어도 서로 다르다는 것을 인정하고 최소한 서로 상처 주지 않는 것이 중요합니다. 이렇듯 각 개인이 확보해야 할 영역을 권리라고 부르고 그것을 지키는 일을 정의라고 부르는 것입니다.

한 걸음 더 5 정의는 시대에 따라 변화한다

　많은 학생이 '정의는 사회나 시대에 따라 변한다'라는 이미지를 가지고 있는 걸 알 수 있습니다. 이건 지금까지 살펴본 내용에 기반해 어느 정도 설명이 가능합니다.

　정의는 쉽게 말하면 균형을 맞추는 것이었습니다. 이것은 옛날부터 그렇습니다. 정의의 이념은 불변합니다. 하지만 균형을 맞추어 정의를 실현하는 방법과 수단은 다양했습니다. 즉, 사람에 따라 사회에 따라 시대에 따라 변하는 것으로 보이는 건 정의를 실현하는 방법인 것입니다.

　정의가 시대에 따라 변한다고 생각하게 만든 이유는 또 하나 있습니다. 정의와 밀접하게 관련 있는 권리의 범위가 시대에 따라서 크게 변화하기 때문입니다.

　고대에는 노예제도가 있었습니다. 하지만 당시에도 정의와 권리라는 생각(적어도 그 기반이 되는 생각)은 있었습니다. 지금과 다른 점은 권리를 가진 것이 자유 시민이고 노예에게는 없었다는 것입니다. 노예는 '말을 하는 가축, 재산'이고 권리를 가진 사람으로 보지 않았습니다. 물건처럼 취급한 것입니다. 따라서 주인의 소유물이 되었고 매매되었습니다. 하지만 근대에 들어와서 인간이라면 신분과 상관없이 권리를 가져야 한다는 생각이 자리 잡게 되었습니다. 권리를 가진 자의 범위가 넓어진 것입니다.

　마찬가지로 여성은 권리를 가지고 있지 않거나 가지고 있어도 제한

되어 있었습니다. 20세기 후반에 들어 여성의 권리를 확보하려는 움직임이 널리 퍼졌습니다. 아이들도 마찬가지입니다. 옛날에는 아이들을 부모의 소유물로 취급했지만(지금도 그렇다고 착각하는 사람도 있지만), 이제는 아이들에게도 일정한 권리가 있다고 생각하게 되었습니다.

권리의 범위가 넓어졌다는 것은 정의를 적용해야 할 범위도 넓어졌다는 뜻입니다.

예전에는 주인이 노예를 학대하거나 죽여도 문제시되지 않았습니다. 노예에게는 정의가 적용되지 않았기 때문입니다. 하지만 지금은 모든 인간이 정의의 범위 안에 들어갑니다.

이런 식으로 권리를 가진 자의 범위, 즉 정의의 적용 범위가 시대에 따라 서서히 넓어지고 있어서, 정의의 본질은 변하지 않는데 시대에 따라 변화하는 것처럼 보이는 것입니다.

정의를 의식해야 하는 이유

내가 정의와 무슨 관련이 있을까

지금까지 정의에 대해서 생각해봤습니다. 정의는 사회의 중요한 원리였습니다. 하지만 솔직히 우리 개인에게 사회라는 개념은 너무나 막연하고 딱히 나하고는 상관없는 것처럼 느껴집니다. 가끔은 왠지 정의를 자주 외치는 사람일수록 수상쩍다는 생각이 들기도 합니다.

우리가 일상 속에서 무언가를 사거나 팔고 있다면 교환이라는 형태로 분명 정의와 관련되어 있을 테지만, 딱히 의식할 만큼은 아닙니다. 내가 판사도, 정치인도 아니라면, 판결을 내리거나 예산을 결정하지도 않기 때문에 조정의 정의나 분배의 정의에 직접 관여하지도 않습니다. 선거철이 되면 분배를 잘해줄 것 같은 정치인에게 투표하는 정도로만 정의에 관여하고 있습니다. 딱 그것뿐인 것으로 보입니다.

일상 속 정의

사실은 그렇지 않습니다. 예를 들어 학교에서 강의를 하는 저는 시험지를 채점하는 것을 딱히 좋아하지 않습니다. 이 예시는 분배의 정의에 해당한다고 생각할 수 있습니다. 수많은 학생 앞에서 저는 강사라는 사회적인 위치에 서 있기 때문에 대충 채점하고 적당히 성적을 줄 수는 없습니다. 모두가 이해할 수 있도록 채점을 해야 합니다. 낮은 점수를 받은 학생은 무슨 말을 해도 이해해주지 않을 수도 있지만, 그래도 당신은 이런저런 이유로 해당 점수를 받았다는 정확한 설명을 해야 하고, 학생은 설명을 듣고 이해가 되면 받아들일 수밖에 없습니다. 학생이 부당한 채점이라고 생각할 경우, 왜 그런 결과가 나왔는지 저에게 들을 권리가 있습니다. 그리고 성적을 주는 제 입장에는 그 권리에 대답할 의무가 있는 셈입니다.

정의에서 자유로

정의 자체가 직접 개인에게 관여하는 경우는 별로 없는 것처럼 보이지만, 정의는 개인의 권리를 지키기 위한 것이니 우리 모두와 관련이 있습니다.

우리가 정의에서 이야기를 시작했기 때문에 다소 무겁게 느껴졌을지도 모릅니다. 권리나 의무도 마찬가지입니다. 분명 개인의 권리와 의무이기 때문에 개인의 이야기인데, 정의가 사회적이기에 사회적 관점에서 시작해 개인을 생각했기 때문에 무겁게 느껴집니다. 그래서 이번에는 반대로 개인의 관점에서 시작해보려고 합니다. 이때의 키워드는 뭘까요?

앞에서 언급했듯이 개(個)는 관계에서 분리되어 있다는 뜻입니다. 관계에서 분리되어 있다는 것은 그러한 관계로부터 자유롭다는 것입니다. 그렇다면 개인 윤리의 기본은 '자유'라고 생각해볼 수 있습니다.

자유란?

하지만 '자유란 무엇인가'하는 것도 정의란 무엇인가와 마찬가지로 대답하기가 굉장히 어렵습니다. 그렇긴 하지만 우리는 이미 정의의 개념을 꽤 명확하게 만들 수 있었습니다. 그것처럼 자유도 순서를 정해서 생각하면 어느 정도는 가능하지 않을까요? 우리는 정의를 생각할 때 쓸데없는 이미지를 제거해나가는 과정을 거쳤습니다. 자유도 그렇게 해봅시다. 자유라는 말을 들으면 어떤 생각이

드는지, 어떤 이미지인지 알아보고 그것이 쓸데없는 것인지 검토하는 겁니다. 쓸데없는 것이면 제거하고 중요한 것이면 남기면 됩니다.

정의의 경우에는 여러 가지 이미지가 나왔습니다. 자유의 경우에는 사람들이 가지고 있는 이미지가 어느 정도 일정합니다. 자유라는 말을 들으면 '하고 싶은 것을 뭐든 마음대로 할 수 있다'라는 이미지가 떠오른다고 합니다.

모두가 비슷한 이미지를 갖고 있다는 것은 이 이미지가 어느 정도 맞다는 뜻일 겁니다. 그럼 자유는 이걸로 오케이일까요?

이 질문을 탐구하는 게 우리의 다음 과제입니다.

3부

두 번째 기둥

———————

개인의
윤리
·
자유

8장 소극적 자유? 적극적 자유?

소극적 자유

자유와 제한은 콤비

우리는 뭐든 마음대로 해도 된다는 말을 들으면 자유를 떠올립니다. 하면 안 된다는 제한을 받으면 자유가 없다고 생각합니다.

그렇다면 자유란 역시 내 마음대로 뭐든 할 수 있는 것인 걸까요? 잠시 의문이 듭니다. 지금까지 확인했듯이 이런 생각은 완결된 생각처럼 보이지만 사실은 여러 개가 뒤섞여 있는 경우가 많기 때문입니다. '내가 하고 싶은 것을 뭐든 할 수 있다'에도 구별해야 하는 것이 섞여 있을 가능성이 크지요.

'내가 하고 싶은 것을 뭐든 할 수 있다'를 분해하면 '내가 하고 싶은 것'과 '뭐든'으로 나눌 수 있습니다. 이렇게 보니 '뭐든'이 수

상해집니다. 정말 뭐든 가능하다면 사람을 죽이는 것도, 다른 사람의 물건을 훔치는 것도 자유가 될 수 있기 때문입니다. 상식적으로 봐도 아무리 내가 하고 싶은 것을 할 수 있는 것이 자유라고 할지라도 그건 안 됩니다.

자유는 얼핏 제한이 없는 것이라는 생각이 들지만 정말 제한이 없다면 다른 사람을 상처 입히는 것도 괜찮아집니다. 그리고 모든 사람이 다른 사람을 상처 입히는 것을 자유라고 주장한다면 상호성의 원리에 따라 내가 상처를 입는 것도 타인의 자유가 되어버립니다. 자유를 생각하고 있었는데 어느새 내가 다른 사람에게 공격을 받게 되는 겁니다.

무제한의 자유를 원해

무엇을 하든 자유라는 이른바 무제한 자유는 확실히 자유 같다는 느낌이 듭니다. 만화나 영화에서도 자주 등장하는 소재인데요(무슨 현상으로 인간이 멸종한 세계라든가, 핵전쟁 후의 황폐해진 사회라든가), 법률이든 도덕이든 규칙이 전혀 없는 세상을 상상하면 자유롭다는 생각이 들 것입니다.

게다가 다른 사람은 자유가 없고 나만 무제한 자유를 누릴 수 있다면 엄청나게 편리한 세상이겠지요. 하지만 뭐든 나만 좋으리라는 법은 없습니다. 나에게 무제한 자유가 있다면 다른 사람에게도 무제한 자유가 있을 것입니다. 그중에는 다른 사람을 상처 입히는 자유도 포함되어 있습니다.

철학자 토머스 홉스는 이런 상태를 '만인의 만인에 대한 투쟁'이라고 불렀습니다. 이건 전쟁보다도 더 비참한 상태입니다. 일반적인 전쟁이라면 아군이나 동료가 있지만, 모든 사람이 평등하게 무제한 자유를 가질 수 있다면 아군은 단 한 명도 없다고 생각해야 하기 때문입니다. 자유를 원했을 뿐인데 언제 다른 사람의 공격을 받을지 몰라서 두려운 상태로 살아야 합니다.

결국 무제한 자유를 추구하면 결과적으로 모두가 자유롭지 않게 되어버립니다. 의외라는 생각이 들겠지만, 우리가 자유를 누리려면 제한이 있어야 합니다.

단순히 이미지만 생각하면 자유와 제한은 정반대로 보일 것입니다. 하지만 방금 살펴보았던 것처럼 사실 서로의 자유를 성립시키려면 제한도 필요합니다. '타인을 상처 입히지 않는다' 정도의 극히 당연하고 최소한의 제한입니다.

그런데도 '제한이 있다면 자유가 아니야!'라고 말하는 사람이 있을지도 모릅니다. 그럼 다시 한 번 생각해봅시다. 정말로 다른 사람을 죽이는 자유, 다른 사람의 물건을 빼앗을 자유가 있다고 생각하나요? 그것을 자유라고 부른다면 그런 자유에 무슨 의미가 있을까요?

의무를 인정하는 것이 시작

다른 사람을 상처 입히지 않는다는 제한만 두면 자신의 자유는 인정받을 수 있고, 다른 사람에게 상처받을지 모른다는 걱정이 없어집니다. 이것은 자유에 대한 '적극적'인 생각은 아닙니다. 하지만 다른 사람에게 상처받지 않고 싫은 일을 당하지 않으니 최소한의 자유는 확보할 수 있습니다.

게다가 정의에 관한 생각과도 잘 들어맞습니다. 다른 사람을 상처 입힐 권리는 없었습니다. 있는 것은 다른 사람을 상처 입히지 않는 의무입니다. 이 의무가 있어서 우리는 상처받지 않을 권리를 인정받을 수 있었습니다. 권리를 가진 것은 개인이지만 사회 속에서는 상호성을 기본으로 그 권리를 서로 인정하고 있는 것입니다.

이 권리가 바로 자유였던 것입니다. 반대로 다른 사람을 상처 입히지 않는 의무, 이것이 제한입니다. 서로 상대의 권리를 인정하는 것. 이것은 동시에 서로에 대한 자신의 의무를 인정한다는 뜻입니다. 그리고 이를 통해 우리는 자신의 자유 영역(=자신의 권리)을 확보할 수 있게 됩니다. 이렇게 권리와 의무가 세트가 되어 있던 것처럼 자유와 제한이 한 세트입니다.

타인의 행동이 바보 같거나 어리석어 보이더라도

자유에는 제한이 있지만 어디까지나 남에게 해를 가하지 않는다는 제한뿐입니다(이른바 무위해 원칙). 따라서 남에게 영향을 미치지 않는 범위라면 즉, 나만의 영역에서는 내가 하고 싶은 것을 할 수 있는 권리를 갖습니다.

이상한 표현이지만, 우행권이라는 말이 있습니다(the right to do what is wrong. 영국의 철학자 존 스튜어트 밀이 만든 말). 바보 같거나 어리석은 짓이라도 남에게 해를 끼치지 않는다면 그것은 개인으로서 행할 권리가 있다는 말입니다.

예를 들어 남이 보면 '나이 먹고 그게 무슨 짓이냐!'라고 생각할지도 모르지만, 저는 1년에 2000권가량의 만화를 읽습니다. 하지만 이것은 저의 우행권에 속하는 것이므로 다른 사람이 막을 권리는 없습니다! 사실 가족들은 싫어할지도 모르겠습니다.

이 이야기를 했더니 "저는 올해 게임에만 5만 엔을 써버려서 친구가 어이없어했지만, 그래도 된다는 걸 알아서 다행이에요"라고 써서 낸 학생이 있었습니다. 그건 좀 다르지 않나요. 아무튼 저나 이 학생이나 적당히 하는 게 좋을 것 같군요.

위치에 따라 달라지는 의무

제가 혼자 점심 식사로 무엇을 먹을지 정한다고 해봅시다. 카레를 먹을지 연어구이 정식을 먹을지 고민입니다. 이때는 상대방의 입장이 되지 않아도 되고, 사회 구성원 전체가 동의하는 의견을 생각하지 않아도 됩니다. 무엇을 먹을지는 개인적인 나의 자유입니다.

하지만 예를 들어 회사 과장인 제가 부하 여직원과 둘만 있을 때, "귀엽고 스타일도 좋네. 가슴 사이즈가 어떻게 돼?"라고 물으면 이건 완벽한 성희롱에 해당합니다. 상대의 권리를 침해하고 있기 때문입니다.

자신의 방에 쓰레기를 두는 건 남에게 영향을 미치지 않고, 남의 권리를 침해하지 않는 한 자신의 자유입니다. 하지만 길거리에 쓰레기를 버린다면 사회의 많은 사람에게 민폐를 끼치고 타인의 권리를 침해하게 됩니다. 그러니까 그런 일을 하지 않는 것이 나에게 부과된 의무가 됩니다.

이렇게 관련된 사람의 범위에 따라 나의 의무는 결정됩니다. 따라서 내가 무언가를 할 때는 그것이 어느 정도의 범위에서 사람들에게 영향을 미치는지를 생각해야 합니다. 사회적인 지위가 높은 (권력을 가진) 사람일수록 보다 많은 사람에게 영향을 미치게 되므로 의무가 커집니다.

따라서 윤리적으로 볼 때 정치인이나 판사는 힘든 직업입니다. 총리(대통령)는 상상도 할 수 없을 만큼 힘들 것입니다. 국가에서 가장 큰 권력자이므로 가장 큰 제한이 주어져야 하기 때문입니다. 그것을 위해 있는 것이 헌법입니다. 헌법은 국민의 권리를 지키고 권력자에게 의무를 부과함으로써 제한을 줍니다.

소극적 자유 정리

정리하자면 자유라는 것은 나에게는 권리가, 남에게는 의무가 있다는 뜻이었습니다. 이것은 서로에게 모두 해당하니 남에게는 권리가, 나에게는 의무가 있다는 뜻도 됩니다. 나의 권리는 타인의 의무와 세트입니다. 의무를 지키면 나의 자유는 제한되지만, 그것은 나의 권리를 즉, 나의 자유를 지키기 위한 것이었습니다. 이것은 이른바 최소한의 자유이므로 이런 자유를 소극적 자유라고 부릅니다.

특히 사회적 권력은 때에 따라서는 우리 개인을 압박할 때가 있으므로 개인을 지킬 필요가 있습니다. 존 스튜어트 밀의 유명한 『자유론』의 기본 주장입니다. 이것이 소극적 자유의 원천입니다.

소극적 자유를 생각했으니 그럼 이제 적극적 자유도 생각할 수 있을까요? 생각할 수 있다면 그것은 대체 어떤 것일까요? 이것이 다음 과제입니다.

적극적 자유

나에게로 향하는 자유?

앞에서는 개인이 타인과 분리되어 있다는 부분부터 시작해서 소극적 자유에 도달하였습니다. 소극적 자유라는 것은 타인과 사회로부터 자유로워지는 것을 뜻합니다. 이것은 제 마음대로 말하고 있는 것이 아니라 영국의 철학자 이사야 벌린이 정리한 것입니다.

관계에서 분리되는 것, 벗어나는 것이 소극적이라면 적극적인 것은 무엇일까요? 분리되는 것이 아니라면 생각할 수 있는 것은 다가가는 것, 즉 '향하는 것'입니다. 하지만 '타인에게로 향하는 자유'라면 조금 전 최소한 필요하다고 했던 '타인과 분리된다'라는 의미의 소극적 자유와 충돌이 일어납니다.

향해야 할 곳이 타인이 아니라면? 그렇습니다. 나 자신밖에 없습니다. 그럼 적극적 자유는 나에게로 향하는 자유일까요?

그럼 그 실상은 뭘까요? 나에게로 향한다는 것이 무슨 뜻일까요? '~에서'가 출발지를 나타낸다고 한다면 '~에게로'는 목적지를 나타내겠죠. '나 자신'이 목적지? 그렇습니다. 적극적 자유라는 것은 나 자신을 목표로 하는 자유입니다.

자신에 대해서

'나에게로 향하는 자유'라는 말은 언뜻 이상해 보입니다. 나에게로 향하는 데 자유가 왜 필요할까요? 이런 기묘한 자유가 있을까요? 그런데 생각해보세요. 우리는 의외로 나에 대해서 잘 모르지 않나요? '자아 찾기'라는 것이 유행할 정도니까요. 우리의 자아는 일부러 찾지 않으면 알 수 없을 정도입니다.

물론 자아 찾기가 실제로 어디 멀리 떠나는 건 아닙니다만, 그래도 '자신, 자아'란 것이 미리 준비된 것이 아니란 것은 확실합니다. 그 이유도 생각해보면 간단합니다. 우리가 태어났을 때는 그야말로 자아든 자신이든 아무것도 없습니다. 부모와 주변 어른들이 말을 걸어주고, 소통해주면서 점점 '나'라는 자아가 생겨납니다. 그리고 사람에 따라 시기는 다양하지만 언젠가는 철이 들고 부모님의 품을 떠나는 시기가 찾아옵니다. 사춘기는 이렇게 서서히 자아가 생겨난다는 증표입니다.

자율, 적극적 자유의 핵심 키워드

생겨난 자아는 나 자신의 원천 같은 것입니다. 사실 이것만 가지고 도 어떻게든 살아갈 수는 있습니다. 이것이 자립입니다. 하지만 이 것만으로는 부족합니다. 이것만 있으면 그냥 살기만 하는 것이고 아직 '잘 산다'라고는 할 수 없으니까요. 소크라테스가 던졌던 '잘 사는 것이란 무엇인가?'라는 윤리학의 출발점이 된 바로 그 질문 말입니다. 잘 사는 것에는 몇 가지 레벨이 있었습니다. 사회 속에 서 잘 사는 것. 그건 앞에서 생각했습니다. 친밀한 관계 속에서 잘 사는 것. 이것은 나중에 생각할 것입니다. 지금 살펴보는 것은 개 인으로서 '내가 잘 사는 것'이 무엇인가 하는 것이었습니다.

사회 속에서 잘 사는 것이나 친밀한 관계 속에서 잘 사는 것은 나 혼자서는 정할 수 없습니다. 타인과의 관계 속에서 정해지는 것 입니다. 하지만 내가 잘 사는 것은 나 혼자만의 것입니다. 그리고 그것은 미리 정해져 있는 것이 아닙니다. 그렇다면 어떻게 해야 할 까요. 스스로 결정할 수밖에 없습니다. 이것이 자율이라고 불리는 적극적 자유의 핵심입니다.

소극적 자유는 '다른 것으로부터 자유로워지는 것'이었습니다. 그럼으로써 자신의 영역을 확보할 수 있었습니다. 하지만 아직 '자 아'에 핵심이 없습니다. 적극적 자유는 나 자신에게로 향하는 자 유입니다. 나 자신은 다른 사람이 정해주는 것이 아닙니다. 그것을 정하는 것은 나 자신밖에 없습니다. 그래서 적극적 자유인 것이고 핵심인 것입니다.

자립과 자율의 차이

자립과 자율은 비슷하지만 다릅니다. 이것을 혼동하는 사람이 많습니다. 이 두 가지가 다르다는 것은 반대말을 생각해보면 알 수 있습니다. 자립의 반대말은 의존이고 자율의 반대말은 타율입니다.

자립은 스스로 하는 것을 뜻합니다. 다른 사람에게 의지하지 않는(의존하지 않는) 것입니다. 이것은 훌륭한 일입니다만 단순히 그것뿐입니다. 이에 반해 자율은 스스로를 통제한다는 뜻입니다. 영어로 자율은 'autonomy'입니다. 그리스어로 '스스로'라는 말과 '법률'이라는 말에서 생겨났습니다. 법률은 보통 사회의 규칙을 가리키지만, 여기서는 이른바 자신의 삶의 규칙을 말합니다.

자기 자신의 탄생

우리의 자아는 어느새 나도 모르게 생겨납니다. 하지만, '자기 자신'은 마음대로 생겨나는 것이 아닙니다. 어린아이에게도 자아는 있습니다. 하지만 아이에게 '자기 자신'은 없습니다.

아이는 자아가 있기에 아프거나 괴롭다거나 즐겁다거나 이걸 하고 싶다거나 저걸 하고 싶다거나 하는 감정을 느낍니다. 하지만 그것뿐입니다. 아이들은 주변의 영향을 크게 받는 것이지 '자기 자신'으로 상황을 느끼거나 판단하지 않습니다.

자율 또는 적극적 자유라는 것은 쉽게 말하면 나 자신의 인생에서 내가 하고 싶은 것을 정하는 것입니다. 그건 당연한 것 아니냐

개인	적극적 자유	자신에게로 향하는 자유	자율, 자기결정
	소극적 자유	타인에게서 분리되는 자유	프라이버시, 우행권

자유의 두 가지 패턴

고 생각했다면 주의하셔야 합니다. 내가 하고 싶은 것을 '정하는 것'과 내가 하고 싶은 것을 '하는 것'은 구별해야 합니다. 내가 하고 싶은 일을 하는 것은 얼핏 자유라는 생각이 듭니다. 하지만 그것은 단순하게 '기분상의 자유'일 뿐이고 자율이라는 윤리적인 방식은 되지 않습니다. 하고 싶은 것을 하고 싶을 때 한다고 해서 '자기 자신'이 확립되어 있다고는 할 수 없기 때문입니다.

'이것이 바로 나다'라고 말할 수 있으려면 일관성이 있어야 합니다. 물론 어떤 식으로 살지는 우리의 자유라서 결정하는 것은 나 자신입니다. 그저 그때마다 하고 싶은 일을 하면서 사는 것이 아니라 인생을 전체적으로 바라보고 '나는 이렇게 살고 싶다, 살 것이다'라는 삶의 방식의 원칙을 스스로 만드는 것, 이것이 자율입니다. 이것을 할 수 있게 되어야 비로소 우리는 '자기 자신'의 인생을 살기 시작하게 됩니다. '자유란 무법이 아니라 나만의 규칙으로 사는 것'이라는 말이 있습니다. 이것이 바로 자율, 적극적 자유입니다.

칸트는 이렇게 자율이 가능해진 사람을 어른이라고 생각했습니다. 물론 연령과는 상관이 없습니다. 십 대에 이미 자율이 가능한 사람도 있을지 모르고, 쉰 살이 되어도 어른이 되지 못한 사람도 있을 것입니다. 자율이 가능해졌다고 해도 여러 가지 망설임이 있을 수 있습니다. 적극적 자유인 자율이란 것은 굉장히 어렵습니다.

9장 자율과 행복

아리스토텔레스의 행복론

나 자신을 제한한다는 것

생각해보면 '자율'이라는 것은 말 그대로 자신을 제어하는 것이므로 이것은 일종의 제한이라고도 할 수 있습니다. 왜 굳이 자신을 제한하는 것일까요.

첫 번째 이유는 그것을 통해 '자기 자신'을 확립하기 위해서입니다. 반대로 말하면 '자율'이 없으면 나다운 것이 무엇인지 알 수도 없고 모호해집니다.

두 번째 이유는 인간은 유한한 존재이기 때문입니다.

수업 시간에는 정말 여러 의견이 나옵니다. 그중에서는 매우 재미있는 생각도 있습니다. 그중에 한 학생의 생각이 정말 인상적이었습니다. 그 학생은 가장 앞줄에 앉을 정도로 강의에 열심히 참여합니다. '모든 욕망의 끝을 본다'라는 장대한 목표가 있기 때문입니다. 해보고 싶은 것이 너무나도 많은데 그러기 위해서는 지식이 많이 필요하고 능력도 기술도 필요합니다. 그래서 최대한 많은 것을 받아들이기 위해 강의실에서도 가장 앞줄에 앉는다고 합니다.

재미있습니다. 특히 욕망의 끝을 본다는 말이 참 좋습니다. 젊으니까 그 정도 욕심은 있었으면 합니다. 응원하고 싶은 마음은 굴뚝같지만, 한편으로는 모든 욕망을 채우기는 어려울 거라는 생각이 들기도 합니다. 유감스럽게도 우리는 영원히 살 수 없기 때문입니다.

선택과 집중

저는 어렸을 때부터 독서를 참 좋아했습니다. 중학교에 진학할 때는 학교 도서관의 모든 책을 다 읽겠다는 계획도 세웠습니다. 그런데 솔직히 재미있는 책만 있는 것도 아닌지라 빠른 단계에서 좌절해버렸습니다. 중학교 시절엔 스스로도 실망스러울 만큼 읽은 책이 적었습니다. 생각처럼 책을 빨리 읽을 수도 없었습니다.

우리에게는 단순히 시간이 한정되어 있을 뿐 아니라 능력도 한정되어 있습니다. 현실적으로 생각했을 때 한정된 시간 안에 내가 하고 싶은 일을 최대한 하기 위해서는 우선순위를 정할 수밖에 없습니다. 이것은 제한이긴 하지만 부정적인 것은 아닙니다. 오히려 이렇게 제한 또는 정리를 할 수 있으면 내가 하고 싶은 일을 꾸준하고 착실하게 실현할 수 있게 됩니다.

우리가 늘 계획적으로 계산하고 합리적으로 행동할 수 있는 건 아니지만 말입니다.

행복을 얻기 위한 충분조건

결국 무엇을 하고 싶은지, 어떻게 되고 싶은지, 그 궁극적인 것을 우리는 막연하게 '행복'이라고 부르고 있는 것 같습니다.

우리는 정의에서 이야기를 시작했습니다. 거기에서 사회의 정의와 그에 대응되는 소극적 자유를 찾아냈습니다. 하지만 이것들은 둘 다 어디까지나 소극적입니다. 정의는 중요하지만, 정의만 있어서는 잘 살 수 없습니다. 타인에게 상처받지 않고 자신의 영역을 지키는 소극적인 자유도 틀림없이 중요합니다. 하지만 이것만으로 잘 산다고 말할 수 있을까요? 이것들은 모두 잘 살기 위해 필요한 조건이지만, 이것만 있다고 잘 산다고 말할 수 있진 않습니다. 하지만 우리가 '행복'이라고 부르는 것은 그것이 있으면 잘 사는 것이라고 말할 수 있는 충분조건입니다.

최종 목적을 향한 질문

아리스토텔레스는 행복을 최고의 선이라고(즉, 행복주의의 입장을 취하는) 주장하는 대표적인 윤리학자입니다. 아리스토텔레스는 소크라테스가 던진 명제인 잘 사는 것에 대해서 생각했습니다. 특히 '잘' 즉, '善(선)'에 주목하여 '선이란 무엇인가'를 고민했습니다. 그리고 '선이란 모든 사람이 지향하는 것'이라고 생각했습니다. 지향하는 것은 목적이라고도 할 수 있으니 말을 바꾸자면 '선이 목적이다'가 됩니다.

　단 목적에도 두 가지 종류가 있습니다. 하나는 우선적인 목적입니다. 예를 들어 "왜 이 강의를 들어?"라고 물으면 "학점을 따기 위해서"라고 대답합니다. 하지만 "무엇을 위해서 학점을 따?"라고 물을 수 있겠죠. "졸업하기 위해서?" 그러면 학점을 따는 것은 또 하나의 목적인 졸업하는 것이라는 다른 목적을 위한 수단에 지나지 않는다는 것을 알 수 있습니다.

　진정한 목적은 '그것은 무엇을 위해?'라고 더 이상 물을 수 없는 최종 목적입니다. 그리고 그것이 결국 '행복'이라는 것입니다. 이것이 아리스토텔레스의 결론입니다.

돈과 명예와 쾌락

아리스토텔레스는 일반적으로 가지고 있는 생각을 기반으로 고찰하는 학자의 대표주자입니다. 사람들이 좋다고 생각하는 것, 즉 '선'은 무엇일까요? 아리스토텔레스는 돈, 명예, 그리고 쾌락 세 가지를 들었습니다.

　쾌락 또는 쾌적함이나 편안함. 이것은 모두가 지향하는 선이지만, 동물도 원하는 것이니 인간으로서의 선과는 다르다고 생각했습니다. 명예, 즉 칭송을 받는 것, 사람들의 인기를 얻는 것. 물론 칭찬받으면 기분이 좋습니다. 그렇지만 잘 생각해보면 칭찬받기 위해서는 사람들의 마음에 들어야 합니다. 그러기 위해서는 사람들의 의향을 따라야 하겠죠. 게다가 사람들은 변덕스러워서 인기를 유지하는 것이 힘듭니다. 그렇기에 명예나 인기를 추구하면 결국은 자기 자신을 잃어버리게 됩니다.

돈은 아예 성립이 안 됩니다. 왜냐면 무엇을 위해서 돈이 필요한지 물을 수 있기 때문입니다. 돈이 있으면 갖고 싶은 걸 살 수 있어서? 그럼 돈은 목적이 아니라 수단입니다.

결국 선＝최종 목적이라고 말할 수 있는 것은 행복입니다. 무엇을 위해서 부자가 되려고 하냐는 질문은 할 수 있어도 '무엇을 위해서 행복해지려고 해?'라고 묻는 것은 의미가 없습니다. 돈을 비롯해 우리가 지향하는 목적 대부분은 우선적인 목적이며, 사실 목적이라기보다 수단입니다. 진정한 목적인 행복을 위한 것입니다. 학점을 따면 졸업할 수 있습니다. 졸업하면 좋은 회사에 취직할 수 있고 높은 급여를 받고 안정된 삶을 살 수 있습니다. 결국 우리는 행복해지고 싶은 것입니다.

진정한 문제는 지금부터

문제는 여기서부터입니다. 이제 '행복이란 무엇인가'를 확실히 찾아나가야 합니다.

아리스토텔레스의 생각은 지금도 우리에게 울림을 줍니다. 하지만 그것은 아리스토텔레스 개인의 가치관에 지나지 않습니다. 그리고 솔직히 말해서 꽤 엘리트적인 사고방식입니다. 아리스토텔레스는 최고의 행복이란 학문이라고 했으니까요.

아리스토텔레스는 '인간이 동물과 달리 우수한 것은 지혜를 가졌기 때문이다. 인간의 최고 덕은 지혜이며 지혜를 활용하는 것이 우리의 행복이다. 지혜를 활용한다는 것은 학문을 말한다. 따라서 인간에게 최고의 행복은 학문이다'라고 말했습니다.

저는 이 생각에 얼마간 동의는 합니다. 저도 나름 학문 분야에 있는 사람이니까요. 하지만 다소 의문이 듭니다.

그야 아리스토텔레스는 굉장히 머리가 좋은 사람이었고 학문을 통해서 행복을 느꼈을 것입니다. 게다가 아리스토텔레스가 살았던 고대에는 오락거리도 별로 없었으니 따로 할 일도 없었을 것입니다. 무엇보다 고대에는 노예제도가 있어서 아리스토텔레스는 스스로 일을 하지 않아도 괜찮았습니다. 하지만 지금은 그런 시대가 아닙니다.

아리스토텔레스의 행복론은 참고할 수는 있지만 그것을 그대로 받아들일 수는 없습니다. 여기서부터는 우리가 생각해야 합니다.

행복은 계산할 수 있는가

부자 되기 vs 행복해지기

수업 시간에 종종 "부자가 되는 것과 행복해지는 것 중에 한 가지만 선택한다면?"이라는 질문을 던지곤 합니다. 아리스토텔레스도 말했듯이 돈은 어차피 수단에 지나지 않습니다. "부자가 되고 싶어? 하지만 무엇을 위해?"라고 물을 수 있으니까요. 돈이 있으면 갖고 싶은 것을 살 수 있습니다. 그래서 갖고 싶은 것을 사면요? 기쁘고 행복해질 수 있다고요?

저도 물론 돈이 있으면 좋다고 생각합니다. 솔직한 마음입니다. 하지만 돈은 없으면 곤란하지만, 많이 있다고 해서 그만큼의 행복이 보장되지는 않습니다. 결국 우리가 최종적으로 지향하고 있는 것은 행복입니다. 수업 시간에도 '부자가 되고 싶다'에 손을 드는 학생이 있긴 하지만, 대부분 '행복해지고 싶다'에 손을 듭니다.

가끔 "무슨 그런 뜬구름 같은 소리를 하고 있나요"라고 말하는 사람이 있습니다. 학생들이 제출한 의견을 보면 "아까는 사람들 앞이어서 행복에 손을 들었지만, 사실은 부자가 되고 싶습니다"라고 써낸 사람도 적지 않습니다.

물론 행복이라는 것은 막연합니다. 좋을 것 같다는 생각은 들지만 명확하지는 않죠. 그보다도 돈을 버는 일이 중요할지도 모릅니다. 하지만 정말로 그럴까요?

눈에 보이는 명확한 게 좋아

물론 돈은 중요합니다. 하지만 행복보다 돈이 중요하다는 것은 조금 이상합니다. "행복 따위 필요 없어, 너무 막연하잖아"라는 의견도 물론 있을 수 있겠지만 그렇다고 이것이 행복보다 돈이 중요한 이유가 되지는 않습니다. 그저 행복이란 무엇인가라는 어려운 문제로부터 도망치고 있는 것 아닐까요?

행복이 뭔지 잘 모르겠으니 그럴 바엔 그냥 부자가 되고 싶다고 말하고 싶을 수 있습니다. 우리는 행복을 원하지만, 그 행복이 뭔지 잘 모릅니다. 하지만 돈은 굉장히 명확합니다. 돈은 양이니까요. 양은 계산할 수 있습니다. 게다가 비교도 쉽습니다. 나에게 100만 엔이 있고 다른 사람에게 200만 엔이 있다면 그가 나보다 두 배 더 부자입니다.

그런데 그 상대가 정말 저보다 두 배 행복할까요? 그건 알 수 없습니다. 왜냐면 행복은 돈＝양과는 달리 질적인 것이기 때문입니다. 양이 객관적이고 계산할 수 있고 명확하다면, 질은 사람에 따라 느끼는 것이 다르고 계산할 수도 없고 비교할 수도 없습니다.

이렇게 우리는 속으로는 행복해지고 싶다고 생각하더라도 행복은 질적이고 막연해서, 확실하고 명확한 양을 더 좋아하는 경향이 있다는 것을 알 수 있습니다.

보이지 않는 행복을 찾아

수단과 목적 중에서는 목적이 더 중요합니다. 하지만 시간적인 순서로 말하자면 목적을 달성하기 위해서는 수단이 먼저 있어야 합니다. 우리의 목적은 '행복'이며 이것이 무엇인지는 명확하지 않습니다. 한편 수단에 지나지 않는 돈은 굉장히 명확합니다. 게다가 이것은 다른 여러 가지와 바꿀 수 있습니다. 행복이 뭔지는 잘 모르겠으니까, 일단 돈을 우선하게 됩니다.

돈과 행복뿐만이 아닙니다. 우리는 눈앞에 있는 것에 정신이

팔려 한낱 수단에 지나지 않는 것을 목적이라고 생각하는 실수를 하곤 합니다. 그렇게 수단만 쫓다가 결국 본래의 목적까지 잃어버릴 때도 있습니다. 이런 경우를 바로 본말전도라고 부릅니다.

베일 너머의 행복을 찾으려면

과학의 그림자

질보다 양, 목적보다 수단이 더 명확합니다. 이런 명확한 쪽에 더 끌리는 것은 역사적으로 보면 꽤 새로운 경향이며 굉장히 근대적인 사고방식입니다.

우리가 이러한 사고방식을 갖게 된 데에는 이유가 있습니다. 근대는 과학이라는 새로운 사고방식이 탄생한 시대입니다. 주관적인 것, 모호한 것을 배제하고 객관적인 것, 명확한 것만을 다루려고 했고 큰 성공을 거두었습니다. 그 결과 다양한 기술도 개발할 수 있었습니다.

과학이 급격히 발전하고 기술도 실용화되기 시작한 18세기에는 우리의 삶이 질적으로 더더욱 좋아지게 될 것이라 믿어 의심치 않았습니다. 그런데 20세기 후반에 이르자 우리의 생각이 틀렸음을 알게 됩니다. 양과 수단은 얻었지만 정작 중요한 것을 놓쳐버렸기 때문입니다.

QoL(Quality Of Life)

기술이 점점 발전하자 이제는 물건뿐 아니라 인간에게도 기술을 응용할 수 있게 되었습니다. 의료 기술, 특히 연명 기술이라 불리는 것이 상당히 발달했습니다.

단순히 생각하면 수명이 늘어난 것은 좋은 일입니다. 하지만 꼭 그렇지만은 않습니다. 우리는 오래 살 수 있게 됐지만 모든 병을 고칠 수 있게 되진 않았습니다. 그러다 보니 병을 고칠 수 없고 고통도 없앨 수 없는데 죽지도 않아서 '차라리 빨리 죽길 바라는' 상황도 생기게 되었습니다.

이른바 안락사 문제입니다. 안락사는 오래전부터 논란이 되었던 문제입니다. 고대 그리스 시대부터 이미 문제가 된 바 있습니다. 하지만 그것이 현대에 들어와 더 심각한 문제가 된 것은 기술 발전이라는 배경이 있어서입니다.

왜 이렇게 되었을까요? 잘 사는 것이란 무엇인가, 특히 '잘'이란 무엇인가라는 윤리의 문제는 제쳐두고 무작정 '사는 것'에만 초점을 맞춰 의료 기술이 발달했기 때문입니다.

물론 과학 기술이 여러 문제를 일으키고 있다고 해서 뭐든 과학이나 기술의 탓은 아닙니다. 윤리학자들 역시 과학 기술의 발달에 현혹되어 질의 문제를 진지하게 생각하지 못한 경향이 있습니다.

그래서 지금까지 양이나 수단을 쫓았던 현실을 반성하는 뜻에서 QOL(Quality Of Life)이라는 사고방식이 등장하게 되었습니다. QOL은 삶의 질이라는 뜻으로, 의료 분야에서 사용되는 용어입니다. 환자를 간호할 때는 '환자의 QOL을 높여야 한다'라는 식으로 쓰입니다.

행복의 정체

QOL은 '잘 사는 것'을 가리킵니다. 왜 알기 쉬운 말을 사용하지 않고 QOL과 같은 말을 사용하는 걸까요? 그것은 언급했듯이 행복은 매우 막연하고 사람마다 다르게 느낀다는 것을 모두가 알고 있기 때문입니다. 그래서 행복이라는 모호한 말보다 QOL이라는 말을 사용하고 싶은 것입니다. 결국은 같은 말입니다. 행복도 질도 모두 주관적이고 모호하며 사람에 따라 다르다는 점에서는 말입니다.

이제 정리해보겠습니다.

우리는 과학과 기술의 발달에 현혹되어 양과 수단을 먼저 생각하게 되었습니다. 그 결과, 질과 목적에 대해서 생각하는 것을 잊어버렸고, 결국 주관적이고 모호한 것은 필요 없다는 생각까지 하게 되었습니다. 여기서 빠져나오려면 어떻게 하면 될까요?

대답은 매우 단순합니다. 행복은 주관적이니 생각해봐야 소용없다고 할 게 아니라 '애초에 행복은 개개인의 것이니 각자 스스로 찾아내서 결정하는 것이 좋다'라고 생각해야 합니다. 우리는 적극적 자유를 사용해서 먼저 어떻게 살아야 내가 행복한지를 정해야 합니다. 앞서 나온 자기 결정, 자율은 바로 이런 것을 말하는 것입니다.

윤리학 칼럼 5 놀이, 행복, 여유

아리스토텔레스가 행복에 대해서 정의한 유명한 말이 있습니다. '행복은 상태가 아니라 활동이다'라는 말입니다. 알쏭달쏭한 말처럼 보일 수도 있지만, 이것은 꽤 심오합니다.

우리의 행동에는 두 가지 종류가 있습니다. 하나는 어떤 행동이 수단이 되어 결과를 도출하는 것입니다(이 경우에는 결과물이 중요). 또 하나는 일 자체가 목적인 행동입니다(하는 일 자체가 중요하기 때문에 결과는 그다지 문제가 되지 않음). 아리스토텔레스가 활동이라고 부르는 행복의 정체가 바로 이것입니다.

아리스토텔레스 연구자들은 화를 낼지도 모르지만, 대략 아리스토텔레스가 말한 행복한 활동은 우리가 푹 빠져서 하는 '놀이', '취미'라고 생각해보면 어떨까 합니다. 실제로 아리스토텔레스는 좋아하는 일을 할 수 있는 자유로운 시간과 여유를 중요시했습니다. 반드시 해야 하는 일이 없는 여유로운 시간. 일을 할 때는 무엇을 위해 일하냐고 물을 수 있지만 자유 시간에는 노는 것 자체가 즐거워서 무엇을 위해서 노느냐고 물을 수 없습니다.

특히 현대인들은 인생의 대부분을 일하면서 지내고 중간에 잠깐 생기는 여유 시간에 놀거나 취미 활동을 하며 지친 심신을 달래고 있습니다. 하지만 이래서는 일을 하기 위해서 노는 셈입니다. 아리스토텔레스라면 이건 진정한 여가, 진정한 놀이가 아니고 노예의 발상이라고 말했을 것입니다.

물론 그런 말을 할 수 있는 이유는 본인은 수많은 노예를 부리고 있어 딱히 일하지 않아도 괜찮았기 때문입니다. 우리는 노예제도를 부정하기 때문에 살기 위해서는 반드시 일을 해야 합니다(AI의 진보에 따라서는 이런 상황을 극복할 수 있을지도 모르지만요).

하지만 그렇게 비관하지 않아도 됩니다. 살기 위해서 해야만 하는 '일'을 푹 빠져서 열중할 수 있는 '놀이'라고 생각하며 즐기면 되니까요. 내가 좋아하는 놀이나 취미를 직업으로 삼아도 됩니다. 물론 둘 다 쉽지 않다는 것은 잘 알고 있습니다.

저는 정치나 경제에 대해서는 아마추어이지만, 마르크스의 『자본론』을 읽으면 그가 지향했던 것은 어떤 주의가 아니라 좋아하는 것을 할 수 있는 자유로운 시간이었다는 것을 알 수 있습니다.

마르크스 연구자들이 화를 낼지도 모르지만, 어쩌면 마르크스와 아리스토텔레스는 최종 목적지가 비슷했을지도 모릅니다.

10장 자유를 완성하는 독특한 관계

운명이라는 변수

행복은 주관적이 아닌 주체적인 것

행복은 주관적인 것이란 말은 틀린 말이 아닙니다. 하지만 주관적이라서 모호하다거나 답이 없다는 것은 틀렸습니다. 행복이 무엇인지, 행복이란 어떤 것인지를 자기 자신이 확실히 정하면 되기 때문입니다. 답은 스스로 만들어내면 됩니다. 이것은 적극적 자유입니다. 사실 행복은 주관적이라기보다 주체적입니다. 하지만 그러기 위해서는 순간의 기분으로 행복을 판단할(이것은 심리학) 것이 아니라 전체적으로 보고 나는 어떤 인생을 보내고 싶은지를 정하는 것이 바람직합니다.

정의는 개인이 자기 혼자서 정할 수 없습니다. 객관적인 것, 사회적이어서 그렇습니다. 하지만 행복은 다릅니다. 어떤 사람의 행복을 사회가 정해버릴 수 없습니다. 개인이 자신의 자유를 통해 주체적으로 정해야 하는 것이기 때문입니다. 이것이 시작하는 말에도 썼던 '내가 내 인생의 주인공'이라는 말의 의미였습니다.

행복하게 사는 일은 정말로 어렵습니다. 아무것도 하지 않고 자동으로 주인공이 되지 않습니다. 아무것도 하지 않고, 아무것도 생각하지 않으면 나 자신의 이야기인데도 그냥 방관하게 될 뿐입니다.

인생은 내가 원하는 일만 일어나지 않으니

행복이란 무엇인지 정체를 파악했습니다. 내가 주인공이라는 의미도 알게 되었습니다.

그런데 내 행복을 내가 결정한다고 해도 꼭 행복하게 살 수 있는 건 아닙니다. 내 인생에 대해서 진지하게 생각하고 결정했지만, 생각만큼 잘되지 않는 경우도 많습니다. 어쩌다 이렇게 됐는지, 사회 탓도 해보고 운이 나빴다고 불평할 때도 있습니다.

실제로 사회가 나쁠 때도 있지만, 사회에 책임을 전가할 수 없는 경우도 많습니다. 내가 잘못한 건지 정말로 운이 나빴던 건지 알수 없을 때도 있습니다. 사회가 제대로 되어 있고 나도 자율적으로 살고 있는데 잘 살 수 없는 경우도 충분히 있을 수 있습니다.

앞에서 말했듯이 인간은 유한한 존재입니다. 모든 것을 다 내다볼 수 없기에 예측하지 못한 일도 일어납니다. 우리가 운이나 운명이라는 말을 사용하는 것은 그 때문입니다. 운명이란 것이 정말로 있는지는 확인할 수 없습니다. 하지만 자신의 의지대로 되지 않는 것은 분명 존재합니다.

운명적인 만남, 운명적인 상대

물론 윤리학에서 운명이란 이런 것이라고 딱 잘라 말하지는 않습니다. 하지만 운명에 대해 다룰 때 흥미로운 부분이 있습니다. 수업 시간에 운명이 있다고 생각하는지 질문을 던지면 보통 의견은 반으로 갈립니다. 하지만 운명이라는 단어를 사용하는 방식은 꽤나 공통적인 대답이 많습니다. 운명적인 만남, 운명적인 사람 등. 이 표현들을 보니 운명은 대부분 인간관계와 연관이 있는 것 같군요.

사회라는 건 기본적으로 얇은 인간관계였습니다. 하지만 많은 사람과 만나고 친해지는 사람도 있습니다. 때로는 내 인생을 좌우할 만한 사람과 만나기도 합니다.

한편으로 우리는 만나고 싶지 않은 운명을 만날지도 모릅니다. 혼자서는 감당 못할 불운이 있을지도 모릅니다. 그럴 때 기댈 수 있는 것은 역시 친밀한 사람들입니다. 바로 사회와 개인, 그리고 또 하나 중요한 관계라고 간주되는 친밀한 관계입니다. 가족이나 연인, 친구 등의 관계를 예로 들 수 있습니다. 그럼 이번에는 친밀한 관계를 생각해봅시다.

친밀한 관계와 사랑

행복을 성립시키는 것

행복은 주관적이고 그런 의미에서 개인적입니다. 행복이 무엇인지를 정하는 것은 개인의 자유였습니다. 하지만 실제로 행복해질 수 있는지는 개인이 의지와는 무관합니다. 그래도 조금이라도 불행을 줄이기 위한 대책을 생각할 수는 있을 것입니다.

먼저 다른 사람의 의견이나 일반적인 상식에 좌우되지 않고 스스로 행복은 무엇이고 행복한 삶이란 무엇인지를 정해야 합니다. 그리고 내 힘으로는 어찌할 수 없는 점을 보완해서 최소한의 기본적인 삶은 살아나갈 수 있도록 하는 것이 필요합니다.

그런 생활 기반을 기초부터 성립시키는 역할을 하는 것이 사회적 정의였습니다. 서로 상처를 주고받지 않고 필요한 것은 서로 보완하는 것, 그 구조가 정의였던 것입니다.

그럼 친밀한 관계는 어떨까요? 수업 시간에 "행복이란 무엇이라고 생각하나요?" 또는 "행복하고 싶나요? 부자가 되고 싶나요?"라고 물으면 종종 "행복이란 좋아하는 사람과 함께 있는 것입니다"라든가 "돈이 없어도 가족과 함께 있으면 행복합니다"라는 대답을 종종 듣습니다.

행복이라는 관점에서 보면 사회의 정의는 적극적으로 행복을 만들어내는 것이 아니라 불행해지는 것을 방지하는 것입니다. 그런 의미에서 정의는 소극적입니다. 그렇지만 친밀한 관계는 다른 것 같습니다.

혼자서는 버틸 수 없는 불행을 겪게 된다면 가까운 사람이 위로해주거나 도와줄 것입니다. 즉, 친밀한 관계도 사회적 정의와 마찬가지로 우리의 생활 기반을 제공해줍니다. 하지만 더 나아가 친밀한 관계는 우리의 행복에도 적극적으로 관여합니다.

사회가 도와주는 것은 누구에게나 일어날 수 있는 부족함 또는 장애에 관한 것입니다. 일이 없어서 돈이 궁하다거나 장애가 있어서 고생할 때입니다. 하지만 친밀한 관계는 사회에서 보완해줄 수 있는 것과는 달리 좀 더 친밀한, 각 개인과 직접 관계가 있는 것입니다.

친밀한 관계라는 복잡한 개념

사회에서 중요한 윤리적 원리는 정의였고, 개인에게는 자유였습니다. 그럼 친밀한 관계에서 중요한 것, 기본이 되는 것은 무엇일까요?

쉽지 않은 문제입니다. 앞에서도 썼듯이 '친밀한 관계'라는 한마디로 묶어 버리기에는 친구, 연인, 부부, 부모 자녀, 이웃, 친척, 회사 동료, 취미를 함께 하는 친구, 마을 자치회 등등 관계가 그라데이션처럼 퍼져 있고, 게다가 서로 겹치는 사람도 있고 아닌 사람도 있어 복잡하기 때문입니다.

가령 연인 관계와 마을 자치회 사람들과의 관계는 상당히 다릅니다. 문제는 이것을 양이나 정도의 차이로 볼 것인지 아니면 질적인 차이로 볼 것인지 생각해야 합니다.

정도의 차이라면 친밀함이나 친근함이라는 기준을 설정할 수 있을지도 모르겠군요. 하지만 정도의 차이를 어느 정도로 파악할 것인지 생각해야 합니다. 이것은 꽤나 주관적인 것인 기준입니다.

아니면 연인 사이는 '연애', 친구 사이는 '우정', 마을 자치회는 '지역 사랑'이라는 식으로 몇 가지 카테고리를 생각하자는 의견도 있습니다. 이러면 기본 원리의 개수가 늘어나 더욱 복잡해질 수밖에 없습니다.

가족도 애인도 친구도 모두 사랑하니까

모르는 사람과의 관계가 기저에 깔린 사회와 달리, 친밀한 관계에서는 무엇이 중요할까요? 사회에서는 모두가 동등하고 서로의 거리가 일정합니다. 하지만 친밀한 관계는 거리의 차이 또는 친밀함의 정도 차이가 있습니다. 친밀한 관계인 사람들에게 느끼는 감정의 공통점을 직관적으로 생각하자면, 친밀한 사람일수록 나에게 더 소중하다는 것이 아닐까요? 자신에게 소중한 사람이 있다? 이것은 '사랑'이라 말할 수 있습니다. 연애는 당연히 사랑이고, 우정도 친구 간의 사랑으로 볼 수 있습니다. 그 밖에도 가족애, 향토애 등이 있겠군요.

그럼 친밀한 관계의 중요한 원리를 '사랑'으로 묶을 수 있겠습니다. 필요하다면 사랑의 종류를 나누거나 패턴을 나누면 됩니다. 정의는 세 가지 패턴을, 자유는 두 가지 자유로 구별했던 것처럼 말입니다.

전통 윤리학에서도 사랑에 대해 논할 때 '사랑과 정의'라는 형태로 묶어서 생각하기도 했습니다.

4부

세 번째 기둥

———————

친밀한 관계의
윤리
·
사랑

11장 바람직한 사랑의 이념을 찾아서

연애만이 진정한 사랑일까?

사랑을 둘러싼 무수한 이미지

정의와 마찬가지로 사랑에 대해서도 다양한 이미지가 있는 것 같습니다. 사랑은 정의보다 더 친밀한 말처럼 느껴집니다. 일상에서 정의를 말할 일은 별로 없지만, 사랑은 일상적으로 화제에 오르고 우리도 각자 사랑에 대한 경험을 가지고 실감하고 있습니다. 드라마, 소설, 만화, 영화에서 사랑만큼 많이 등장하는 주제는 없을 겁니다. 하지만 그만큼 여러 쓸데없는 이미지가 섞여 있어 그걸 제거하는 일은 아주 힘듭니다.

주의를 하자면 우리가 지금 생각하려는 건 실생활의 다양한 사랑이 아니라 '사랑은 어떻게 존재해야 바람직한가'라는 윤리적 질문입니다.

가끔 이런 질문을 하는 학생이 있습니다. "선생님은 사랑에 대해 논하실 만큼 사랑해본 경험이 많으신가요?" 전 어림도 없습니다. 하지만 지금 우리가 생각하고 있는 건 심리학이 아니라 윤리학입니다. 사랑의 경험은 사람에 따라 다양하지만 바람직한 사랑의 이념은 공통적이었으면 좋겠습니다.

우리는 이미 사회와 개인의 윤리에 대해서 생각을 해봤습니다. 앞으로는 친밀한 관계의 사랑을 생각할 때, 사회의 정의 또는 개인의 자유와 비교할 수 있게 될 겁니다.

사랑이란 무엇이라 생각하나요?

먼저 사랑에 대한 쓸데없는 이미지를 제거하는 작업을 해볼까요?

수업 시간에 사랑이란 무엇이라고 생각하는지, 사랑에 가장 중요한 것은 무엇인지를 물어보면 항상 나오는 대답은 "사랑은 연애입니다" 혹은 "사랑에서 중요한 것은 마음입니다"라는 내용입니다. 그 밖에도 "사랑은 바로 섹스죠"라고 써서 내는 사람도 아주 드물게 있습니다. 여기서부터 시작해볼까요?

사랑 = 섹스?

제가 가르친 수만 명의 학생 중에 딱 두 명만 이런 대답을 써서 냈습니다. 꽤 적습니다. 하지만 수보다는 내용이 문제입니다. 우리가 생각하려는 친밀한 관계에는 가족과 친구 관계, 연인, 어떤 모임이

나 동료까지 포함되어 있기 때문입니다. 부모와 자녀, 친구 사이에는 이 이론이 성립이 안 됩니다.

물론 섹슈얼리티 문제가 중요하지 않다는 건 아닙니다. 윤리학에서 성의 문제를 다루는 경우는 적지만, 윤리학이 인간에게 중요한 문제들을 골고루 다루려면 성 관련 문제가 끼어드는 건 당연하지 않나 싶습니다. 하지만 윤리학이 성 관련 문제를 다루지 않았던 이유가 있습니다. 인간은 모두 동등하니 똑같이 다루어야 한다는 강력한 전제가 있어서 성 차이로 인한 인간의 차이를 설정하기 어려웠기 때문입니다.

그럼 어떻게 할까요? 여기서 구체적인 성행위에 대해 생각할 순 없지만 적어도 성 차이를 포함해 친밀한 관계에도 서로 차이가 있다는 점은 머리에 남겨두기로 합시다.

사랑 = 연애?

다음은 사랑은 연애라는 의견입니다. 이것도 답은 간단합니다. 이른바 연애 이외에도 부모 자녀 사이의 사랑, 우정, 지역 사랑 등 사랑에도 여러 종류가 있으니까요. 물론 드라마나 소설, 노래에 가장 많이 나오는 주제는 남녀 사이의 사랑이고 연애가 우리에게 중요한 것은 틀림없습니다. 하지만 연애는 사랑의 일종에 지나지 않습니다.

또한 연애라고 하면 많은 사람이 남녀의 연애를 생각하겠지만 동성애도 있습니다. 따라서 바로 머릿속에 떠오르는 '연애(남녀 사

이의 연애)'는 범위가 매우 좁습니다. 이러면 사랑에 대해 생각할
때 도움이 되기는커녕 방해가 됩니다.

전통적 사랑 분류법

역사적으로 보더라도 사랑이 연애라는 이미지는 비교적 최근에
생긴 것입니다. 옛날에는 사랑의 이미지가 연애는 아니었습니다.

전통적인 사랑은 몇 가지 타입으로 분류됩니다. 철학적 사랑, 윤
리적 사랑, 종교적 사랑, 미적 사랑, 정열적 사랑, 자연적 사랑(성
애) 등등. 연애는 이 분류에서 보면 미적 사랑이나 정열적 사랑에
해당합니다. 이렇듯 인간은 연애 외에도 여러 가지 사랑의 모습을
그려왔습니다.

사랑에 대해서 생각할 때도 정의나 자유에 대해서 생각했을 때
처럼, 본인이 생각하는 이미지에 얽매이기보다는 시야를 넓히는
편이 좋습니다.

사랑 = 감정?

다음은 사랑에서 가장 중요한 것은 마음, 즉 감정이라는 의견을 살
펴보겠습니다. 간단하게 말하자면 이것도 유감입니다.

감정은 심리의 문제입니다. 하지만 지금 우리가 생각하는 것은
윤리의 문제죠. 그러니까 '사랑=감정' 설은 우리의 목적에서 벗
어납니다.

사랑에 대한 강의를 할 때, "심리학 선생님이 사랑은 3년이면 식

는다고 하셨어요"라는 의견을 써서 낸 학생이 있어서 무심코 웃고 말았습니다. 그럴지도 모릅니다. 하지만 그것은 감정으로서의 사랑, 즉 심리학적인 사랑을 말하는 것입니다. 결혼 50주년을 맞이한 사이좋은 부부가 있다면 두 사람 사이에는 사랑이 성립한다고 해도 이상하지 않습니다. 우리가 지금 생각하고 싶은 것은 사랑의 심리가 아니라 사랑의 윤리입니다.

물론 사랑에서 마음이 중요하지 않다고 말하고 싶은 것은 아닙니다. 오히려 사랑에 마음이 차지하는 비중은 아주 크다고 생각합니다. 단지 사랑에서 가장 중요한 것은 마음이라거나, 마음만 있으면 사랑이라고는 할 수 없다는 것이죠.

나만 사랑해도 사랑이야

마음만으로 사랑이 성립한다면 여러 가지로 곤란한 문제들이 생깁니다. 왜냐하면 그 경우 나만의 사랑도 성립하게 되니까요. 그건 독선이 아닐까요?

예를 들어 스토커가 '나는 그녀를 사랑해'라고 생각한다면 이것도 사랑이라고 말해도 될까요? 사랑이라고는 말하고 싶지 않잖아요? 이것은 기껏해야 비뚤어진 감정일 뿐입니다.

스토커는 상대방을 사랑하고 있다고 착각하고 있을지 몰라도 상대방은 스토커를 모르는 경우도 있으니 그것은 사랑이 아닙니다. 적어도 정상적인 사랑은 아닙니다.

불안정하고 충동적인 감정

마음이야말로 사랑의 본질이라는 설의 난점은 또 있습니다. 마음이나 감정이란 것은 자기 마음대로 되지 않잖아요? 이상한 표현일지 모르지만, 감정이란 것은 분명 내 것이긴 하지만 내가 일으키려해도 일어나지 않고 지우려고 해도 지워지지 않습니다. 그렇다면 감정은 어딘가에서 찾아온다는 얘기인데, 감정을 느끼는 것은 나지만 원인은 내가 아닌 셈입니다. 그래서 우리는 감정에 휘둘린다는 표현을 하곤 합니다. 감정은 내가 스스로 조절할 수 없는, 굉장히 불안정한 것입니다.

감정이 사랑이라면 사랑도 굉장히 불안정한 것이 됩니다. 조금 전까지는 사랑했지만, 곧바로 사랑이 식는다면 어떨까요? 과연 그렇게 허망한 것을 사랑이라고 불러도 되는 것일까요?

연애를 생각해보면 우리는 실제로 사랑에 휘둘리기도 하고, 갑자기 사랑에 빠지거나 순식간에 마음이 식기도 하니까 사랑은 감정이라고 생각할 수도 있겠습니다. 연애에 대해서는 고민 상담도 많이 하니까요.

그래서 연애는 드라마로 자주 만들어집니다. 가슴 벅차게 설렐때도 있지만, 참을 수 없이 화가 나는 경우도 있습니다. 그래서 연애가 재미있다고 하는 사람이 있을지 모릅니다. 하지만 이것이 우리 일상에 필요한 사랑의 정체라고 한다면 우리는 사랑에 휘둘리기만 할 뿐 정상적인 생활을 할 수 없게 될 겁니다.

사랑의 윤곽이 보이나요?

사랑에 대한 이미지를 하나씩 제거해보았습니다. 하지만 이것만으로는 사랑이란 무엇인가, 어떤 형태가 바람직한지를 아직 알 수 없습니다. 하지만 힌트는 조금 얻은 것 같습니다.

우리가 생각하는 바람직한 사랑 중에는 연애도 들어가지만 그게 다가 아니라는 것을 알았습니다. 사랑의 개념을 더 넓게 생각할 수 있습니다.

다음으로 사랑이 마음만으로 성립한다면 스토커 같은 일방적인 사랑도 인정해야 합니다. 사랑은 적어도 서로 알고 있는 사람 사이에 성립한다고 생각하는 것이 좋을 것 같습니다. 즉, 사랑은 한 사람의 마음속에만 있는 것이 아니라 상대와의 관계 속에 있습니다. 일방적이 아니라 상호적입니다.

사랑은 마음이라는 설의 또 다른 난점은 감정의 불안정한 성격에 따라 사랑 또한 불안정해진다는 것이었습니다. 사랑이 불안정하다면 우리 생활은 안정되지 않습니다. 우리에게 바람직한 것은 감정처럼 불안정한 것이 아니라 안정적이고 지속적이어야 합니다. 사랑은 영원하다고 말하고 싶은 것이 아닙니다(애초에 인간이 영원히 살 수도 없으니까요). 하지만 적어도 둥실둥실 어딘지 모르는 곳에서 나타나서 어느새 사라져버리는 불안정한 것이면 안 되지 않을까 싶은 것뿐입니다.

이렇게 사랑에 대한 이미지 중에서 쓸데없는 것을 제거하는 작업을 통해 바람직한 사랑의 윤곽이 서서히 보이는 것 같습니다.

12장 연애 그리고 우정

연애와 우정의 차이

아리스토텔레스는 연애에 관심이 없었다

아리스토텔레스는 사랑에 대해서 깊게 생각했습니다. '여러 사람과의 사랑은 성립하는가'라든가 '동물과의 사랑은 성립하는가' 등구체적인 문제를 여러 가지 생각했습니다.

하지만 조금 마음에 걸리는 것이 있습니다. 아리스토텔레스는사랑은 '동등하고 똑같다'는 사실에 기반한다고 반복해서 강조했다는 점입니다.

아리스토텔레스는 사랑에 해당하는 것을 그리스어로 '필리아'라고 불렀는데, 이 말은 과거에는 '사랑'으로 번역되었지만, 최근에는 '우정'으로 번역됩니다. 영어 번역으로는 '프렌드십'입니다. 아리스토텔레스가 생각했던 것은 사랑이라기보다 우정이었던 것입니다.

물론 우정도 사랑의 일종일 수 있지만 지금 사람들이 '사랑'하면 연애를 떠올리는 데 비해 아리스토텔레스는 우정이나 동료애를 떠올렸기 때문에 사랑은 동등함에 기반한다는 말을 강조한 것입니다. 참고로 아리스토텔레스는 연애는 안중에도 없었습니다.

예전에 서점에서 『아리스토텔레스의 연애론』이라는 책을 본 적이 있습니다. 엄두가 나지 않아 읽지 않았기 때문에 무슨 내용인지는 모르지만, 아리스토텔레스는 연애론 같은 이야기를 한 적이 없습니다.

남녀 사이에 우정은 성립하는가

정의의 이념은 한 가지였지만, 패턴은 세 가지로 구별할 수 있었습니다. 그렇다면 사랑에도 몇 가지 패턴이 있지 않을까요? 어쩌면 아리스토텔레스가 생각하던 사랑＝우정도, 우리가 떠올리는 사랑＝연애도 그 패턴 중 하나일지도 모릅니다.

수업 시간에 자주 나오는 질문 중에 '남녀 사이에 우정은 가능한가'라는 것이 있습니다. 어떤 여학생에게서 이런 글을 받은 적이 있습니다. "친구 말로는 남녀 사이에 우정은 성립하지 않는다고 하는데, 저는 학교에 친한 남사친이 있어서 그건 아닌 것 같다고 생각했어요."

아무래도 연애와 우정은 우리 이미지 속에서 한 세트인가 봅니다. 이 문제를 생각해보면 사랑의 종류를 생각하는 힌트를 찾을지도 모르겠군요.

연애 감정이 없어도

다른 수업 시간에 여학생의 글을 소개했더니 한 남학생이 "그건 여학생 생각이고, 남자 친구 생각은 모르는 거 아닐까요?"라고 하더군요. 그 남학생은 "저는 연애 감정이 생길 것 같습니다. 저에게 여성은 모두 연애 대상이니까요"라고 했습니다. 존중은 합니다만 이런 대답은 안 됩니다. 본인의 경험만으로 답을 찾으려 하면 안 됩니다.

남자라면 반드시 여성에게 연애 감정을 가진다는 주장도 이상합니다. 이 학생도 엄마에게는 연애 감정을 갖지 않을 테니까요. 그러니까 남녀가 있으면 반드시 연애한다는 것은 극단적인 표현입니다.

물론 그 학생은 그런 걸 말하고 싶었던 게 아니었습니다. 하지만 적어도 이 이야기로 알게 된 것이 있습니다. 바로 남녀 사이에는 연애가 아닌 관계도 있을 수 있다는 것입니다.

우정의 조건

지금 문제는 부모 자녀의 관계가 아니라 우정입니다. 남녀 사이에 과연 우정이 성립하는가라는 문제입니다.

좀 전의 여학생이 썼던 글에는 남녀 사이에 우정은 없다는 의견에 의문이 생긴 이유도 적혀 있었습니다. 본인도 원래는 남사친이 없었지만, 해당 학과에 들어온 후 생겼기 때문이라고 합니다. 물론 이것도 그녀의 개인적인 경험에 지나지 않긴 하지만 그다음 말이 흥미로웠습니다.

"학교에서 남자와 친구가 될 수 있었던 건 같은 학교에서 같은 목표를 가진 동료이기 때문"이라는 것입니다.

이것을 힌트로 생각해보면 남녀 사이든 동성끼리든 뭔가 공통의 목표가 있다거나 취미가 같다거나, 이렇게 무언가가 '같다'면 우정이 성립하는 게 아닐까요?

연애와 우정의 경계선

물론 친구 사이에서 연애로 바뀌는 경우도 있을 것입니다. 인간관계는 단단히 고정된 것이 아니고 변하기도 하니까요. 따라서 우정과 연애의 경계선이 어디에 있냐는 질문도 자주 등장하곤 합니다.

조금 전 생각을 응용하면 이렇게 생각할 수 있습니다. 우정이 무언가 공통점이 있어서 그걸로 이어지는 관계라면, 이와는 반대로 연애는 서로에게 이질적이어서 이어지는 관계라고 말입니다.

물론 이질적이기만 해서는 아무런 관계도 생겨나지 않을 가능성이 높습니다. 단순히 이질적이라기보다 서로가 달라서 나한테 없는 것을 상대에게 발견하고 그것을 서로 원하는 관계라고 생각하면 어떨까요? 연애라는 것은 이런 패턴이라고 생각할 수 있을 것 같습니다.

상보성과 공동성

우정과 연애를 구별해보았습니다. 우리의 원래 목적은 친밀한 관계에 대해서 생각하는 것이었습니다. 이제 이 구별을 좀 더 넓혀보도록 합시다. 무언가 같은 것, 공통된 것이 있어서 연결되는 패턴과 서로 달라서 끌리는 패턴, 이 두 가지로 여러 가지 관계를 정리할 수 있겠습니다.

'같은 것, 공통된 것'에 기반하고 있는 패턴은 공동성으로 부릅니다. '달라서 끌리는' 패턴은 다른 것으로 서로 보완하고 있는 관계입니다. 이런 것은 상보성이라고 부릅니다.

이렇게 우정을 포함하는 '공동적 사랑'과 연애를 포함하는 '상보적 사랑'으로 구별할 수 있습니다.

이것은 우정과 연애에만 해당되는 것은 아닙니다. 연애로 보이더라도 상보적이기보다는 공동적인 관계도 있을 수 있습니다. 커플이나 부부라도 친구 같은 사람들이 있으니까요. 동성끼리의 관계에 연애도 있고, 연애까지는 아니더라도 특별히 친밀해서 상보적인 경우도 많습니다.

아리스토텔레스는 사랑을 '같다는 것'에 기반해서 생각했습니다. 우리가 말하는 공동성입니다. 하지만 우리는 그 이외의 사랑, 즉 상보적인 사랑도 있다는 것을 알았습니다. 그렇다면 우리는 다른 종류의 '사랑'을 발견한 것입니다.

사랑하는 사람은 한 명뿐?

왜 이 사람을 사랑하는 걸까

이제 사랑의 가장 어려운 부분에 왔습니다.

아리스토텔레스는 사랑이 성립하려면 이유가 있어야 한다고 생각했습니다. 하지만 그것은 사랑을 우정이라고 생각했기 때문이 아닐까요? 제 친구 나카무라와 저는 취미도 같고, 목표도 같아서 우리가 친구인 이유는 얼마든지 찾을 수 있습니다. 이렇게 생각하면 사랑에도 이유가 있을 수 있을 것입니다. 공동적 사랑의 경우에는 말입니다. 하지만 상보적 사랑도 그럴까요?

어쩌면 많은 사람이 고민하는 부분이 아닐까 합니다. '나는 이 사람을 좋아하는데 왜 좋아하는 걸까?'라는 고민을 한 적이 있을 것입니다.

예를 들어 연인이 '나의 어떤 점이 좋아?'라고 묻는 건 너무 어려운 질문입니다. '눈이 예쁜 거' 이 대답으로 만족하면 다행이지만, '그게 다야?'라고 되물을지도 모릅니다.

'너의 전부가 좋아'는 어떻냐고요? 애매합니다. 그렇다고 '이유는 없지만 좋아'도 좀 그렇습니다.

여러 명의 친구, 단 한 명의 연인

사랑의 본질을 찾는 건 어렵지만 연애와 우정의 차이는 꽤 확실히 구별할 수 있으니까 이것을 조금 더 진행해봅시다.

수업 시간에 우정과 연애는 어떻게 다른지 학생들에게 물어봤습니다. 가장 많았던 의견이 '연인은 기본적으로 한 명이지만, 친구는 여러 명 있다'라는 것이었습니다.

우정처럼 공동적 사랑의 경우에는 무언가 하나의 공통점이 있다면 그걸로 수많은 사람이 친구가 될 수 있습니다. 예를 들어 '축구를 좋아한다'라는 공통점이 있는 사람들이 친구가 되는 식입니다. 이럴 때는 두 명이 아니라 세 명, 네 명 더 많아도 괜찮습니다.

하지만 연애처럼 '상대에게 내게 없는 것을 찾아서 서로 그것을 원하는 사이'가 될 수 있는 관계는 쉽게 생기지 않습니다. 이런 것을 우리는 '궁합이 좋다'는 말로 표현하고 있는 것이 아닐까 합니다. 이유나 원인을 설명할 수 없을지 몰라도 궁합이 좋다, 잘 맞는다, 아니면 정말로 운명적 상대를 찾았다고 말할 수 있겠습니다. 그런 상대는 취미가 같은 친구처럼 여러 명이 아니라 무조건 '하나밖에 없는 존재'입니다.

사랑과 정의의 차이

사랑도 조금씩 모습을 드러내기 시작했습니다.

정의는 모든 사람이 같다는 것이 기본 생각이었습니다. 그래서 모두가 동등하고, 힘이 있든 없든 특별하지 않았습니다.

그에 비해 사랑은 사람을 특별 취급합니다. 공동형인 '우정'의 경우라면 공통점이 있냐 없냐에 따라 친구와 친구가 아닌 사람이 구분됩니다. 친구는 다른 사람과는 달리 내게 특별합니다.

상보형인 '사랑'의 경우, 그보다도 훨씬 더 특별해서 다른 사람과 바꿀 수 없습니다. 내가 사랑하는 당신은 나에게 특별한 걸 넘어서 그 무엇과도 '바꿀 수 없는 존재'입니다.

온리 원

여기서 말하는 특별함은 그 사람의 개성과는 다릅니다. 개성이 강한 사람, 눈에 띄는 개성을 가진 사람에게 우리는 끌립니다. 하지만 그것이 사랑인지 아닌지는 미묘합니다. 오히려 나는 다른 사람과 비교해서 그 사람이 더 좋은 게 아니라, 그냥 그 사람 자체가 좋은 것뿐인지도 모릅니다. 딱히 개성이 있지도 않고 모든 사람에게 매력적이지 않을 수 있습니다. 그 사람을 좋아하는 이유를 누가 묻는다면 대답하기 어렵지만, 다른 사람도 아닌 바로 나에게 그 사람은 소중하니까 무엇과도 바꿀 수 없는 것입니다.

인기가 많으면 좋겠죠. 저도 기왕이면 미움보다는 호감을 얻고 싶습니다. 하지만 유행하는 옷을 입고 멋진 메이크업을 하고 인기가 많다고 한들 사랑받고 있다는 보장은 없습니다.

유행가 가사처럼 우리는 모두 무엇과도 바꿀 수 없는 소중한 존재인 것처럼 내가 사랑하는 사람도 내게는 둘도 없는 '온리 원'입니다.

친구가 중요해 내가 중요해

사랑의 정도 차이

지금까지의 생각을 응용하여 인간관계의 친밀한 정도를 설명해봅시다.

공동적인 사랑의 경우, 이것이 성립되는 요인은 공통점에 있었습니다. 따라서 공통점이 없어지면 친구들도 흩어지기 쉽습니다. 예를 들어 어떤 가수의 팬클럽은 그 가수를 좋아한다는 공통점으로 모여 친구가 된 사람들입니다. 하지만 그 가수가 은퇴하면 팬클럽도 해체됩니다. 팬클럽 회원들을 이어주고 있던 것이 없어졌기 때문입니다.

상보적인 사랑의 경우, 서로가 '상대에게서 내게는 없는 것을 찾아서 그것을 서로 원하는 사이'입니다. 이런 사람은 쉽게 찾을 수 없습니다. 하지만 일단 상대를 찾고 나면 공동적인 사랑에 비해 훨씬 더 관계가 끈끈하고 강합니다.

연인이 생긴 친구와의 서먹함

학창 시절부터 친했던 친구가 갑자기 멀게 느껴질 때가 있습니다. 전화해서 일요일에 만나서 놀자고 하니 확실하게 대답을 안 하고 "음, 글쎄"라고 하는 경우가 있습니다. "어? 왜 그래?"라고 물어보니 "있어"라고 하는 겁니다. "뭐가 있어?" "음, 지금 같이 있어."

원인은 대체로 정해져 있습니다. 연인이 생겼다거나 결혼했을 때입니다. 그의 "음, 글쎄"는 해석하자면 "지금 옆에 연인이 있는데 너와 약속을 정하면 자기는 신경 안 쓰냐며 화를 낼 테니까 지금은 대답할 수 없어"라는 뜻이었던 것입니다. "넌 친구보다 연인이 더 중요하냐! 그 여자보다 나랑 더 오래됐잖아!"라고 말하고 싶지만, 어쩔 수 없는 일입니다.

관계 밖의 사람은 알 수 없다

공동적인 사랑에서 동료와 연결해주는 공통점은 독립적으로 모두가 가지고 있습니다. 하지만 상보적인 사랑의 경우는 다릅니다.

나카무라에게 있어서 굉장히 중요한 것을 요시다가 갖고 있다. 그래서 나카무라는 요시다를 사랑하고 있고 요시다도 나카무라에게서 소중한 것을 찾아서 나카무라를 소중히 생각하고 있다.

하지만 나카무라의 친구인 야마시타가 보면 나카무라가 찾아낸 요시다의 매력을 모를 가능성이 큽니다. 사랑은 밖에서 봤을 때는 모르는 법입니다.

이런 질문도 있었습니다. "인터넷에서 성별도 이름도 모르지만, 오래 사귄 친구가 있습니다. 이것은 상보형인가요, 공동형인가요?" 그건 저도 모릅니다. 상보형인지 공동형인지를 정하는 것은 두 사람의 내적인 관계이기 때문입니다.

어울리지 않는 커플의 수수께끼

이렇게 말하면 좀 그렇지만 솔직히 거리에 지나가는 커플을 보고 안 어울린다고 생각한 적 있습니다. 이제는 그것도 설명할 수 있습니다.

제3자가 봤을 때 공통점이 없어 보이는 커플이거나 외적으로 차이가 많이 나는 커플을 보면 안 어울린다는 생각을 하기도 합니다. 하지만 그건 어디까지나 외부의 시선일 뿐이지 진정한 상보형이라면 본인들에게는 서로가 둘도 없이 소중한 사람일 것입니다.

사랑은 공평하지 않다

커플을 보고 안 어울린다고 생각하는 건 외부인(즉, 상관없는 사람)의 견해입니다. 그것은 사랑을 정의의 관점에서 측정하려고 한 것이기에 잘못된 견해입니다. 정의의 경우, '한쪽으로 치우쳐진 정의' 같은 건 없습니다. 치우쳐져 있다면 균형이 안 잡혀 있는 것이니 그것은 정의가 아닙니다. 하지만 사랑은 다릅니다. 특정 사람을 특별 취급하는 것이니 사랑이란 애초에 그 사람에게로 감정이 치우쳐져 있습니다.

영어로 'impartiality'라는 말은 공평성을 의미합니다. 그 반대말인 'partiality'는 일부만을 소중하게 여기는 것, 치우쳐져 있는 것, 불공평한 것, 편애하는 것이라는 뜻입니다. partiality가 드물게 긍정적인 의미로 쓰일 때가 있는데, '순수한 사랑'을 뜻하는 경우입니다. 단어의 쓰임새가 윤리, 도덕의 이유는 될 수 없지만, 생각의 힌트는 됩니다. 꽤 재미있지 않나요?

인간관계는 칼로 자르듯 쉽게 구분할 수 있는 것은 아닙니다. 깔끔하게 자를 수 없어서 '한쪽이 좋으면 한쪽이 불리한' 관계 사이에 껴서 딜레마가 생겨버리는 경우도 많습니다. 하지만 그 딜레마도 사실은 몇 가지 종류가 있습니다.

친구에게 애인이 생겨 '애인이야 나야'를 따질 때는 상보성이냐 공동성이냐라는 딜레마였습니다. 그럼 두 개의 상보성 중 어느 쪽을 선택할 것인지, 두 개의 공동성 중 어느 쪽을 선택할 것인지에 대한 딜레마도 있겠죠?

예를 들어 고부 갈등이란 것이 있습니다. 옛날부터 연극이나 드라마에 많이 등장했고 아직까지도 단골 소재로 많이 쓰이죠. 가족이지만, 사실 며느리와 시어머니는 원래 남입니다. 그냥 남이라면 괜찮을 텐데 남이 가족이 되었기 때문에 대립이 생기는 것입니다.

며느리와 시어머니를 연결하고 있는 건 남편 = 아들입니다. 그리고 부인 = 며느리에게도 시어머니 = 어머니에게도 남편 = 아들은 둘도 없이 소중한 존재입니다. 즉 부인과 남편의 관계도 어머니와 아들의 관계도 상보성입니다(부모 자녀 관계가 상보성인 것은 13장 가족을 해체시킨다! 참조). 따라서 둘 다 물러나지 않습니다. 이것이 고부 관계를 어렵게 만들고 있는 이유입니다.

며느리와 시어머니는 대립하느라 힘들겠지만, 어쩌면 더 힘든 사람은 그 사이에 낀 남편 = 아들일지도 모릅니다. 이 아들을 중심으로 보면 부인(며느리)과의 사이에는 상보적인 관계가 있고, 그리고 어머니(시어머니)와의 사이에도 상보적인 관계가 있습니다.

'애인이야, 나야'의 경우에는 공동성이나 상보성 중 하나를 선택하는 거라서 그나마 쉽습니다. 하지만 엄마와 부인은 두 사람 모두 각각 둘도 없이 소중한 상보적 관계이기 때문에 당연히 선택하기 어렵습니다.

소중한 것을 발견하고 존중하는 능력

사랑에서 중요한 것

여러 가지를 살펴보았습니다. 하지만 '사랑이란 무엇인가?'라는 질문에는 여전히 쉽게 대답할 수는 없을 것 같습니다. 하지만 '사랑'에 중요한 것은 알고 있습니다.

앞 장에서 봤듯이 사랑은 '서로' 하는 것이고, 가능하다면 안정된 관계를 유지하는 것이 바람직합니다. 그러기 위해서는 어떻게 해야 할까요? 간단합니다. 공동적 사랑의 경우라면 동료와 이어주고 있는 공통점을 다 함께 소중히 아끼면 됩니다. 상보적 사랑의 경우라면 나에게는 없고 상대에게 있는 것을 서로 소중히 여기는 것입니다.

공통된 것을 소중하게

공동적인 사랑의 경우, 서로 이어주는 공통점이 각자에게 그다지 무겁지 않다면 관계성도 강하지 않습니다. 예를 들어 대개 아파트에 살고 있는 사람들은 이웃 간 교류를 잘 하지 않습니다. 같은 건물에 살고 있다는 공통점이 있을 뿐이지, 이 경우에는 동료라는 의식은 갖기 어렵습니다.

하지만 같은 지역에서 오랜 시간 같이 살고 있는 사람들은 시간이 쌓아온 역사의 무게가 있어 지역 전통 행사에 깊은 관심이 있습니다. 이 경우에는 지역주민들끼리 유대감이 강하고 관계가 안정적입니다.

공통점은 소중하게 다뤄야 합니다. 자기 욕심대로 고집을 부린다면 관계가 틀어져버릴 것입니다. 당연한 소리인데도 막상 현실이 되면 어렵습니다.

불량배 집단의 우정?

'소중한 공통점이 있어도 불량배 집단 같은 건 안 좋은 것 아닌가요?'라는 의문이 들기도 할 것입니다.

공통성에도 선한 것과 악한 것이 있습니다. 속담에서도 예를 찾아볼 수 있습니다. 근묵자흑이라는 말은 '친구에게 나쁜 영향을 받는다'라는 의미로 사용되고 있습니다. 한편으로 고대 중국의 윤리학자 공자는 '덕불고 필유린(德不孤 必有隣)'이라고 말했습니다. 덕이 있으면 따르는 사람이 있으므로 외롭지 않다는 뜻입니다. 아리스토텔레스도 단순한 공통점으로 우정이 성립되어도 이것은 서로의 덕을 인정하는 일부터 시작되는 것이라고 생각했습니다. 공통성으로 관계가 이어진다면 역시 선한 것이 좋겠습니다. 범죄 집단처럼 공통성이 나쁜 것이라면 좋지 못합니다.

이건 공자나 아리스토텔레스가 말해서 그런 게 아니라, 이유가 확실히 있습니다. 나쁜 공통성으로 연결되어 있으면 동료 이외의 사람에게 해를 끼칠 것이고, 동료끼리도 대립하게 되는 경우가 많기 때문입니다. 범죄 동료는 서로 신뢰 관계나 공동 이념으로 연결되어 있다기보다 각자 자신의 이익만을 생각하는 경우가 많습니다. 따라서 실패하고 서로의 이해가 대립하는 순간 사이가 틀어져버립니다. 하지만 선한 일, 훌륭한 일을 목표로 공동 관계가 성립되었다면 이런 일은 잘 일어나지 않습니다.

우정 판독기

소중한 공통점으로 연결되어 있는 공동적 사랑에는 두 가지 유형이 있습니다. 예를 들어 고대인 A가 배가 고파서 동물을 사냥해서 먹고 싶다고 해봅시다. 혼자서는 어렵습니다. 그런데 같은 목적을 가진 B를 만납니다. 둘이 함께 노력해서 사냥감을 잡을 수 있었습니다. 이건 틀림없이 공동형입니다. 하지만 서로 이득이 있어 함께 행동했을 뿐 아직 우정까지는 아닌 것 같습니다.

사람들을 연결해주는 공통점이 그 관계 밖에 있는 경우(공통의 이익 같은)와 그 관계 안에 있는 경우, 이렇게 두 가지로 나눌 수 있습니다. 공통점이 안에 있는 경우에는 우리를 이어주는 공통점도 중요하지만, 상대 자체도 소중한 관계입니다. 우리가 진정한 우정이라고 부르고 싶어지는 관계입니다.

그리고 후자 쪽일 때 훨씬 더 강한 유대감이 생깁니다. 전자의 경우에는 관계를 연결해주는 공동의 이득이 없어지면 관계가 사라질 수 있지만, 후자의 경우에는 연결해주고 있는 것은 이미 그 사람과 분리시킬 수 없는 그 사람 자체이기 때문입니다.

소중한 것을 소중하게 여긴다

그럼 이것은 상보형에 가깝다고 말하는 것이 좋겠습니다. 상보형인 경우, 서로를 이어주고 있는 것을 각자가 가지고 있고, 그것은 상대에게 매우 중요한 것입니다. 따라서 이 관계를 유지하기 위해서는 상대에게 있는 소중한 것을 서로 존중해야 합니다. 예를 들어 우에다는 이노우에의 밝고 쾌활한 성격을 좋아합니다. 이노우에 덕분에 본인의 성격도 밝아진 것 같습니다. 이노우에는 우에다가 사려 깊고 신중한 성격이라 존경하고 있습니다. 자기에겐 없는 부분이기 때문입니다. 서로 갖고 있는 것은 다르지만 상대에게는 중요한 것입니다.

인간이라서 모든 것이 완전할 수는 없습니다. 인간에게는 좋은 부분도 있고 부족한 부분도 있을 것입니다. 하지만 상대방의 좋은 부분, 특히나 무엇과도 바꿀 수 없는 가치를 찾아냈다면, 그리고 그 부분을 무엇보다 소중히 여긴다면 관계가 안정되지 않을까요? 하지만 역시 그 사람의 어떤 점이 좋다거나, 그런 면을 갖고 있어 좋은 게 아니라 소중한 사람이 있다는 것만으로도 충분하고, 그것이 가장 중요한 것일지도 모릅니다.

서장의 2번 문제의 답

이제는 서장에 나왔던 2번 문제에 대답할 수 있습니다. 1번 문제에서는 '뇌물은 받으면 안 된다'라는 답을 구했습니다. 그런데 결혼을 약속한 사람이 불치병에 걸리면 어떻게 할 것이냐는 2번 문제의 답은 어떨까요? '답이 없다'라고 생각하는 사람이 있을지도 모릅니다. 하지만 그렇지 않습니다.

1번 문제와는 달리, 이 경우에는 대답을 하나로 정할 수가 없습니다(서장에 제시한 보기 중에서 선택하려 하신 분에겐 죄송하지만, 인생이 그런 객관식 문제가 아니라는 것은 여기까지 읽으신 분이라면 아실거라 생각합니다). 두 사람이 무엇을 소중히 하고 있는지에 따라 달라지기 때문입니다. '그게 무슨 답이야!'라고 생각하신 분은 다시한 번 이 책을 처음부터 읽어주세요. 그야말로 '두 사람이 무엇을 소중히 여기는지에 따라 결론은 달라지니 두 사람이 잘 생각해서상담해서 결정해야 한다'가 정답입니다. 왜냐면 이 이상의 답은 윤리학에는 없기 때문입니다.

예를 들어 '결혼해도 아이를 낳을 수 없으니 두 사람은 헤어지는 것이 맞다'라고 생각하는 사람도 있겠습니다. 그건 그렇게 생각하는 사람에게는 하나의 선택지이지만, 유일한 정답은 아닙니다. '아이가 생기지 않아도 역시 우리는 결혼하고 싶다'라고 생각하는 두 사람에게는 그런 생각은 쓸데없는 오지랖입니다. '약속했으니 두 사람은 반드시 결혼해야 한다'라는 것도 그렇습니다. 그렇게 생각할 수도 있지만, 그렇게 생각하지 않는 사람도 있을 것입니다. 우리의 목표는 누구에게나 해당하는 답을 찾는 것이었습니다. 그러니 결혼해야 한다도, 결혼하면 안 된다도 유일한 정답이 될 수 없습니다. 유일한 정답이 있다면 '두 사람이 무엇을 소중히 여기고 있는지에 따라 결론이 달라지므로 두 사람이 진지하게 생각하고 결정해야 한다'입니다.

결혼해서 아이를 낳는 것이 중요하다고 생각하는 사람이라면 그 생각을 소중히 여기면 됩니다. 하지만 그 생각을 다른 사람에게 강요할 수는 없습니다. 아이를 낳고 싶어 하지 않는 사람도 있을 수 있습니다. 아이가 안 생기는 사람에게 결혼하면 당연히 아이를 낳아야 한다고 말하면 그것은 폭력 외에 아무것도 아닙니다. 부부 둘만 있어도 괜찮다는 사람도 있을 수 있지만, 그렇다고 아이를 낳는 일에 의미가 없다고 생각해서는 안 됩니다. 하물며 그 생각을 강요해서도 안 됩니다. 역시 '두 사람이 무엇을 소중히 여기는지에 따라 결론이 달라지니 두 사람이 진지하게 생각하고 결정해야 한다'는 결론이 나오게 됩니다.

13장 가족부터 회사까지

가족 관계 속 사랑

부모 자녀 사이의 사랑

앞 장에서는 연애와 우정이라는 주제를 다뤘습니다. 하지만 우리의 본론은 친밀한 관계에서 중요하게 다루는 '사랑'을 과연 분류할수 있는지가 문제였습니다. 연애와 우정의 구별은 그걸 위한 발판이었습니다. 그리고 우리는 공동성에 기반한 사랑과 상보성에 기반한 사랑이라는 사랑의 두 가지 패턴을 구별할 수 있었습니다.

그런데 강의에서 이 이야기를 다뤄보니, 학생들이 다음과 같은 질문을 하더군요. '사랑에 두 가지 종류가 있다는 건 알았어요. 하지만 사랑 중에는 부모와 자녀 간의 사랑도 있지 않나요? 이 사랑은 상보형인가요, 공동형인가요?'

좋은 의문입니다. 잠시 생각해봅시다.

부모 자녀 사이의 사랑은 상보형

수업 시간에 물어보니 부모와 자녀의 사랑은 상보성에 기반한다는 의견과 공동성에 기반한다는 의견이 모두 나왔습니다.

상보형을 주장하는 사람들은 부모와 자녀는 완전히 다르다는 생각을 기저에 깔고 있습니다. 한편 공동형을 주장하는 사람은 부모와 자녀는 같은 가족에 속해 있기 때문에 공통점을 공유한다고 생각하는 것 같습니다. 어느 쪽이 맞을까요?

저는 부모와 자녀 사이의 사랑은 상보형이라고 생각합니다. 부모와 자녀가 가족에 속해 있다는 공통성을 가진다는 것은 조금 의문입니다. 부모와 자녀는 혈연관계라는 공통성이 있다고 말하는 사람이 있을 수 있겠지만 이건 안 됩니다. 혈연관계가 없는 부모와 자녀도 있기 때문입니다.

여기서 중요한 것은 어떻게 부모와 자녀가 되었는지입니다. 단순하다면 단순한 이야기입니다. 혈연관계가 있는 경우든 없는 경우든 아이에게는 돌봐주는 어른이 필요합니다. 돌보는 측과 돌봄을 받는 측인 것입니다. 부모와 자녀는 서로 이질적인 존재입니다. 따라서 상보형인 것입니다.

상보형의 특징은 서로 달라서 서로의 역할을 대체할 수 없다는 점에 있습니다. 부모와 자녀는 서로의 역할을 대체할 수 없는 관계의 전형입니다. 부모와 자녀의 관계는 이런 의미에서 상보형입니다.

상보형에도 종류가 있다

하지만 연애와 부모 자녀의 사랑이 모두 상보형이라고 말하면서
끝낼 수는 없을 것 같습니다. 남녀 사이의 연애와 부모 자녀 사이
의 사랑은 전혀 다른 것 같다는 느낌이 듭니다. 그렇다면 부모 자
녀 간의 사랑은 연애와 똑같은 상보형이지만 연애와는 또 다른 종
류라고 생각해야 하지 않을까요?

연애와 우정은 다르기는 했지만 생각해보면 모두 상호적이었습
니다. '우리는 서로 사랑하고 있어! → 맞아'라든가 '우리는 서로
친구야 → 당연하지'(물론 말로 하진 않겠지만요)처럼 기본적으로 상
호적인 관계입니다. 하지만 부모와 자녀의 경우에는 '앞으로 우린
부모와 자녀가 되는 거야 → 오케이'가 되는 경우는 별로 없습니
다(아이를 입양하는 경우는 가능하긴 하겠지만). 부모는 아이가 태어
나는 것을 알고 있지만, 아이는 정신을 차려보면 이미 옆에 부모님
이 있습니다.

따라서 연애와 우정이 상호적이고 서로에게 기본적으로 대등한
것에 비해 부모와 자녀의 관계는 전혀 대등하지 않습니다. 일방적
관계까지는 아니지만 관계는 대등하지 않고 비대칭적입니다. 사제
간의 사랑도 이쪽일지 모릅니다.

대등한 것과 대등하지 않은 것. 표현이 조금 안 좋은 것 같습니
다. 대등하다면 가로 방향(수평)으로 나열할 수 있고 대등하지 않

사랑의 분류

다면 세로 방향(상하, 수직)으로 늘어뜨릴 수 있겠습니다. 그래서 좀 더 떠올리기 쉽도록 횡적 관계와 종적 관계라는 표현을 써보겠습니다.

그럼 사랑은 상보형과 공동형으로 나눌 수 있고 거기서 상보형은 횡적 관계(연애 등)와 종적 관계(부모와 자녀 등)로 나눌 수 있겠습니다.

가족 안의 다양한 관계

가족을 가만히 들여다보면 한 가족 안에서도 서로 다른 관계가 포함되어 있다는 것을 알 수 있습니다. 부부와 아이로 이루어진 3인 가족을 생각해봅시다. 먼저 부부는 횡적 상보형입니다. 한편 부모와 자녀의 관계는 조금 전에 봤듯이 종적 상보형입니다. 가족 안에는 이런 두 가지 관계가 복합되어 나타나고 있는 것이지요.

국민 만화 〈사자에 씨〉가 아직도 방영되고 있는(무려 기네스 기록을 경신 중) 이유도 여기에 비밀이 있습니다. 사자에 씨 일가는 현재 일본의 가족 형태를 봤을 때 대가족에 속합니다. 인원수도 많고 관계도 매우 복잡해서 이야기를 만들기 쉽습니다. 두 부부(나미혜와 후네, 사자에와 마스오), 두 부모와 자녀 관계, 세 명의 형제자매, 숙부와 숙모 그리고 조카도 두 팀이 있죠.

예를 들어 사자에, 가쓰오, 와카메의 형제자매는 연령차도 있어서 종적인 관계로 보입니다. 실제로 그런 장면도 볼 수 있습니다. 하지만 부모인 나미혜와 후네의 관점에서 보면 아이들은 모두 같습니다. 부모의 관점에서 형제자매는 횡적인 관계입니다. 상보형이라기보다는 같은 부모에서 태어났다는 공동성을 갖고 있으니까 공동형입니다.

형제애라는 말이 있습니다. 이것은 영어로 하면 프라터니티(fraternity)입니다. 그 어원인 프라테르(frater)는 라틴어로 형제를 뜻합니다. 프라터니티는 단순히 핏줄이 연결된 형제 관계를 가리키는 것이 아니라 동료나 공동체를 가리킬 때도 사용되고 '우애'로 번역될 때도 있습니다. 이것도 이해가 됩니다. 실제로 우리가 정리한 걸 보면 형제든 우정이든 같은 공동형이기 때문입니다.

그래도 하나

이렇게 가족 안에는 횡적 상보형(부부), 종적 상보형(부모와 자녀), 횡적 공동형(형제자매)이라는 세 가지 종류가 포함됩니다. 그래도 가족은 역시 하나입니다. 사회에서의 정의가 조정, 분배, 교환이라는 세 가지의 패턴을 포함하면서도 하나의 개념으로서 존재하는 것과 마찬가지입니다. 차이가 있다면 사회는 좀 더 열려 있는 관계

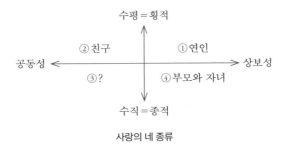

사랑의 네 종류

이고 가족은 친밀한 관계이기 때문에 좀 더 닫혀 있고 밀접한 관계입니다.

사랑으로 읽는 직장 생활

2×2로 네 종류

그렇다면 사랑은 세 종류가 다일까요? 아닙니다. 상보형과 공동형이라는 분류법과 횡적, 종적이라는 분류법을 찾았잖아요. 그러면 2×2 = 합계 네 종류로 구별할 수 있을 것입니다

새롭게 나온 ③이 어떤 것인지 바로 생각해낼 수 없을지도 모릅니다. 우리는 구체적인 연애와 우정의 이미지를 통해 상보적 사랑과 공동적 사랑을 찾아냈지만, 이번에는 먼저 개념을 찾은 후에 구체적인 예를 생각하려고 있기 때문입니다.

윤리라는 것은 알기 어려운 부분이 있지만, 개념을 확실히 분류

해나가면 이처럼 새로운 발견도 있습니다.

종적 공동성

③의 구체적 예시를 찾아봅시다.

①, ②, ④의 구체적 예시로 생각할 수 있는 것은 ①은 연인, ②는 친구, ④는 부모와 자녀입니다. 그렇다면 ③은 어떤 관계일까요? 종적 관계 즉, 상하관계가 있고 공통된 것으로 이어져 있는 관계입니다.

수업 시간에 물으니 학교의 동아리 활동이 아니냐는 의견이 나왔습니다. 선배와 후배라는 종적 관계가 있고, 고교의 야구부를 예로 들면 고시엔에 나간다거나 시합에서 이기겠다는 공통된 목표가 있으니까요.

그렇다면 다른 것도 생각해볼 수 있을 것 같습니다. 회사는 어떤가요? 회사에는 보통 조직이 있고 상하 관계도 확실하고 공통된 목표도 있습니다. 바로 돈을 번다는 공통된 목표입니다.

회사가 친밀한 관계?

회사 조직이 친밀한 관계의 카테고리에 들어가고 사랑으로 연결되어 있다니, 솔직히 별로 와닿지 않습니다. 진정한 우정에서 알아봤듯이 회사를 비롯해 공통의 이익으로 연결되어 있을 땐 유대감이 약합니다. 이 문제는 다음 장의 주제와 관련이 있지만, 여기서 먼저 간단하게 다뤄보겠습니다.

보통 우리는 '사랑'이라는 말을 매우 넓게 이해하고 있습니다. 예를 들면 애견인이라든가 애국심이라는 말도 쓰죠. 인간이 아닌 대상에도 사용하고 있습니다. 그리고 애사심처럼 회사에도 사랑을 요구하는 경우가 있으니 넓은 의미의 사랑을 여기에 넣을 수는 있다고 생각합니다. 하지만 이 경우엔 딱히 사랑이라는 말에 너무 집착하지 않아도 됩니다. 아무래도 사랑은 일반적으로 가족, 친구, 연인에게 딱 들어맞는 말일 테니까요.

그러니 여기에서 중요한 것은 '회사에 사랑이 필요한가'라는 부분이 아닙니다. 그것보다는 회사를 비롯한 조직 역시 사회에 비하면 아주 친밀한 관계라는 점이 중요합니다. 단지 앞에서 확인했듯이 개인, 사회와는 달리 친밀한 관계에는 좁고, 넓은 단계가 있습니다. 회사는 좁고 친밀한 관계(가족이나 연인)와 비교하면 상대적으로 사회에 가깝지만, 사회 전체와 비교하면 상대적으로 친밀한 관계인 것입니다.

'우리' 회사라는 말

예를 들어 작은 회사든 대기업이든 사람들은 우리 회사라는 말을 익숙하게 씁니다. '우리'라는 것은 나와 가깝다는 것을 뜻합니다. 나는 그 안에 속한 사람입니다. 회사나 조직에 불상사가 발생할 경우, 사내에서 감싸주며 은폐하기도 합니다. 회사는 가족과 달리 훨씬 사회성을 띠고 있지만 그럼에도 안과 밖이 있습니다. 그에 비해 사회는 모든 사람을 포함하고 있으므로 안이나 밖을 구분하지 않

친밀한 관계	횡적 상보형	연인, 부부 등
	종적 상보형	부모와 자녀, 스승과 제자 등
	횡적 공동형	친구, 커뮤니티 등
	종적 공동형	동아리, 상사와 부하 등

친밀한 관계의 유형

습니다. 어떤 집단이나 조직에 안과 밖의 구별이 있다면 그것이 친밀한 관계의 증표입니다.

　연인끼리는 딱 붙어 있죠. 그래서 연인이 없는 내가 길거리에서 커플을 보면 소외당하는 느낌을 받습니다. 가족도 그렇고, 친구와 동료도 마찬가지입니다. 동료와 동료가 아닌 사람의 구별이 있습니다. 그와 마찬가지로 회사처럼 사회적으로 보이는 조직에도 안과 밖이 있습니다. 물론 제각각 느낌은 다르겠지만 사회라는 가장 먼 존재와 비교하면 모두 상대적으로 친밀한 관계에 속합니다.

　그만큼 친밀한 관계는 폭이 넓고 파악하기 어려웠습니다. 하지만 그 관계를 네 가지 패턴으로 분류할 수 있었습니다. 이제 꽤 정리된 것 같습니다.

친밀한 관계도 네 가지로 나눌 수 있었습니다. 이제 그만하라는 소리가 들려오는 것 같은데요. 솔직히 저도 조금은 힘듭니다.

하지만 더 깊은 질문을 하는 사람도 있습니다. '종/횡이 있다면 대각선도 있나요'라는 질문입니다. 농담이었을까요? 하지만 꽤 수준 높은 질문입니다. 수업 시간이 재미있는 것은 강의의 내용을 발전시키는 의견들이 나오기 때문입니다.

본문에서는 가족을 분해해서 생각했지만, 반대로 가족을 더 펼쳐서 생각할 수도 있습니다. 그럼 친척이 등장합니다. 할아버지, 할머니는 부모님의 부모님이므로 이것은 단순히 종적인 관계입니다. 사촌은 형제의 연장선상에서 생각할 수 있으니까 횡적인 관계이고요. 그런데 삼촌, 이모와 조카의 관계는 종적이지도 횡적이지도 않습니다. 그야말로 대각선입니다.

횡적인 관계는 동료이기도 하지만 라이벌이기도 합니다. 회사의 동료를 생각하면 알 수 있겠죠. 한편 종적인 관계는 우리를 이끌고 키워주지만 동시에 다소 골치 아픈 면도 있습니다. 자녀 입장에서 보면 부모님께서 길러주신 것은 감사하지만 어렵기도 하고, 후배 입장에서 보면 선배는 눈엣가시입니다.

하지만 삼촌, 이모는 대각선이므로 부모님만큼 엄격하지도 않고, 라이벌처럼 긴장 관계도 아니면서 동렬에 나란히 있는 동료보다는 인생의 선배라서 여러 가지를 가르쳐줍니다. 특히 사람들은 젊은 시절에 인생의 방향이나 인간관계 때문에 고민하는 경우가 많죠. 그럴 때 슬쩍 방향을 제시해주는 사람이 바로 삼촌(이하, 이모 및 고모는 생략)입니다.

원래 중요한 것은 부모님께서 가르쳐줍니다. 삼촌은 부모와 같은 책임감은 없기 때문에 쓸데없는 것을 가르쳐주기도 합니다. 아버지는 '도박은 절대로 하면 안 돼!'라고 말씀하지만, 삼촌은 몰래 경마장에 데리고 가주기도 하지요. 부모님에게는 말하기 어렵고, 그렇다고 친구도 도움이 안 되는 고민거리를 상담하기에 삼촌은 딱 적당합니다.

이것은 혈연관계에만 국한되는 것이 아닙니다. 제 지인 연구자 F 씨가 제게 말하더군요. "S 선생님은 좀 무섭지 않나요? U 선생님은 참 좋으신 분인데 말이죠." 저는 S 선생님과 친해서 처음 이 말을 들었을 땐 깜짝 놀랐습니다. S 선생님은 싹싹하고 쾌활한 성격을 가진 좋으신 분이거든요. 알고 보니 S 선생님은 F 씨의 대학 시절 지도교수였습니다. 말하자면 아버지 같은 존재였던 것입니다. 존경은 하지만 어려운 사람이죠. 한편 U 선생님은 다른 대학의 교수님이었습니다. F 씨에게 U 선생님은 삼촌이었던 것입니다.

대각선이 삼촌이라니 제가 대충 말하고 있다고 생각하는 사람이 있을지 모르겠습니다. 하지만 제대로 된 근거가 있습니다. 문화인류학에는 '농담관계'라는 재미있는 말이 있는데요, 이것이 삼촌 = 대각선 관계와 똑같습니다.

여러 민족의 문화와 친족관계를 연구하다 보니 친족 중에 서로 놀리거나 농담을 주고받아도 허용되는 관계가 발견되었습니다. 상대방을 놀리거나, 가끔은 성적인 농담을 주고받거나, 혼날 법한 짓을 해도 괜찮은 관계. 이런 관계가 친족관계 속에서 나타난 것입니다. 결국 이런 관계는 조금 이상할지 몰라도 인간에게 필요한 관계일 가능성이 높습니다.

회사를 예로 들어보면 직속 상사는 아무리 좋은 사람이어도 대하기가 어렵습니다. 하지만 다른 부서의 높은 사람이 당신의 삼촌일지도 모릅니다. 물론 삼촌(= 다른 부서의 상사)과 너무 친하게 지내면 아버지(= 직속 상사)에게 미움을 받을지도 모르니 조심해야 합니다.

아버지와 동료는 인생의 방향을 정하는 데 굉장히 중요하지만, 삼촌의 존재는 우리에게는 쉼터 같은 곳입니다. 어쩌면 현대 사회에서 가족 관계가 어려워지고 있는 것은 이런 삼촌 같은 사람이 적어지고 있기 때문이 아닌가 싶습니다. 가족은 몹시 중요하고 우리는 가족의 보호를 받지만, 동시에 너무 가까우면 오히려 우리를 구속하고 속박하게 될 수 있습니다. 때로는 그곳을 벗어나 색다른 것을 보여주는 사람이 삼촌인 것입니다.

여러분도 주변에서 삼촌을 찾아보세요. 그리고 어른이 되면 젊은 사람들에게 좋은 삼촌이 되어주세요.

회사를 이해하기

알고 보면 신비롭고 재미있는 회사

회사도 친밀한 관계의 일종이라는 것을 알게 됐습니다. 하지만 아직도 완전히 와닿지 않습니다. 규모가 큰 회사라면 더 사회적인 존재라고 할 수 있을까요?

물론 그런 측면도 있습니다. 하지만 역시 친밀한 관계이기도 합니다. 대부분의 사람들이 회사를 다니거나 속해본 적이 있으니 회사는 딱히 특별해 보이지 않지만 사실 회사는 굉장히 신비로운 곳입니다. 학문적으로도 재미있는 곳이죠.

일단 회사와 사회의 관계가 재미있습니다. 같은 한자의 순서를 바꾸기만 했는데 비슷하기도 하고 아주 많이 다르기도 합니다. 게다가 회사를 '법인'이라고 하지요. 자주 듣지만 사실 뜻은 잘 모르지 않나요? 이것도 재미있는 표현입니다.

회사와 사회의 관계, 그리고 법인에 대해서는 나중에 다시 다루겠지만, 여기서는 기본적인 부분만 확인해보겠습니다.

회사는 특정한 목적을 위해 만들어진다

쉽게 말하자면, 회사는 사회 그 자체는 아닙니다. 회사는 특정한 목적을 위해서 설립된 것인 데 비해, 사회에는 공통의 목표나 목적이 없기 때문입니다. 사회는 모르는 사람들, 여러 생각과 목적을 가진 개인들의 단순한 집합입니다. 물론 사회 전체를 보다 좋은 곳으로 만들기 위해 모두가 노력을 해야 하지만, 어떤 특정한 목적을 위해 나아가고 있는 것은 아닙니다. 게다가 사회는 누군가가 만든 것이 아닙니다.

한편 회사는 사회 속에 있고 특정한 목적을 위해서 만들어졌으며, 그 공통된 목적을 위해 사람들이 모여 있는 곳입니다. 그리고 이 점에서 회사는 가족이나 연인이라는 친밀한 관계와도 다릅니다. 가족 및 연인의 기반은 좀 더 자연스럽기 때문입니다. 가족이나 연인은 단순히 만들자고 생각하면 만들 수 있는 것이 아닙니다 (회사 개념의 연인도 있겠습니다만). 하지만 회사는 만들자고 생각해서 만든 곳입니다.

따라서 회사는 친밀한 관계이지만 사회와는 전혀 다르고, 친밀한 관계 중에서도 꽤나 특이합니다.

무엇을 소중히 여기는 관계인가

우리가 사랑이라고 부르는 친밀한 관계(가족이나 연인)의 경우, 대상은 사람이고 중요한 것은 그 사람 자체입니다. 말하자면 상보적인 유형의 사랑이죠. 한편 공동형의 경우, 공통의 목적이 있으면 동료가 될 수 있고 그 속에서 우정이 싹튼다면 상대방을 소중히 여기게 됩니다.

하지만 회사는 공통의 목적을 달성하기 위한 것이므로 그곳에서 개개인이 중요하지는 않습니다.

계약의 유무

앞서 살펴본 친밀한 관계들과 회사의 차이는 가족과 가족 구성원과의 관계, 회사와 회사 구성원과의 관계를 생각해보면 알 수 있습니다. 예를 들어 회사에 취직한다는 것은 회사와 고용 계약을 맺는 것입니다. 이에 비해 사랑하는 사이는 일반적으로 계약에 의한 것이 아닙니다. 이 계약의 유무가 중요한 차이점입니다.

회사가 사원을 채용할 때 계약이 필요한 이유는 애초에 타인이고, 관계가 없는 사람들이라서입니다. 즉, 계약은 사회적인 것입니다. 물론 결혼도 계약의 일종이지만 계약이 없어도 가족이 될 수 있습니다. 하지만 회사에 속하기 위해서는 계약이 없으면 안 됩니다. 그래서 상사와 부하의 관계는 친밀하다면 친밀하지만 사회성을 강하게 띠고 있습니다. 반대로 가족이나 연인의 관계는 사회성이 개입하는 경우가 적습니다. 폐쇄된 관계입니다.

회사는 조직된다

회사가 사랑의 관계와 다른 또 하나의 이유는 어느 정도의 규모의 회사라면 조직이 있기 때문입니다.

연인이나 친구라면 상대가 소중하게 느껴지고, 거기서 관계가 생겨납니다. 이에 비해 회사는 공통의 목적으로 모인 집단입니다. 이 시점에서 이미 사랑과는 다릅니다. 그리고 회사에는 목적을 위한 조직까지 있습니다. 바꿔 말하면 효율 좋게 목적을 달성하기 위해서 사람들을 역할 및 기능별로 나누고 다시금 그것을 입체적으로(많은 경우는 피라미드 형태의 조직으로) 세웁니다. 여기서는 개인은 인격이 아니라 역할 및 기능으로 분류됩니다. 그래서 회사는 더더욱 사랑에서 멀어지는 것입니다.

회사가 멀게 느껴지는 이유

가족의 경우에 가족과 가족 구성원 사이를 이어주는 끈이 매우 가깝습니다. 하지만 회사 같은 조직은 회사와 구성원 사이가 꽤 멉니다. 목적을 위해 모인 사람들의 관계가 상대적으로 독립적이고, 목적을 위해서 사람들이 조직화되어 있다는 두 가지 이유 때문입니다. 그래서 회사는 개인적인 시점(특히 평사원의 입장)에서 보면 멀게 느껴지는 것입니다.

　같은 친밀한 관계이지만, 가족이나 연인은 정말로 내밀하고 깊은 폐쇄된 관계이고, 친구와 지인은 밖을 향해 넓어지는 관계라고 할 수 있습니다. 이렇게 생각하면 회사처럼 공통성에 기반하는 종적인 관계는 바깥을 향해 더욱 펼쳐진다는 것을 알 수 있습니다. 친밀한 관계라는 건 같지만, 이 네 가지의 친밀한 관계는 병렬로 늘어서 있다기보다 각각의 특징을 갖고 있다는 것을 알게 됩니다.

14장 세 가지 기둥의 균형 맞추기

친밀한 관계와 개인

블랙 기업이 생겨나는 이유

앞서 회사나 동아리처럼 공동성에 기반한 종적 관계에 대해서 생각해보았습니다. 다시 말하자면 이 유형에서 사람들을 하나로 만들고 있는 것은 공통의 목적입니다. 체육 계열의 동아리에서 선배가 후배를 괴롭히는 것이 문제가 되거나 감독의 체벌이 문제가 되는 것도 그것 때문입니다. 공통의 목적이 너무 중시된 나머지, 개인을 등한시하는 경향이 있기 때문입니다.

감독님이 "너는 이기고 싶지 않은 거냐!"라고 물어보면 "당연히 이기고 싶습니다!"라고 대답할 수밖에 없습니다. 그러기 위해서 이 팀에 들어온 거니까요. 승리를 목적으로 단결하기 위해서 상하

관계나 조직이 생겨납니다. 하지만 그렇다고 "이기고 싶으면 내 말을 들어!"라고 요구하는 건 과연 괜찮을까요?

회사에서도 마찬가지입니다. '회사를 위한 일'이라고 하면 직장인 처지에 힘들어도 참을 수밖에 없습니다. 특히 회사가 클수록 조직도 커지고 개인도 더 많은 압박을 받습니다. 이것이 극단적이 되면 가혹한 노동과 낮은 임금을 강요하는 이른바 블랙 기업이 되는 것입니다.

회사도 사람이 관련된 이상 윤리적이어야 합니다. 블랙 기업이 블랙인 것은 윤리적이지 않게 되었기 때문입니다. 블랙 기업에는 올바른 공통된 목적이 없습니다. 목적은 오로지 기업의 오너나 간부의 이익뿐입니다. 그것을 마치 모두를 위한 일인 것처럼 사원이나 아르바이트에게 강요하고 있을 뿐입니다.

압박의 발생

이건 엄밀히 말하자면 친밀한 관계에 늘 따라다니는 딜레마입니다. 친밀한 관계를 만들고 있는 것은 개인입니다. 그렇기에 아무리 친밀하다 해도 다른 사람과의 관계라서 개인이 압박을 받는 경우가 있을 수 있습니다. 그래서 개인이 압박받지 않는 방식으로 관계를 구축하는 일이 필요합니다. 하지만 그것이 언제나 모든 상황에서 잘 되리라는 보장은 없습니다.

연애도 그렇고, 부모와 자녀 사이도 마찬가지이며, 우정도 그렇습니다. 연애나 부모 자녀의 경우에는 서로에게 서로가 다른 것과 대체할 수 없는 존재라서 그 관계가 유지됩니다. 물론 연인끼리 불만은 있을 수 있습니다. 부모와 자녀 사이도 힘의 관계가 생겨납니다. 부모는 아이가 말을 듣지 않는다며 한숨을 쉬고 자녀는 부모님이 너무 구속한다고 생각하는 경우도 있습니다. 하지만 그런 불만 이상으로 상대가 소중하다면 관계는 무너지지 않습니다. 우정도 이상적인 경우에는 그렇습니다.

하지만 서로가 소중하다기보다 무언가 공통된 목적으로 연결되어 있는 경우에는, 그 목적이 없어지면 관계는 쉽게 끊어져버립니다. 어쩌면 그 공통된 목적이 너무 강조된 나머지 개인이 스트레스나 부담을 받는 경우도 생길 수 있습니다. 이런 부분의 균형을 맞추는 것이 중요합니다.

개인과 관계 사이의 균형

부모와 자녀, 연인, 친구, 회사의 경우처럼 친밀한 관계에는 네 가지 패턴이 있었습니다. 이 모든 경우에는 개인과 관계의 균형과 조화가 문제가 됩니다. 즉, 개인이 뿔뿔이 흩어지면 관계는 지속될 수 없고, 그렇다고 전체를 중시하면 개인이 압박을 받습니다. 얼핏 관계가 유지되는 것처럼 보여도 한쪽이 다른 한쪽에 일방적으로 맞추고 있다면 그것은 좀 불편한 관계입니다(가정폭력이 그렇죠).

그럼 어떤 식으로 균형을 맞춰야 할까요. 이런 문제에 유일한 해답은 없습니다. 비즈니스 서적이나 자기계발서 중에는 이런 문제에 정답이 있다고 주장하는 책들이 있지만, 그런 책은 일단 의심하세요. 단지 이상적인 상태를 추상적으로 파악할 수는 있습니다. 개인이 스트레스를 받지 않고 전체적으로 관계가 조화를 이루는 방식입니다.

이런 관계를 잘 표현할 수 있는 것이 음악이 아닐까 생각합니다. 밴드를 결성하면 합주가 잘될 때도 있고 잘되지 않을 때도 있습니다. 안 되는 이유는 밴드 전원이 한 호흡으로 연주하지 않고 따로 연주하기 때문입니다. 다 같이 하나의 음악, 곡을 연주하는 것이니만큼 결속력을 보여주지 않으면 곤란합니다.

그렇다고 모두가 악보를 기계처럼 정확하게 연주하기만 하면 그것도 재미가 없습니다. 살아 있는 음악이 되지 않습니다. 개개인이 각자 자신의 연주력을 발휘하면서 전체적으로 살아 있는 음악을 들려줘야 합니다. 이것이 잘 구현된 밴드는 하나의 멋진 음악을 들려줍니다.

스포츠도 그렇습니다. 축구로 말하자면 메시나 호날두 같은 탁월한 선수가 있으면 팀은 강해질 것입니다. 하지만 혼자서는 이길 수 없습니다. 개인의 역량이 더 중요하다는 의견과 전체적인 규율이 더 중요하다는 의견은 스포츠계의 오랜 난제입니다. 어느 쪽이 맞을까요? 정답은 둘 다입니다. 중요한 것은 균형을 어떻게 맞추느냐입니다.

스포츠와 회사, 음악과 연애
물론 음악과 스포츠는 다른 점이 있습니다. 스포츠의 경우에는 '승리'라는 확실한 공통의 목적이 있고 그것을 위해서 조직화되는 경향이 있습니다. 결과가 모든 것이라는 말이 있는 것도 이 때문입니다. 결과, 즉 승리를 위해서는 개인이 어떤 플레이를 했는지, 개개인의 플레이가 창의적이었는지 독특했는지 또는 완벽했는지는 별로 중시되지 않을 때도 있습니다. 일단 이기면 목적을 이룬 것이지요.

이에 비해 음악은 조금 다릅니다. 예를 들어 피아니스트의 연주에 맞춰 보컬이 노래를 부른다고 했을 때, 두 사람은 한 팀을 이루고 있지만 그저 한 곡을 실수 없이 끝마치는 것만을 목적으로 연주하고 노래 부르지 않습니다. 양적으로 측정할 수 없는 과정이 이루어집니다. 이것이 우리가 예술에서 바라는 것입니다.

비유하자면 회사는 스포츠에 가깝다고 할 수 있습니다. 목적도, 목적을 이루기 위한 조직 체계도 확실합니다. 연애는 음악과 더 가까울지도 모릅니다. 두 사람이 연주하는 음악이 어떤 결과여야 하는지가 정해져 있지 않기 때문입니다. 그것은 두 사람이 새롭게 만들어나가는 것입니다. 그래서 연애라는 것은 늘 새롭습니다.

인간은 예전부터 사랑을 반복해왔지만, 아직도 드라마, 이야기의 가장 큰 주제입니다. 음악이나 예술처럼 매번 새롭게 창조되며 새로운 감정을 불러일으키기 때문일 것입니다.

하지만 사람이 일방적으로 사랑을 만들어내기만 하는 것은 아닙니다. 사랑이 반대로 사람을 변화시킬 때도 있습니다. 여러분도 그런 경험이 있을지 모릅니다. 사랑을 하면 나 자신도 바뀌고 세상

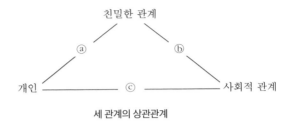

세 관계의 상관관계

도 새롭게 느껴지지 않나요?

우리 개인이 스스로 만드는 것은 '자기 자신'이었습니다. 하지만 '나'만 나 자신을 만드는 것이 아닙니다. 사랑을 비롯해 타인과의 만남도 나 자신을 만드는 큰 힘이 됩니다.

친밀한 관계와 사회

아동학대는 왜 방지하기 어려운가?

앞에서는 친밀한 관계와 개인의 관계를 살펴보았습니다. 다음에는 친밀한 관계와 사회의 관계는 어떨지 궁금합니다. 윤리적인 관계는 '개인/친밀한 관계/사회' 세 가지로 나눌 수 있었는데, 개인과 사회의 관계는 앞에서 봤고, 개인과 친밀한 관계와의 관계도 살펴봤지만, 사회와 친밀한 관계와의 관계에 대해서는 아직 언급하지 않았습니다. 이것은 여러분이 스스로 생각해도 괜찮을 것 같지만 조금 짚고 넘어갑시다.

강도나 살인 같은 범죄는 우리가 사는 사회에서 끊임없이 일어납니다. 그중에서도 특히 마음에 걸리는 건 아동학대입니다. 며칠 전에도 두 살배기 여자아이가 부모에게 학대를 당하다 사망에 이른 사건이 있었습니다. 부모들은 아이를 방구석에 몇 시간이나 정좌 자세를 시키거나, 온몸에 뜨거운 물을 퍼붓기도 했습니다. 이 작은 아이가 떨면서 앉아 있는 영상이 유출되었을 때 슬픈 마음에 눈물을 참을 수 없었습니다.

왜 이런 일이 일어나는 것일까요? 심리학자는 수컷 원숭이가 아이를 데리고 있는 암컷 원숭이와 교미하기 위해서 (아이가 있으면 육아하느라 암컷이 수컷을 봐주지 않기 때문에) 아이를 죽여버리는 것과 비슷하다는 등의 설명을 덧붙입니다. 여러 방면의 설명이 가능하겠지만, 지금 우리는 윤리학적으로 이런 일을 어떻게 하면 방지할 수 있는지를 생각해야 합니다.

솔직히 말해서 윤리학만으로 아동학대를 완전히 방지할 수는 없습니다. 하지만 아동학대가 어떤 문제인지, 왜 아동학대를 막기 어려운지는 확실히 파악할 수는 있습니다.

부모 자녀 관계와 사회

국가는 아동학대방지법이라는 법률을 통해서, 그리고 지방마다 아동상담소라는 시스템을 구축하여 아동학대를 예방하고 있습니다. 하지만 뉴스에서 이런 경우를 종종 봅니다. 학대 신고를 받은 상담소 직원이 그 집을 방문하면, 부모가 "학대하지 않았어요, 훈육한 거예요"라고 말하며 아이를 보여주지 않거나 집에 들여보내 주지 않아서 결국 학대당한 아이가 사망에 이르게 되는 일이 있습니다.

이런 이유로 아동상담소는 도움이 되지 않는다고 생각하는 사람도 많습니다. 아이에게 뜨거운 물을 붓거나 멍이 들 정도로 때리는 건 상해죄입니다. 그러니 유명무실한 아동상담소를 운영하기보다는, 범죄자로 간주하고 경찰이 바로 체포하면 되지 않냐는 의견이 있습니다.

그럼 왜 국가는 그렇게 하지 않는 걸까요? 우리가 국가나 지방이라는 사회와, 부모와 자녀 관계라는 친밀한 관계는 전혀 다른 영역에 속한다고 생각하고 있기 때문입니다. 그리고 부모 자녀와 같은 친밀한 관계에 사회는 최대한 개입하지 않는 것이 좋다는 원칙, 이른바 민사불개입의 원칙을 세우고 있기 때문입니다.

사회가 가정에 최소한으로 개입해야 한다는 의식이 있어서, 가정 내 문제는 살인사건과 같은 범죄가 벌어지고 난 후에야 경찰이 나설 수 있게 됩니다. 즉, 사회는 살인과 같은 비극이 있기 전에는 함부로 가정 문제에 개입할 수가 없습니다. 아동학대 또는 가정 폭력과 같은 문제에서 언제 어디까지 개입해야 할지를 정하는 것은 참 어렵습니다.

특히나 부모와 자녀의 관계는 자율성이 있는 부모와 아직 자율성이 없는 아이와의 대등하지 않은 관계입니다. 그래서 아이는 부모에게 의지해야 합니다. 실제로 어린 자녀에게 독자적인 권리를 인정한 역사는 길지 않습니다. 지금은 자녀의 권리가 중시되지만,

그래도 아이에게 어른과 똑같은 권리가 있지는 않습니다. 부모 자녀의 관계가 사회적인 관계, 즉 대등한 사람들의 관계와 전혀 다른 것은 이런 배경이 있기 때문입니다.

상사의 부당한 명령에 따를 것인가

예시를 한 가지 더 들어보겠습니다. 내가 식품회사의 직원이라고 생각해봅시다. 돼지고기를 사용한 햄을 만들고 있는데, 어느 날 상사로부터 "국산 돼지고기가 비싸졌으니 저렴한 외국산 돼지고기를 사용해"라는 명령을 받습니다. 그리고 "국산이라고 선전해야 비싸게 팔리니까 '국산 돼지고기 사용!'이라고 인쇄해"라고 합니다. 어떻게 해야 될까요?

일단 이 상사의 명령에 따르고 싶은가요? 따르고 싶지 않은가요?

수업 시간에 물어보니 따르고 싶지 않다고 하는 사람도 있었지만 따를 것 같다는 의견이 대부분이었습니다. 유감입니다. 하지만 이런 문제는 다수결로 정하는 건 아닙니다. 따르고 싶다는 것도, 따르고 싶지 않다는 것도 마음(심리)의 문제입니다. 중요한 것은 그것이 윤리적으로 어떤가 하는 것입니다. 그래서 '따라야 할 것인가, 따르지 않아야 할 것인가'로 바꿔 물어보았습니다. 그랬더니 '따르지 않아야 한다'가 많아졌습니다.

'따르지 않아야 한다는 건 알지만 아마도 따를 것 같다'라고 말하는 사람도 있었습니다. 사람들 앞에서는 '따르지 않아야 한다'라는 의견에 손을 들었지만, 내가 그 입장이라면 명령을 따랐을 것 같다고 써서 낸 사람도 많았습니다. 솔직한 의견입니다.

역시 이유가 중요합니다. 조금 더 윤리에 힘을 실어 '왜 그렇게 해야 하는가, 왜 하면 안 되는가'라는 이유를 찾는 중요한 질문으로 넘어갑시다.

'따라야 한다'라고 대답한 사람은 거의 없었습니다. 왜냐하면 부당한 요구를 따라야 한다는 도덕적 이유가 없기 때문입니다. 따르지 않아야 한다고 생각은 하지만, 따르게 될지도 모르겠다고 대답한 사람에게 물어보니 다음과 같은 이유를 들었습니다. '따르지 않으면 회사에서 잘릴지도 모르니까' 또는 '소심해서 상사의 명령을 거절할 수 없으니까'. 하지만 이것은 개인의 상황과 마음에 지나지 않습니다.

따르지 않아야 한다는 의견을 낸 사람들의 이유는 '상사의 명령이 부당하니까'입니다. 맞습니다. 부당하고 사회에 해를 끼치는 범죄입니다. 그러니까 이런 명령은 따라서는 안 됩니다. 이제 조금 더 깊이 들어가봅시다.

상사 부하 관계와 사회

아동학대 문제는 부모와 자녀라는 종적 상보형과 사회와의 관계의 문제였습니다. 그렇지만 상사의 부당한 명령에 따를 것인가 하는 문제는 회사 내 종적 공동형과 사회와의 관계의 문제입니다.

따를 것이라고 대답한 사람은 일단 자기 자신을 생각한 것입니다. 하지만 따르지 않아야 한다고 대답한 사람은 사회를 생각했습니다. 왜냐하면 이 상사의 명령에 따르면 그 햄을 구입하는 일반 소비자들을 속이게 되기 때문입니다. 바꿔 말하면 그로 인해 사회 전체에 피해를 끼치게 됩니다. 따라서 그런 명령에는 따라서는 안 됩니다.

부당한 행동을 하거나 범죄를 저질러서는 안 된다는 것은 당연한 이야기이고 누구나 알고 있습니다. 그런데도 상사의 명령을 따를 것 같다고 말하는 사람이 많은 이유는 무엇일까요? 그것은 우리의 시선이 사회가 아니라, 상사와 부하라는 친밀한 관계(이 경우는 종적 공동성)에 매여 있기 때문입니다.

상사의 부당한 명령을 따르지 않기 위해서는 어떻게 하면 될까요? 지금껏 다룬 내용을 생각해보면 자연스럽게 답을 찾아내실 수 있습니다. 단순히 내가 하는 일을 친밀한 관계만으로 보는 것이 아니라 좀 더 큰 틀에서 생각할 수 있어야 합니다.

친밀한 관계와 사회 간의 균형

사회와 친밀한 관계 중 늘 사회가 우선시되는 것은 아닙니다.

예를 들어 내 전재산을 이웃을 위해 기부하면 그건 사회에 좋은 일일지도 모릅니다. 하지만 사회를 좋게 만들어야 한다는 책임을 나 혼자만 지고 있는 건 아닙니다. 나에게는 나 개인의 삶이 있고 내 가족을 비롯해 부양하거나 지켜야 할 친밀한 관계가 있으니 그쪽을 소중히 여기는 일 자체는 어쩌면 당연한 일입니다.

하지만 위의 예시처럼 친밀한 관계를 우선하는 바람에 사회에 피해를 주는 경우라면 친밀한 관계만을 소중히 여길 수는 없습니다. 그런 경우에는 친밀한 관계(특히 친밀한 관계의 부당한 이익)보다 사회를 먼저 생각해야만 한다는 것입니다.

시야를 넓게

인간은 유한한 존재입니다. 우리가 생각할 수 있는 것도 한정되어 있습니다. 그러므로 우리의 시선은 나도 모르게 사회보다는 좀 더 익숙하고 친밀한 곳을 향하게 됩니다. 하지만 그런 관계에 얽매여 있는 건 좋지 않습니다. 최대한 시야를 넓게 가지는 것이 중요합니다.

만약 내가 부모일 때 또는 선생님이라거나 아이를 상대하는 상황일 때, 혹시 내가 나도 모르게 아이를 학대하고 있는 건 아닌지 의심이 된다면, 그때에는 최대한 시야를 넓게 가져야 합니다. 다른 사람이 봤을 때, 사회에서 봤을 때, 내가 하는 일이 어떻게 보일지를 생각해보는 것입니다.

마찬가지로 '부당한 명령을 하는 상사와 그것을 따르는 부하'의 상황에 놓일 때도 객관적으로 생각해야 합니다. 그러면 명료하게 내가 하려는 일을 바라볼 수 있습니다. 부하인 내 입장에서는 '상사의 명령이라서 어쩔 수 없이 따른 것이다'라고 말하고 싶겠지만, 그것은 어디까지나 친밀한 관계에서의 관점에 지나지 않습니다. 사회적인 관점에서 보면 제대로 된 이유이긴커녕 단순한 핑계조차도 되지 않습니다.

윤리학 칼럼 8 내부 고발은 배신행위인가?

친밀한 관계에서 불편한 일이 생긴다면 넓은 시야로 보는 일이 중요하다는 점을 살펴보았습니다. 하지만 단순히 시야를 넓히기만 한다고 문제가 해결되지 않을 때도 있습니다. 그런 경우에는 회사 내에서 다른 관계를 맺는 사람과 협력하는 게 중요합니다. 예를 들어 상사의 부당한 명령을 거절하기 어렵다면 동료와 상담해보는 겁니다. 또는 다른 상사에게 상담을 요청합니다. 그래도 상사의 부당한 행위를 멈출 수 없다면 내부 고발을 해서 사회에 호소합니다.

내부 고발이라고 하면 밀고나 배신행위라고 생각하는 사람도 많습니다. 하지만 그것은 친밀한 관계의 관점으로만 바라봐서 그렇습니다. 사회의 관점으로 봐야 합니다. 회사가 부정을 저지르면 손해를 입는 것은 사회니까요. 즉 고발은 사회를 위한 것입니다. 그래서 이것은 내부 고발이 아닌 공익 신고라는 말을 쓰도록 권장되고 있습니다.

그리고 고발은 회사를 위한 일이기도 합니다. 회사를 위해서 부정을 저지르는 것은 결국 회사를 부정한 곳으로 만드는 셈입니다. 부정한 일은 결국 회사에도 좋지 않습니다. 회사도 사회의 일원이며, 부정이 드러나면 회사에 치명적이기 때문입니다.

5부

내 삶에
딱 맞는 도구로
만들기

15장 삶의 방향을 설정하는 나침반으로

기본 메커니즘 분석

윤리의 기본 원리 정리

개인, 친밀한 관계, 사회. 이렇게 윤리의 세 가지 영역이 확실해졌습니다.

'도덕 및 윤리는 사람에 따라 다르다'라는 문제에 이제 최종적인 답을 말할 수 있습니다. 개인의 삶의 방식은 사람에 따라 달라도 됩니다. 하지만 사회의 윤리는 사람에 따라 달라서는 안 되므로 모두에게 공통적인 것이어야 합니다. 그리고 중간에 있는 친밀한 관계에서는 상대방이나 동료와의 문제이니 자기 혼자서 판단해선 안 됩니다.

이 세 가지를 자세히 살펴본 후 또다시 몇 가지 패턴으로 나누었습니다. 정의는 모두에게 공통되지만, 패턴은 세 가지가 있었고, 분류 작업을 통해 아홉 가지 패턴을 만들었습니다.

그럼, 이제 이것들을 실제로 사용해보고 싶어집니다. 수업 시간에도 "여러 가지로 나누긴 했는데 이게 무슨 도움이 되나요?"라는 질문이 나옵니다. 추상적으로 말하자면 일상의 모든 순간에 윤리적 판단을 할 때 도움이 됩니다. 구체적인 예를 살펴봅시다. 하지만 그 전에 한 가지 주의점이 있습니다.

이런 식으로 개수가 많아지면 더 이상 감당이 안 돼서 알기 어려울 수도 있겠지만, 일단 크게 세 가지 영역으로 나눌 수 있다는 것만 주목해주세요. 세 개뿐이라면 한눈에 다 볼 수 있죠? 아홉 개는 너무 많다고 말하는 사람이 있을지도 모르지만, 어디까지나 기

영역	기본 원리	패턴
사회	정의	조정의 정의
		분배의 정의
		교환의 정의
친밀한 관계	사랑	횡적 상보성 사랑
		종적 상보성 사랑
		횡적 공동성 사랑
		종적 공동성 사랑
개인	자유	소극적 자유
		적극적 자유

윤리의 기본과 패턴 정리

본은 세 개뿐입니다. 그리고 그다음도 각각의 영역을 나눌 수 있을 뿐입니다.

시험 채점하기 1

벌써 여러 번 언급했습니다만, 제가 강의하면서 가장 하기 싫은 일이 시험 채점입니다. 강의하는 것은 즐겁습니다. 하지만 시험 채점은 책임도 무겁고 여러모로 골치가 아프기 때문입니다.

하지만 어쩔 수 없습니다. 이것도 학교라는 제도의 일부이고 그렇게 정해져 있기 때문입니다. 시험을 보는 사람은 각각의 개인이지만, 채점하는 사람은 '개인'이 아닙니다. 물론 여기에 가족이나 연인이라는 '친밀한 관계'는 개입되지 않습니다. 그럼 채점할 때 중요한 것은 무엇일까요? 시험에서 성적을 매기는 것은 '사회 제도'의 일부이기 때문에 여기에서는 '정의'가 중요합니다.

여기까지가 첫 번째 단계입니다. 먼저 세 개 중에서 어느 영역인지를 판단하는 것입니다.

시험 채점하기 2

다음 단계로 넘어갑시다. 정의에는 세 가지 패턴이 있었습니다. 그럼 채점은 어느 패턴일까요?

이 경우 죄에 맞는 처벌을 주는 것도 아니고, 물건을 주고받는 교환도 아닙니다. 채점자는 사회를 대표하고 수많은 학생에게 점수를 줍니다. 이것은 분배의 일종입니다.

그래서 저에게 "선생님, 머리 벗겨지셨네요"라고 비난한 학생이 괘씸하다고 점수를 깎는 벌을 주면 안 됩니다. 채점에서 조정의 정의는 나오지 않습니다. 하물며 "선생님, 이번 시험은 자신이 없으니까 20점만 더 주세요. 1점당 1만 엔 드릴게요"라는 학생의 말에 점수를 줘서도 안 됩니다. "너무 싼데 더 뭐 없을까?"라며 교섭해도 안 됩니다. 가치가 동등하고 아니고의 문제가 아니라 애초에 이건 교환이 아니기 때문입니다.

이번 단계에서도 세 가지 중 어느 것에 해당하는지 보면 됩니다.

시험 채점하기 3

분배의 경우에는 두 가지 방식이 있었습니다. 모든 학생에게 일률적으로 같은 분배를 할 것인가, 각각 차등 분배할 것인가.

시험 채점의 경우에는 일률적인 분배는 안 됩니다. 공부한 사람도 공부하지 않은 사람도 같은 점수를 받는다면, 공부한 사람에게는 억울한 일이 되고 공부하지 않은 사람에게는 뜻밖의 이득이 되어버립니다. 이건 부당합니다. 그래서 공부를 제대로 한 학생에겐 좋은 점수를 주고 그다지 공부를 안 한 학생에게는 그에 맞는 점수를 줘야 합니다.

직관과 절차

당연한 얘기라고 생각하는 사람이 있을지도 모릅니다. 맞는 말입니다. 그 당연한 것을 사회에서 유지하는 것이 정의였으니까요.

일일이 생각하지 않아도 이 정도라면 직관적으로 알 수 있습니다. 앞에서 언급했듯이 우리는 이미 윤리의 기본이 몸에 밴 상태라서 평소에는 별로 망설이지 않습니다. 다시 한 번 생각하면서 평소에는 추상적이고 직관적으로 판단하고 있던 당연한 일이 사실은 지금처럼 단계적인 판단, 일종의 절차를 거친 일이었다는 것을 알게 된 것입니다. 윤리의 기본 원리는 평소 굉장히 당연하게 행동하고 느끼는 것의 의미를 구체적으로 설명하는 기반이 되기도 하는 셈입니다.

잘못된 것을 방지한다

이제 다른 예시를 살펴보겠습니다. 먼저 한 가지 더 짚고 넘어가는 게 좋겠습니다. 우리가 살펴본 윤리적인 판단은 평소에 아주 지극히 당연하게 하는 일이라 판단의 순간에 그다지 망설이지 않는 경우가 많습니다. 하지만 우리가 무언가를 판단할 때 열 번 제대로 판단해도 한 번 잘못하면 상황이 꼬이는 경우가 많습니다. 또한 제대로 판단을 했다고 해도 그 판단의 이유를 스스로 구체적인 언어로 말하지 못하면 그것은 나의 생각에서 비롯된 나다운 판단이 아닌 사회의 기준에 무의식적으로 맞춘 판단일 뿐입니다. 그렇기에 우리는 어떤 판단의 순간에도 적용할 수 있는 스스로의 기준을 세우는 힘을 길러야 합니다. 지금 우리가 살펴보는 원리는 이를 위한 것입니다.

윤리학 칼럼 9 세금 납부 방법

세금에 관해서는 어떤 제도가 공평하고 정의로운지에 대한 논의가 끊임없이 반복되고 있습니다(혹시 몰라 말씀드리는데, 저는 윤리학자이고 경제학자나 세금 전문가가 아니라서 여기서 쓰는 것은 추상적인 원리 이야기뿐입니다). 세금이 필요한 이유는 모든 사회 구성원에게 필요한 것들을 마련하려면 함께 부담할 필요가 있기 때문입니다(사회의 각종 제도나 인프라 등). 도로는 모두가 사용하지만, 도로를 만드는 것은 개인의 힘으로는 불가능하므로 다 함께 부담해서 돈을 모아서 만드는 식입니다. 즉 분배의 정의입니다.

일반적으로는 수입이 많은 사람일수록 세금을 많이 납부하는 분배가 공평하므로 일본은 누진과세 제도를 채택하고 있습니다. 그런데 가끔 수업 시간에 "열심히 일해서 수입이 늘어났을 뿐인데 세금을 더 많이 내는 건 이상하다, 그러니까 누진과세에 반대한다. 모두가 똑같은 세금을 내야 한다"라는 의견을 내는 사람이 있습니다. 여기에는 두 가지 혼동이 있습니다.

열심히 일한 사람일수록 많은 수입을 얻는 것은 교환의 정의에 속합니다. 열심히 일했다는 것과 많은 수입을 얻는 것은 균형이 맞습니다. 한편 많은 수입이 있는 사람일수록 세금을 많이 낸다는 것은 분배의 정의에 속합니다. 이 두 가지를 나눠서 생각해야 합니다. 열심히 일한 사람은 교환의 정의에 의해 그에 맞는 돈을 벌었습니다. 세금 분배는 이 문제와는 다른 분배의 정의에 해당하기 때문에 다르게 바라봐야 합니다.

나는 열심히 일했는데 세금을 많이 내는 건 이상하다고 말하고 싶은 사람의 마음을 모르는 건 아니지만, 수입이 적은 사람 입장에서는 "나처럼 돈이 없는 사람에게 세금을 가져가다니 말도 안 돼! 부자한테서 세금을 걷어!"라고 주장하고 싶어집니다. 하지만 자신의 입장에 서서 주장하기만 하면 아무것도 시작되지 않습니다. 정의는 자신의 사정이 아니기 때문입니다.

　분배의 정의에서 중요한 것은 양자의 중간에서 균형을 맞추는 일입니다. 그래서 가난한 사람들보다 부자들이 더 세금을 많이 내야 한다는 경제학 이론이 제도에 반영되긴 해도, 부자들에게 극단적으로 많은 세금을 걷지는 않습니다. 그러면 균형이 무너져버리기 때문입니다.

딜레마 해결

도덕적 딜레마
우리가 찾아낸 구분을 유명한 도덕적 딜레마에 적용해봅시다.

　딜레마는 두 번이라는 뜻의 디(di)와 명제라는 뜻의 레마(lemma)의 합성어입니다. 즉, 딜레마라는 것은 두 가지 상황에 끼어 있는 상태, 마음속에서 갈등을 일으키고 있는 경우를 말합니다. 참고로 선택지가 세 개 있는 경우에는 트리레마라고 합니다.

하인츠의 딜레마
미국의 심리학자 로런스 콜버그가 생각한 '하인츠의 딜레마'를 봅시다.

　하인츠는 심한 병에 걸려 죽을 날만 기다리는 부인과 살고 있습니다. 치료할 수 있는 약은 있지만, 가격이 너무 비쌉니다. 있는 돈을 다 모아도 살 수가 없는 상황입니다. 사정을 이야기하면서 약국 주인에게 가격을 낮춰달라고 부탁해봐도 "우리도 장사를 해야 하니까 돈이 없으면 팔 수 없다"라고 거절당합니다. 그래서 하인츠는 몰래 그것을 훔치려고 합니다.

약을 훔친다면 부인을 살릴 수 있지만 죄를 짓게 됩니다. 한편 훔치지 않으면 부인을 살릴 길이 없습니다. 어느 쪽을 선택해도 곤란한 상황입니다. 어떻게 할까요?

수업 시간에 의견을 물어보니 훔치는 쪽을 선택하는 사람이 많았습니다. 저라도 그렇게 할 것 같습니다. 이 경우에는 죄를 저지르는 것과 부인을 살리는 것 중에서 '나'에게는 부인을 살리는 것이 더 중요하기 때문입니다.

고민의 원인과 이유를 파악한다

하지만 주의하세요. 약을 훔치는 일은 정의라고 할 수 없습니다. 그것은 정의가 아니라 범죄입니다. 하지만 범죄자가 되어, 죗값을 받는 것은 사랑하는 사람 입장에서 감내할 수 있다고 생각할 수 있는 반면, 부인이 죽는 것은 되돌릴 수가 없는 일입니다. 그렇기 때문에 약을 훔치는 쪽을 선택하는 것입니다. 즉, 이것은 사랑을 위해서인 것입니다.

그러니 이 문제는 정의와 사랑의 대립입니다. 여기에서 우리는 조금 더 깊이 들어갈 수 있습니다. 훔친다＝죄를 짓는다는 것은 정의의 패턴 중에서 조정의 정의에 관한 것이고, 부인을 소중히 여긴다는 것은 친밀한 관계에서의 사랑, 특히 사랑 중에서도 횡적 상보성이라는 것을 알고 있기 때문입니다(좀 더 말하자면 여기에 등장하는 약국 주인은 교환의 정의를 내세우며 자신의 이익을 무엇보다 중요하게 생각합니다).

윤리학의 역할은 크게 두 가지가 있습니다. 딜레마의 해소, '이것이 해결 방법'이라는 형태로 답을 찾아내는 것이 있고, 다른 한편으로 우리가 평소 하는 행동의 의미를 이해하는 것이 있습니다. 우리 인생을 해석하는 것입니다. 반대로 말하자면 우리는 사실 평소에 내가 뭘 하고 있는지 모르는 경우가 많습니다.

우리가 살면서 이런저런 딜레마에 빠질 때도 있겠지만, 위의 예시처럼 극단적인 상황에 처하는 경우는 거의 없습니다. 오히려 자주 겪게 되는 일은 어떤 판단의 순간에 내가 하는 고민이 무엇에 대한 고민인지 모르는 상황입니다. 이럴 때는 내가 무엇 때문에 고민하고 있는지만 알아도 어떻게 해야 할지 그 답을 스스로 도출해 낼 수 있는 경우가 많습니다. 우리의 윤리학은 이럴 때 위력을 발휘합니다.

16장 상황을 해독하는 힘 기르기

만화 속 윤리학

만화의 해석학

만화나 드라마에 등장하는 사건의 의미를 해석하고 이해하는 것
도 도움이 됩니다. 현실에서 동떨어진 것 같은 소재를 다루는 작품
도 많지만, 픽션은 어디까지나 현실의 삶을 기반으로 하기 때문입
니다.

만화든 드라마든 평범하기만 한 일상을 그린다면 별로 재미가
없습니다. 뭔가 사건이나 트러블이 있어야 이야기에 기승전결이
생기고 재미있어집니다. 사건이나 트러블에는 여러 종류가 있고,
역시 가장 많은 것은 윤리적인 문제입니다.

도박의 경우

도박을 주제로 한 만화들은 꾸준히 인기가 좋습니다. 『우소구이』
와 『카이지』 등의 만화들을 예로 들 수 있습니다. 재미는 있지만
좀 너무하다 싶은 만화입니다. 도박으로 목숨까지 빼앗고 빼앗기
니까요. 도박이 아니더라도 모종의 게임으로 돈이나 목숨을 빼앗
는 것(『라이어 게임』, 『ACMA:GAME』 등)까지 포함하면 최근 들어
이런 종류의 이야기가 굉장히 많습니다.

이런 작품들은 얼핏 보면 터무니없는 세계가 그려져 있는 것처
럼 보입니다. 적어도 일상생활과는 전혀 다르죠. 하지만 이런 작품
들의 주요 내용은 도박이나 게임이므로 규칙이 있습니다. 도박은
'돈을 거는 것'처럼 보이지만 그렇지 않습니다. 정말로 단순히 뺏
고 빼앗기는 것이라면 상대방을 죽여서 빼앗으면 그만인데 이 이
야기에 나오는 사람들은 꽤 규칙을 잘 지킵니다. 물론 규칙을 위반
하는 사람도 등장하지만, 그 경우에는 막대한 힘을 가진 주최자나
감시자가 벌을 줍니다.

이 만화들의 내용은 실제 사회와는 달라 보이지만, 사실 정의,
그중에서도 조정의 정의를 기반으로 삼고 있습니다. 그들은 적어
도 겉으로는 서로 대등하며 조건이 평등합니다. 그리고 그것을 주
재하는 조직이 사회적인 제도를 대신하고 있습니다.

계약 결혼의 경우

드라마로도 만들어져 큰 인기를 끌었던 만화 『도망치는 건 부끄럽

지만 도움이 된다』를 다뤄보겠습니다.

여주인공 모리야마 미쿠리는 취업에 실패한 후, 아버지에게 소개받은 아버지의 부하 쓰자키 집의 가사 대행 서비스 일을 시작합니다. 그런데 미쿠리의 부모님이 정년을 맞아 그녀를 두고 시골로 떠나버렸고, 살 곳이 없어진 미쿠리는 숙식을 해결하기 위해 쓰자키에게 계약 결혼을 제안합니다. 쓰자키는 타인에게 간섭받는 것을 좋아하지 않는 성격이라서 결혼할 마음이 없습니다. 하지만 쓰자키는 적은 돈으로 집안일을 믿고 맡길 수 있는 사람이 생기고, 미쿠리는 월급과 살 집을 얻을 수 있어 서로에게 이득입니다.

'계약 결혼'이라는 말은 기묘하다면 기묘한 말입니다. 결혼은 원래 혼인 계약을 맺는 것을 의미하기 때문에 결혼은 모두 계약이기 때문입니다. 하지만 굳이 계약 결혼이라고 한 건 이른바 결혼이 단순히 사회적이고 법적인 계약만은 아니기 때문이겠죠.

계약 결혼을 하기로 하고 함께 살기 시작한 미쿠리와 쓰자키는 결국에는 서로를 소중하게 생각하게 됩니다. 이것은 결국 계약 결혼이었던 것이 단순한 계약이 아니게 되었다는 뜻입니다. 계약이 없어지면 어떻게 될까요? 물론 사랑이 됐을 겁니다. 그럼 계약과 사랑은 어떻게 다를까요?

사랑과 계약

물론 아주 쉽게 애정의 유무라고 답할 수 있겠습니다만, 우리가 지금까지 생각해온 것을 토대로 다른 답을 생각해볼 수 있습니다.

매매도 계약입니다. 우리는 아파트나 주택을 임대할 때 계약서를 씁니다. 또 회사에 취직할 때 고용 계약서를 씁니다. 기본적으로 교환입니다. 계약 결혼의 경우도 마찬가지로 서로 상대가 갖고 싶은 것을 갖고 있으므로, 그것을 제공하고 제공받는 형태입니다.

사실 이것은 횡적 상보형 사랑과 비슷해 보이지만 전혀 다릅니다. 상보형 사랑은 친밀한 관계지만, 계약에 따른 교환은 사회적 관계입니다. 게다가 상보형 사랑은 상대방이 갖고 있는 것이 나에게 유용해서가 아니라 상대방 그 자체가 나에게 소중한 경우입니다. 반대로 계약의 경우에 필요한 것은 돈이나 물건, 서비스이고 상대방은 누구든 상관없으며 대체도 가능합니다.

돈으로 사랑을 살 수 있을까?

상대방을 대체할 수 있다? 여기에 돈의 가장 중요한 비밀이 숨겨져 있습니다. 돈은 모든 것을 일률적으로 양으로 환산합니다. 돈이라는 관점에서 보면 A 씨도 B 씨도 모두 같습니다. 하지만 상보적 사랑의 경우에 상대는 서로에게 무엇과도 바꿀 수 없는 존재입니다. 이것이 교환(계약)과 상보적 사랑의 차이입니다.

물건을 매매하는 것과 연애를 한다는 것을 혼동하는 사람은 아마 없을 거라고 생각하는 사람이 있을지 모릅니다. 하지만 이 둘을 제대로 구분하지 못하는 경우가 많습니다. 매매와 연애, 둘 다 얼핏 보면 두 개인 사이에 일어나는 관계로 보이기 때문입니다. 하지만 앞에서 살펴봤듯이 매매는 돈이라는 사회적 제도가 개입되어 있으므로 개인 두 사람의 관계가 아니라 사회적 관계입니다.

"오늘은 내가 쏠 테니까 내일은 네가 쏴, 그럼 공평하지?"라고 말하는 커플이 있다면 꽤 어려운 관계겠군요. 선물로 받은 넥타이 가격을 묻고 선물에 대한 답례로 그만큼의 현금을 준다면 파국이 가까워졌다고 봐야겠죠. 그건 교환 그 자체이기 때문입니다.

돈으로 사랑을 살 수 있냐는 질문도 종종 듣습니다. 이것은 단어의 의미상 있을 수 없는 이야기입니다. 우리는 돈으로 살 수 없는 것, 즉 대체할 수 없는 것(무엇과도 바꿀 수 없는 것)을 사랑이라고 부르고 있으니까요.

"가난하다고 날 쳐다도 안 보던 그녀가 내가 부자가 되자 결혼 해주었습니다. 역시 사랑은 돈으로 살 수 있는 것 아닐까요"라고 말하는 사람이 있다고 해봅시다. 하지만 이 경우, 돈으로 얻게 된 것이 정말로 사랑일까요? 여기서 얻은 것은 결혼이라는 계약 관계에 지나지 않습니다. 결혼했다고 해서 사랑이 반드시 있다는 보장은 없습니다.

사랑과 계약(결혼도 포함해서)은 개념상 전혀 다른 것입니다. 하지만 미쿠리와 쓰자키처럼 돈으로 결혼 상대를 찾은 상대라도 결혼한 뒤에 사랑을 키워나가는 경우도 있습니다. 우리 인간의 감정은 개념과는 다르게 무 자르듯 확실히 나뉘는 건 아니라는 게 참 재밌고 어려운 문제입니다.

소설도 읽자

소설의 해석학

만화나 드라마뿐 아니라 소설도 윤리적인 문제를 생각하는 소재가 됩니다. 문학의 역사는 오래되었으므로 고전적인 작품을 들 수도 있지만, 그런 건 지금까지 많이 논의되어왔기 때문에 여기서는 현대 소설을 예로 들어보겠습니다.

회사와 우정

오늘 우연히 읽고 있던 소설에 다음과 같은 장면이 나왔습니다. 드라마로도 만들어져 크게 히트한 『한자와 나오키』 시리즈를 쓴 이케이도 준의 데뷔작 『끝없는 바다』에 나온 장면입니다. 은행원인 주인공은 은행 조직이 얽혀 있는 범죄를 파헤치려고 선배에게 이렇게 말합니다.

"부은행장님이나 부장님이 그렇게 중요합니까? 파벌이 뭔지는 모르지만, 결국은 자신의 출세를 위해 이용하고 있을 뿐입니다. 필요 없어지면 아끼던 부하라도 아무렇지 않게 짓밟는 놈들입니다."

이 말을 듣고 선배는 이렇게 대답합니다.

"난 회사원이야. 상사가 말하는 건 따를 수밖에 없어. 그것이 기업의 윤리니까."

이제 아시겠지만, 이 선배는 시야가 좁습니다. 그래서 부당한 일이 있어도 회사를 따를 수밖에 없다고 생각합니다. 한편, 주인공은 자기 나름대로의 정의감으로 자신이 일하는 은행의 악행을 파헤치려고 합니다. 사실 그의 목적은 은행의 희생양이 되어 죽은 친구의 오명을 벗기려는 것입니다. 즉, 여기에서는 은행이라는 조직의 상하관계, 즉 종적인 공동성(선배가 우선시하는 것)과 친구 관계, 즉 횡적 공동성(주인공이 소중히 생각하는 것)이 대립하고 있는 것입니다. 물론 이 경우에 윤리적으로(법적으로도) 올바른 것은 주인공입니다. 그것은 종적 공동형과 횡적 공동형으로는 후자가 더 중요하기 때문이 아니라 단순히 전자가 범죄를 저지르고 있기 때문입니다.

자율에서 삼촌까지

어떤 학생이 추천해준 작품이 소설 『불꽃』입니다. 만담가인 마타요시 나오키의 작품으로 아쿠타가와상을 수상해 순수문학작품으로서는 이례적으로 베스트셀러가 되었습니다.

이 문고판에는 '아쿠타가와 류노스케에게 보내는 편지'라는 에세이가 실려 있습니다만, 말머리에서 저자는 갑자기 '전 원래 도덕이라는 것을 근본부터 의심하고 있었습니다'라고 고백합니다.

말은 이렇게 해도 이 소설은 전체적으로 도덕을 주제로 하고 있다고 봐도 무방할 정도입니다.

이 작품에서 가장 중요한 것은 주인공이 살아온 궤적입니다.

주인공은 젊은 만담가입니다.

'나는 어린 시절부터 만담가가 되고 싶었다. 내가 중학생 때 파트너를 만나지 않았더라면 난 만담가가 될 수 있었을까.'

우리의 말로 표현하자면 주인공은 이른 시기에 자율의 길을 걷기 시작했습니다. 하지만 스스로 자신의 삶을 결정한다고 해도 바로 실현되지는 않습니다. 만담가의 경우에는 파트너가 필요합니다. 파트너는 만담가가 되기 위해서는 반드시 있어야 하는 존재였습니다. 아마 그와 파트너는 횡적 상보 관계였을 것입니다. 만담 콤비를 결성한다는 것은 연인 및 결혼 상대를 찾는 것과 같습니다.

주인공의 선배, 가미야도 이렇게 말합니다. "만담은 말이지, 혼자서는 못 해. 두 사람 이상 있어야 해." "모든 만담가에게는 그 녀석을 만담가로 만들어주는 사람이 있어. 가족일 수도 있고, 연인일 수도 있지."

가미야는 터무니없는 사람이지만, 이런 식으로 굉장히 옳은 말도 합니다. 즉, 만담가가 되고 싶으면 파트너와의 상보적 관계가 있어야 하고, 또 응원해주는 가족이나 연인이라는 상보적 관계도 있어야 한다는 것입니다.

하지만 그런 친밀한 관계를 유지하는 것과 마음이 맞는 파트너를 만나는 일은 운에 좌우됩니다. 그의 경우에는 다행히 그런 상대와 만나고, 자신이 선택한 길을 걷기 시작합니다. 하지만 만담가는 직업입니다. 스스로 선언한다고 되는 게 아닙니다. 친밀한 사람들이 재미있어한다고 될 수 있는 게 아닙니다. 그리고 유감이지만 팔리지 않으면 계속할 수도 없습니다. 만담가는 서비스업이고 돈을 내주는 사람이 있어야 성립되기 때문입니다. 친밀하지 않은 사람들, 결국 사회가 인정해야만 합니다. 이것은 기본적으로 교환의 문제입니다.

하지만 주인공은 '진짜 골치 아픈 녀석'으로 취급받고 있어서 훨씬 더 힘듭니다. 확실히 말해서 팔리지 않고, 사람들에게도 인정받기 어렵습니다. 게다가 이 주인공은 단순히 잘나가는 만담가가 아니라 진정한 만담가가 되고 싶어 합니다. 즉, 그는 직업으로서가 아니라 행복해지기 위해서 만담가가 되고 싶었던 것입니다. 이것이 그의 자율의 방식이었습니다.

어려운 시기에 그에게 운명적인 만남이 찾아옵니다. 선배 만담가, 타고난 만담가라고 말할 수밖에 없는 가미야입니다. 그는 우리가 말하는 삼촌입니다. 스승이 없었던 주인공에게 진짜 만담이란 무엇인지를 가르쳐줍니다.

살아 있는 윤리학

결국 주인공은 진정한 만담가는 될 수 없었습니다. 그는 가미야 선배와는 달랐던 것입니다. 하지만 주인공은 후회하지 않습니다.

'쓸데없는 일에 오랫동안 매달리는 건 무섭지 않은가. 한 번밖에 없는 인생에서 결과를 전혀 모르는 일에 도전하는 건 무서운 일이다. 쓸데없는 일을 배제하는 건 위험을 회피한다는 뜻이다. 위험밖에 없는 무대에서 상식을 뒤엎는 일에 최선을 다해 도전하는 자만이 만담가가 될 수 있다. 그걸 알게 된 것만으로도 좋았다. 오랜 세월 동안 했던 이 무모한 도전을 통해 나는 내 인생을 얻었다고 생각한다.'

여기에도 자율이라는 주제가 나옵니다.

이 책을 보면 자율, 상보적 관계, 삼촌, 사회. 지금까지 우리가 찾은 윤리적 관계가 다양하게 등장합니다. 한마디로 요약하자면 이 소설은 한 인간의 자율을 향한 성장 이야기입니다.

'가미야 선배에게 배운 것은 나답게 살라는 것. 술집 화장실에나 붙어 있을 듯한 단순한 말이지만 뼈가 되고 살이 되는 말이었다. 나는 슬슬 가미야 선배에게서 벗어나 나만의 인생을 걸어야 한다.'

소설가 관점에서는 우리가 생각해온 것은 '술집 화장실에 붙어 있을 법한 단순한 말'인가 봅니다. 사실 맞는 말입니다. 우리는 그것을 지식으로 배우기만 할 뿐 아니라 스스로 그렇게 살아야 합니다. 그렇지 않으면 윤리학 지식 같은 것은 술집 화장실에 붙은 말과 다를 바가 없습니다.

많은 소설가가 문학과 윤리는 상관없다고 말하고 싶어 합니다. 하지만 제 견해로는 그것은 틀렸습니다. 윤리를 기반으로 스스로 살아가는 삶 자체가 문학이라 말해도 과언이 아닙니다.

하는 김에 영화도

〈대부〉, 돈 콜레오네의 경우

"그자는 친구와 함께 드라이브하자고 딸을 불러냈습니다. 그리고 딸을 성폭행하려고 했습니다. 딸은 저항했고 녀석들에게 두들겨

맞았습니다. 제가 병원에 도착했을 때 딸의 코는 부러지고 턱은 와이어로 이어 붙인 상태였습니다. 저는 울었습니다. 딸은 제 유일한 희망이었으니까요."

프랜시스 코폴라의 명작 〈대부〉의 첫 부분입니다. 시칠리아 출신 마피아인 돈 콜레오네를 찾아가 눈물로 호소하는 애처로운 아버지(장의사)의 클로즈업 화면으로 영화는 시작합니다.

딸을 폭행한 범인은 재판에서 유죄를 받았지만 집행유예가 되어 바로 석방되었습니다. 법정에서 기막혀 하는 아버지에게 범인은 씨익 웃었다고 합니다.

"어떻게 해주길 바라나?"라고 묻는 돈에게 "그들에게 정의의 심판을!"이라고 아버지는 호소합니다.

이제 아시겠지만 이 아버지가 말하는 정의는 사실 정의가 아닙니다. 오히려 이것은 복수입니다. 사회에서의 정의라기보다는 친밀한 관계에서의 사랑(이 경우에는 아버지의 딸에 대한 사랑, 종적 상보성)이 드러난 것입니다.

서장의 3번 문제의 정답

마피아 이야기가 나온 김에 서장에서 언급했던 3번 문제에 대해서도 생각해봅시다.

조금도 도덕적이지 않은 조직폭력배 사람들이 왜 의리나 인의라는 도덕적인 말을 중요하게 생각하는가. 이것도 지금은 쉽게 대답할 수 있습니다. 마피아는 '패밀리'라 불리고, 조직폭력배들은 서로를 '형님, 아우'라고 부릅니다. 즉, 조직폭력배도 마피아도 모두 부모 자녀의 관계처럼 종적 상보형 관계를 중심으로 한 조직입니다.

조직폭력배든 마피아든 겉으로 보기엔 안 그럴지 모르지만, 사실 매우 도덕적입니다. 단지 그것은 어디까지나 자기 가족들에 한정된 이야기입니다. 가족 안에서 부모에게 자녀는 복종해야 하고 부모는 자녀를 돌봐야 합니다. 그것이 인의나 의리라는 말로 표현되고 있는 것입니다. 하지만 그것은 가족일 때의 이야기입니다. 가족이 아닌 대상에게는 중요하지 않습니다. 배신자는 더 이상 동료가 아니므로 잘못하면 죽여버립니다.

하지만 가족, 동료라고 인정받으면 지켜주고 도와줍니다. 돈 콜레오네는 애처로운 아버지인 장의사를 동료로 인정하고 소원을 들어줍니다. 그리고 반대로 아들 소니가 기관총에 맞아 죽었을 때 이번에는 장의사에게 "친구여, 아들의 시체를 깨끗하게만 해다오. 이대로는 이 녀석의 엄마에게 보여줄 수 없으니까"라고 부탁합니다.

나를 지켜주는 곳

이 장면은 〈대부〉의 명장면 중 하나입니다. 평소에는 무서운 돈이 아들의 죽음을 슬퍼하며 친구(횡적 공동성)에게 도움을 요청합니다.

저는 조직폭력배나 마피아는 아니지만 영화를 보고 큰 감동을 받았습니다. 그것은 아마도 누구에게나(조금은?) 있는 가족을 소중히 여기라는 친밀한 관계에서의 윤리의 기본 원리가 극단적인 형태로 표현되고 있기 때문입니다. 어디까지나 가족 및 동료에 한정된 것이고 밖에서 보면 단순한 범죄 집단이며 정의에 위반하지만 말입니다.

사회의 정의는 '서로 상처를 주고받지 않는다'를 기반으로 합니다만, 그만큼 사람들을 서로 떨어뜨려 놓습니다. 그래서 정의는 때로 차갑게 보입니다. 그래서 우리는 친밀한 관계에 구조를 요청합니다. 사회에서는 누구나 같은 인간으로 간주됩니다. 모두 평등하다는 개념인데, 반대로 말하면 사람은 모두 똑같아서 꼭 내가 아니어도 된다는 뜻입니다. 나는 다른 사람으로 대체 가능한 존재에 지나지 않습니다. 그래서 사회 안에서 내가 있을 곳을 찾는 것이 힘듭니다. 하물며 잘못된 일을 하면 더욱더 있을 곳을 잃게 됩니다. 그래서 조직폭력배나 마피아같이 무슨 일이 있어도 내가 있을 곳을 주고 지켜주는 가족 같은 관계를 소중히 생각하는 사람도 있는 것입니다.

이것은 딱히 조직폭력배나 마피아만의 이야기는 아닙니다. 가족도 그렇고 회사도 그렇습니다. 크기의 차이는 있어도 내가 있을 곳을 마련해주는 그 집단을 소중히 여기고 싶습니다. 하지만 그로 인해 사회와 부딪히는 경우도 생깁니다.

여기에서도 알 수 있듯이 우리의 갈등과 딜레마는 사회적인 것과 친밀한 관계, 정의와 사랑 사이에 가장 자주 나타납니다.

마이클의 경우

〈대부〉에는 주인공이라고 할 수 있는 사람이 두 명 나옵니다. 아버지인 돈과 아들 마이클입니다. 돈은 장남인 소니를 장래 후계자라고 생각해 패밀리 넘버 투의 역할을 주지만, 삼남인 마이클은 조직 폭력배라는 가업에 관여시키지 않습니다. 마이클이 스스로 자신의 길을 개척하게 하려는 것입니다. 마이클도 가족과 사이가 나쁘진 않지만 거리를 두고 있습니다.

하지만 돈이 라이벌 패밀리의 총격을 받고 빈사 상태가 되자, 마피아 일에 관여하지 않고 있던 마이클은 입원해 있는 아버지를 적으로부터 지키려고 합니다. 그리고 결국에는 적에게 복수하는 길을 선택합니다. 여기서부터 이야기의 주인공은 마이클이 되는 셈입니다.

이제 아시겠지만, 마이클은 개인으로서 자율성을 가지고 살아가려 했었습니다. 아버지인 돈도 그것을 인정했고 또 바라고 있었습니다. 하지만 마이클은 자신만의 행복을 추구하기보다 아버지를 향한 사랑(종적 상보성)을 선택하고, 가족=패밀리와 함께 살아가기를 결심합니다. 이것은 마이클이 자율을 버리고 사랑을 택했다기보다 스스로의 의지로 한 일입니다. 여기서는 마이클 자신의 자율과 아버지를 향한 사랑이 일체화되어 있는 것입니다.

그가 이 길을 택한 이유는 아버지가 패밀리 사이의 세력 다툼에서 크게 상처를 입었기 때문입니다. 그 사건이 일어나지 않고, 장남인 소니가 패밀리를 제대로 이끌었다면 마이클은 다른 길을 걸었을지도 모릅니다. 그런 의미에서는 그가 택한 길이 자율적인 것인지 아니면 강요받은 선택인지 판단이 어렵습니다. 아버지의 복수에는 성공했지만, 결국에는 패밀리를 이끌며 차세대 대부로 성장해가는 마이클의 이야기는 결코 밝게 그려지지 않습니다. 그것은 오히려 마이클의 어두운 운명인 것처럼 보입니다.

한 걸음 더 6 칸트 대 공자

앞서 이야기했듯이 칸트는 엄격한 사람이라 절대로 거짓말을 해서는 안 된다고 생각했습니다. 이에 뱅자맹 콩스탕이 살인자에게 쫓기는 친구를 주제로 한 사고실험을 생각했다는 이야기도 언급했습니다. 이것도 친밀한 관계와 사회적인 관계가 갈등을 일으키는 예시입니다.

살인자 상대로도 거짓말을 해서는 안 되는 것일까요? 칸트는 그렇다고 대답합니다. 엄격하다고 해야 할까요, 완고하다고 해야 할까요.

재미있는 것은 같은 문제에 관해 유교의 조상인 공자는 전혀 다른 해답을 제시하고 있다는 것입니다.

섭공이라는 임금이 공자에게 자신의 나라를 자랑하며 "우리나라에서는 양을 훔친 아버지의 죄를 그 아들이 증언했습니다. 참으로 정직하지 않습니까"라고 말하자 공자는 "제가 아는 정직한 자는 그것과 다릅니다. 아버지는 아들을 감싸고 아들은 아버지를 숨겨줍니다. 이것이 정직이라는 것입니다"라고 말합니다.

칸트가 우정과 같은 친밀한 관계보다도 정의를 기반으로 생각하고 있던 것에 비해, 공자는 정의(이 경우에는 조정의 정의)보다 친밀한 관계에서의 사랑, 게다가 종적 상보형을 중시하고 있다는 것을 알 수 있습니다.

이렇게 우리의 윤리학으로 옛 현인들의 생각을 정리할 수도 있습니다. 이 부분은 어디까지나 유형을 알아보기 위해 따온 부분이고 칸트도 우정은 중요하다는 말을 하기는 합니다.

가족의 죄를 고발하는 예는 플라톤의 『에우튀프론』의 서두에서도 다루고 있는데, 아쉽게도 대답 없이 다른 이야기로 넘어가버려서 알 수가 없습니다.

나의 관점으로 작품 읽기

지금껏 살펴봤던 여러 가지 픽션에 비하면 우리의 인생은 그 정도로 극적이진 않습니다. 아니 솔직히 우리 인생에 그렇게 드라마 같은 화려한 일이 일어날 일은 거의 없습니다. 하지만 이런 픽션은 우리가 인생 속에서 만나는 여러 가지 문제를 확대해서 보여준다고 생각합니다.

여러분도 만화나 영화, 소설을 볼 때 여러 가지 이야기에 나타나 있는 윤리 문제를 찾아보세요. 그리고 자신의 인생 속에서 그것들의 축소판을 찾아보시기 바랍니다.

17장 시대적이고 도발적인 문제들까지

인터넷과 SNS

인터넷의 새로움

이제는 조금 현대적인 예를 들어봅시다.

여러분 중에는 페이스북이나 LINE 등 SNS(소셜 네트워크 서비스)를 사용하고 있는 사람이 많을 것입니다. 블로그나 트위터를 하고 있는 사람도 있을지도 모르겠군요. 최근에는 인터넷을 비롯한 정보 기술이 발달했기 때문에 지금까지 밖으로 드러나지 않았던 사람들의 발언이나 행위가 널리 불특정 다수의 사람에게 퍼지게 되었습니다. 이제껏 정보를 받아들일 수밖에 없었던 사람들이 정보를 전달하는 역할을 할 수 있게 된 것이죠. 대단합니다. 이건 정말로 대단한 일입니다.

인터넷 환경이 지금처럼 발달되기 이전에는 사람들에게 내 생각을 알리는 일은 굉장히 힘들었습니다. 정치인이 되거나, 작가나 학자가 되어 책을 쓰거나, 아니면 TV에 출연해야 많은 사람에게 내 생각을 전할 수 있었습니다. 그런데 인터넷의 발달로 극히 평범한 사람도 그 일이 가능해진 것입니다.

하지만 기술은 좋은 것도 나쁜 것도 극단적으로 확대시킵니다. 예를 들어 인터넷상에는 사람들에게 도움이 될 만한 정보가 많이 올라옵니다. 한편 아무에게도 도움이 되지 않는 헛소문이나 악의 섞인 글을 마구 올려대는 사람도 있습니다. 인터넷이 발달하면 많은 사람이 참가하는 심도 있는 토론이 가능해질 것이란 기대도 있었지만, 반드시 그렇게 되진 않았습니다(이 점은 캐스 선스타인이라는 법학자도 지적했습니다).

인터넷에 타인의 험담을 쓰는 사람은 잠깐의 기분전환은 될 순 있어도 그것이 거짓말이라면 결국 본인에게도 사회에게도 상처를 남길 뿐입니다. 개인에 대한 비방, 악플을 남기거나 부끄러운 사진을 퍼뜨려 클릭 한 번만으로 사람을 자살로 몰고 가는 경우도 있습니다. 우리는 모처럼 대단한 힘을 손에 쥐었는데 그 힘의 사용법을 모르고 있습니다.

이런 인터넷 사용법을 포함해, 정보 기술로 인해 확대된 인간의 힘을 윤리적으로 어떻게 생각해야 하는지는 정보 윤리학의 큰 과제입니다.

SNS의 인간관계

소셜 네트워크 서비스의 소셜(social)은 사회적이라는 의미입니다. 하지만 생각해보면 SNS는 반드시 사회적이진 않습니다. 아니 그보다 친구 관계니까 굳이 분류하자면 친밀한 관계, 특히 횡적 공동성을 기반으로 합니다.

영어의 소셜에는 사회적이라는 의미와 함께 사교적이라는 뜻도 있습니다. 소셜 댄스는 사교 댄스로 번역되는 것처럼요.

SNS의 친구는 인터넷상에서만 친구인 경우도 있을 것입니다. 계정 친구를 통해서 친구의 범위가 점점 넓어지기 때문입니다. 친구를 통해 또 다른 친구와 알게 되는 것은 인터넷이 아닌 현실에서도 있는 일이지만, SNS에서는 그것을 굉장히 쉽게 할 수 있습니다.

이건 당연하게도 좋은 면도 있지만 나쁜 면도 있습니다. 현실에서는 좀처럼 만날 수 없는 사람과 만나거나 연락이 끊겼던 친구와 재회할 수도 있으니 이건 좋은 측면입니다. 하지만 SNS의 친구는 널리 퍼지기 쉬운 만큼 관계는 매우 얄팍합니다. 실제로 LINE 등 SNS로 인해 청소년이 성적 피해를 입는 경우도 자주 일어나고 있는 것은 이 때문입니다.

이렇게 SNS라는 것은 친밀한 관계와 사회의 중간적인 위치라고 생각할 수 있습니다. 기반은 친밀한 관계에 있지만, 그 확대 방식이 현실 세계에서의 친밀한 관계보다도 쉽고 빨라 그만큼 얄팍한 관계가 된다는 의미에서는 사회적인 관계에 가깝다고 할 수 있겠습니다.

이런 식으로 기술 및 환경의 변화에 따라 인간관계에 크게 변화가 생기는 일은 충분히 있을 수 있습니다.

바람 또는 불륜

친구와 연인의 경계는?

수업 시간에 자주 질문받는 내용을 잠시 살펴보겠습니다.

사랑에 관한 이야기가 나오면 학생들은 반드시 "어디까지가 친구고 어디까지가 연인인가요?"라는 질문을 합니다. 혹시 여러분은 육체관계의 유무 아니냐는 알기 쉬운 대답을 상상하셨을지 모르지만 그건 틀렸습니다. 왜냐하면 서로 사랑하고 있어도 성행위는 하지 않을 수도 있으니까요. 예를 들어 병에 걸려 육체관계를 할 수 없는 남자와 여자가 서로 사랑한다고 할 때 두 사람은 연인이 아니라고 생각하진 않잖아요? 반대로 매춘 같은 것이 이루어지고 있다는 것은 사랑이 없는 섹스가 가능하다는 걸 보여주는 것이고요.

그럼 사랑인지 아닌지 연인인지 아닌지는 어떻게 정해질까요? 여기서는 '사람에 따라 다르다'는 안 됩니다. 왜냐하면 사랑은 어느 개인의 취향으로 결정되는 것이 아니라 적어도 두 사람 이상의 사람이 관여하고 있기 때문입니다. 그래서 사랑인지 아닌지는 관여하고 있는 사람이 어떻게 생각하느냐에 따라 다릅니다.

어떤 기준이 있으면 사랑인 것이 아니라 지금까지 살펴봤듯 사랑(특히 상보적 사랑)은 시간을 들여 만드는 것, 함께 키워나가는 것입니다.

어디서부터 바람일까?

또 한 가지 자주 나오는 질문은 "어디서부터 바람인가요?"입니다. 이것도 연인이 아닌 사람과 데이트하면 바람이라거나 키스하면 바람이라거나 하는 대답을 예상했을지도 모릅니다만, 그런 식으로는 말할 수 없습니다. 그것은 당사자 본인들 두 사람이 어떻게 생각하느냐에 따를 뿐입니다.

사랑은 사회적인 관계와 달리 뭔가 알기 쉬운 증표에 의한 것이 아니라 어디까지나 본인들의 의향에 따른 것입니다. 따라서 '연인이 바람을 피워도 괜찮다. 우린 여전히 사랑하고 있다'라는 커플도 있을 수 있습니다. 하지만 일반적으로는 그렇게 되진 않습니다. 연인은 우리의 분류에선 횡적 상보형 사랑이니까요. 이 유형의 사랑은 교환 등의 사회적 관계와 달리 단순히 상대의 일부만(그가 가진 것이나 기술 등)이 필요한 게 아니라 그 사람 자체, 그 전체가 소중하기 때문입니다.

바람과 불륜

부부 사이에 바람을 피우면 그것은 불륜이라 불립니다. 불륜의 사전적 의미는 '사람으로서 지켜야 할 도리에서 벗어난 데가 있음'입니다. 부부 사이의 바람을 특히 불륜이라고 부르는 이유는 일반적으로 부부라는 것은 유대관계가 강하고 안정된 관계여야 한다는 인식이 있기 때문입니다.

불륜이 그야말로 불륜(좋지 않은 행위)인 이유는 부부 사이의 횡적 상보형 관계를 파괴하는 것이기 때문입니다. 따라서 정확히 말하면 바람=불륜이 아닙니다. 부부 관계를 망치고 싶지 않은데 어느 한쪽이 그런 행동을 하면 그 관계가 무너지게 되기 때문에 즉, 상대를 배신하는 것이라서 불륜입니다.

게다가 부부는 연인과는 달리 법적인 계약에 기반하는 것이라서 사회적 관계라는 측면도 갖고 있습니다. 법률에서 불륜은 어떻게 취급하고 있을까요? 법률로 금지되어 있지는 않지만, '불륜=도덕적으로 좋지 않은 행위'이므로 부부 사이에 갈등이 생기면 불륜한 쪽이 법적으로 불리해집니다. 그저 위법이라고까지는 할 수 없을 뿐입니다.

삼각관계

"삼각관계는요?"라는 질문도 자주 나옵니다.

삼각관계 같은 건 사실은 없습니다. 없는 것도 없는 거지만. 조금은 여러분이 생각하셨으면 해서 이건 숙제로 내드리겠습니다.

일부다처제의 의미

"상보적 사랑은 일대일이 기본이라고 하셨지만, 세상에는 일부다처제라는 것이 있는데 그건 뭐죠"라는 질문도 있습니다. 이건 간단합니다. 왜냐하면 일부다처제는 사랑의 관계가 아닙니다.

예를 들어 일본에서도 근대 이전에는 영주가 많은 부인을 들였습니다. 목적은 후계자를 만드는 것입니다. 그것은 영주와 영주의 가족(친밀한 관계)뿐 아니라 부하들이나 자신이 통치하는 영지의 존속에 있어(즉, 사회적 의미에서) 필요한 일이었습니다. 물론 아이를 만드는 행위는 두 사람이서 하는 것이니 그곳에 애정도 생겨났을 것입니다. 하지만 이것의 기본은 오히려 사회적 관계입니다.

실제로 다이묘(일본의 헤이안 시대부터 전국시대까지의 무사를 일컫는 명칭)와 부인이 밤일을 할 때는, 제대로 아이를 만들고 있는지 확인하는 감시자, 부인이 영주를 암살하지 못하도록 감시하는 관리자 등 많은 사람이 감시하고 있어 두 사람만 있는 일은 없었다고 합니다.

하렘물의 경우

최근 붐이 일고 있는 하렘을 주제로 한 만화를 살펴봅시다. 특히 『종말의 하렘』은 굉장히 흥미롭습니다.

남성만 죽는 바이러스가 창궐해 여성만 남은 세계에서 냉동 수면 덕분에 살아남은 남자 주인공 미즈하라 레이토가 눈을 뜹니다. 그는 인류가 살아남기 위해서라는 이유로 여성들에게 아이 만들기를 요구당합니다. 하지만 그에게는 소꿉친구인 타치바나 에리사라는 사랑하는 여성(행방불명 상태)이 있어서 거부합니다. 즉, 여기에서 볼 수 있는 것은 과장해서 말하자면 인류 존속이라는 정의와 에리사에 대한 사랑(횡적 상보형)의 대립입니다.

살아남은 또 다른 남자 히노 교지는 대조적으로 많은 여성과 아이 만들기에 몰두합니다. 여기에는 사랑은 없고 히노에게 요구되는 것은 여성들을 공평하게 다룬다는 분배의 정의입니다.

6부

마지막
담금질

18장 공격의 윤리와 방어의 윤리

지금까지 되돌아보면

우리는 윤리의 영역을 세 개로 나눠서 생각했고 그 패턴은 모두 아홉 개가 나왔습니다. 이걸로 윤리의 기본을 한번 쭉 훑어보았습니다. 하지만 이 패턴 중에는 꽤 성격이 다른 두 종류가 있습니다.

윤리의 두 가지 이미지

윤리에 대한 이미지에는 크게 두 가지가 있다는 것을 알게 되었습니다. 하나는 윤리는 엄격하다는 이미지입니다. 나쁜 짓을 해서는 안 된다, 만약 나쁜 짓을 하면 벌을 주겠다며 위협하는 느낌. 이것은 마이너스를 줄이는 방향입니다. 물론 전체적으로는 좋은 방향을 목표로 하고 있다고 할 수 있지만, 사고방식이 방어적이고 소극적입니다.

한편 윤리나 도덕이란 것은 뭔가 좋은 일을 하는 것, 선을 지향하는 것이라는 적극적인 이미지도 있는 듯합니다. 이런 사고방식은 플러스를 늘리는 방향입니다.

공격의 윤리와 방어의 윤리

우리가 발견한 패턴을 이 두 가지로 나눠보면 어떻게 될까요? 나쁜 짓을 하지 않는다, 나쁜 짓은 고친다는 것은 정의입니다. 정의에는 세 가지 패턴이 있었지만 모두 사회 속에서 균형을 맞추기 위한 것이었습니다. 최대한 전체를 고르게 만들어 서로 상처를 주거나 입지 않도록 하는, 만약 상처를 입혔다면 그것을 회복하도록 하는 것입니다. 즉, 정의라는 것은 틀린 것을 줄이는 것입니다. 피해를 제거하고 고치는 것. 이것은 이른바 방어 즉 소극적인 것입니다("정의다!"라고 말하며 공격하는 사람이 있다면 그것은 정의가 아닙니다).

자율은 개인이 스스로 선한 삶의 방식을 찾고 결정하는 것이었습니다. 이것은 마이너스를 방지한다기보다 풍족해지는 것 즉, 행복을 늘리는 것을 생각하고 있는 셈입니다. 이른바 공격입니다. 그래서 자율은 적극적 자유입니다.

소극적인 방어의 윤리와 적극적으로 공격하는 윤리. 윤리학에서는 각각 의무론, 목적론이라고 합니다. 또한 미묘하게 중복되는 구분법인데, 형식적 윤리학과 실질적 윤리학으로 구분하는 시각도 있습니다. 이런 명칭에는 나름의 이유가 있습니다만, 다소 알기 어려우니까 여기서는 소극적 방어의 윤리와 적극적 공격의 윤리라고 부르겠습니다.

필요조건과 충분조건

옳은 것은 기준에서 벗어나지 않는 것, 바른 것을 말합니다. 당연히 그런 규칙이나 법칙을 따라야 하고 따르지 않으면 안 되는 의무가 있습니다. 따라서 우리가 말하는 방어의 윤리는 일반적으로 의무론이라 불립니다.

공격의 윤리는 좀 더 적극적으로 나섭니다. 물론 '선'을 지향하면서요. 무언가를 지향하는 것은 목적이 있다는 것입니다. 그래서 이쪽은 목적론이라 불립니다.

우리는 그저 옳은 일을 하는 것만으로는 행복해질 수 없습니다. 하지만 행복을 얻기 위해서는 최소한의 조건이 필요합니다. 그것이 방어의 윤리입니다. 그래서 방어의 윤리는 잘 살기 위한 필요조건이고, 공격의 윤리는 잘 살기 위한 충분조건이라고도 말합니다.

'이것 아니면 저것' 또는 '이것 저것 모두'

옳은 것은 모두에게 공통되는 것이고, 따를 것인지 따르지 않을 것인지 양자택일을 해야 합니다. 하지만 선(善)의 경우는 그렇게 되지 않습니다.

내가 규칙을 따르고, 당신이 그 규칙을 따르지 않으면 나는 옳고 당신은 틀렸습니다. 모두 같은 규칙을 기준으로 따를지 말지 선택

윤리의 구별	전통적인 명칭	기본 성격	잘 살기 위한	특징	전형적인 패턴
방어의 윤리 소극적 윤리	의무론	옳은 것	필요조건	규칙, 법과 같은 양자택일	정의
공격의 윤리 적극적 윤리	목적론	선한 것	충분조건	도덕과 같은 선택지 다양	자율(행복)

윤리의 두 가지 측면

합니다. 이것 아니면 저것, 둘 중 하나입니다.

선한 것의 경우에 나의 선과 당신의 선은 다를 수 있습니다. 우연히 같을 수도 있겠지만 달라도 상관없습니다. 직장을 다니며 돈을 벌어 집을 사는 것이 나의 행복이라면, 너의 행복은 가수가 되어 많은 사람에게 음악을 들려주는 것일 수 있습니다. 이 두 가지는 다르지만 딱히 모순되지 않습니다. 내용적으로는 다른 선을 지향해도 괜찮습니다. 선은 양자택일을 해야 하는 것이 아니라, 이것도 있고 저것도 있는 경우가 많습니다.

윤리학의 최전선으로

윤리가 단순히 옳은 것에 관한 것이라고 생각하는 사람은 윤리를 사람을 구속하는 법처럼 느낍니다. 한편 윤리가 선을 위한 것이라고 생각하는 사람에게 윤리는 단순한 규칙이나 법이 아닙니다. 그 이상의 것을 윤리와 도덕에 추구합니다. 하지만 전자의 입장에서는 '그 이상'의 부분은 쓸데없는 것으로 보일 것입니다.

여기서 차이가 발생합니다. 지금까지 우리가 살펴본 내용들도 전자라고 생각하는 사람에게는 윤리에 뭔가 쓸데없는 것이 많이 섞여 있는 걸로 보였을 것이고, 후자라고 생각하는 사람에게는 윤리가 아니라 그냥 당연한, 법률 같은 이야기를 한 걸로 보였을지도 모릅니다.

역시 나누는 것은 중요합니다. 그렇게 해야 다른 이미지를 안고 있는 사람들이 서로 이야기가 통하게 할 수 있기 때문입니다. 반대로 말하자면 이 두 가지를 구별하지 않으니까 골치 아픈 일이 많이 일어나고 있는 것입니다.

단순히 이미지에 따라서가 아니라 방어의 윤리와 공격의 윤리로 제대로 나누기 위해서는 다시 한번 사회, 친밀한 관계, 개인을 더듬어봐야 합니다.

얼마 안 남았으나 조금만 힘내서 따라와주세요. 어려운 문제가 많아졌지만 여기가 윤리학의 최전선입니다.

19장 친밀한 관계 심화 분석

종적 상보형(그리고 돌봄 윤리)

친밀한 관계에서 방어와 공격

앞부분과 순서를 바꿔서 일단은 친밀한 관계부터 살펴봅시다.

기존의 윤리학에서는 친밀한 관계에 관한 고찰이 비교적 약했습니다. 그래서 이런 친밀한 관계에서의 윤리가 어떤 식으로 작용하는지(공격인지 방어인지)에 대해서도 많이 논하지 않았다고 생각합니다. 조금 신중하게 생각해봅시다.

종적 상보형

일단은 종적 상보형. 예를 들어 부모와 자녀 관계입니다.

세상에는 자녀를 낳는 사람도 낳지 않는 사람도 있습니다. 낳지 않는 사람도 나름대로 살아갈 수 있습니다. 적어도 자녀가 없다고 살아갈 수 없는 것은 아닙니다. 그래서 어른이 아이를 낳아 기르는 것은 굳이 일부러 하는 일에 해당합니다. 번식은 생물에게 본능이지만, 인간에게는 윤리적으로 선택해서 하는 행위입니다.

자녀를 낳는 사람은 왜 굳이 그런 선택을 하는 걸까요? 자녀를 키우는 것이 힘들긴 해도 전반적으로 보면 자신들이 행복하기 때문일 것입니다. 그런 의미에서 말하면 부모와 자녀 관계는 어른들에게는 공격의 윤리에 해당하게 됩니다.

하지만 자녀 관점에서 보면 다릅니다. 자녀에게는 부모나 부모 역할을 하는 사람이 꼭 필요합니다. 말할 필요도 없지만 그렇지 않으면 애초에 자녀 혼자서는 살아가기가 어렵기 때문입니다. 특히 태어난 지 얼마 안 된 갓난아기는 어른의 도움이 없이는 절대로 살 수 없습니다. 즉, 부모와 자녀 관계는 자녀에게는 꼭 필요한 것, 방어의 윤리입니다.

돌봄 윤리

이런 것은 종적 상보형의 다른 예에서도 말할 수 있습니다. 사제 관계도 여기에 해당합니다. 하지만 여러 가지 사례를 나열하기보다는 나머지는 여러분이 스스로 생각하는 것이 좋겠습니다. 여기서는 돌봄의 윤리에 대해서 살펴봅시다.

이 경우 돌봄이라는 것은 간호사나 간병인이 환자나 고령자를 돌보는 것을 포함하여 넓은 개념입니다. 이 사상이 나오게 된 것은 캐럴 길리건이라는 여성 심리학자가 로런스 콜버그라는 남성 심리학자를 비판한 일이 계기가 되었습니다.

콜버그는 자녀의 도덕성 발달 연구로 유명합니다. 콜버그는 자녀는 자기중심적인 존재지만 결국에는 그 단계를 벗어나 모든 사람을 공평하게 대할 수 있게 된다(그것이 바람직하다)고 생각했습니다. 즉 인간은 최종적으로는 정의의 단계에 이르게 되고 그것이 도덕성 발달의 종착점이라고 주장했습니다. 그리고 이것은 남자아이의 경우에 더 잘 발달한다고 했습니다.

이 생각을 비판한 사람이 길리건입니다. 그녀는 여자아이의 발달이 늦는 것이 아니라, 남자아이와는 다른 방식으로 발달한다고 생각했습니다. 여자아이에게 드러나는 것은 콜버그가 중시한 공정이나 정의가 아니라 친밀한 사람에게 다가가는 배려와 돌봄이라고 보고, 이것을 '또 하나의 목소리'라고 불렀습니다.

이 생각은 남성보다 여성이 더 열등하다고 보는 기존의 사고방식, 남성 중심의 생각에 강력하게 이의를 제기한 것으로, 여성을 중심으로 큰 공감을 불러일으켰습니다. 이것을 돌봄 윤리로 정리하고 보급시킨 것이 교육철학자 넬 나딩스(역시 여성)입니다. 돌봄 윤리는 현대 윤리학에서 하나의 큰 흐름이 되었습니다.

돌봄 윤리는 기존의 사고방식에 통풍구를 뚫어주었습니다. 그때까지는 인간은 모두 똑같고 평등하다는 인식이 있었습니다. 적어도 겉으로는 그랬습니다. 하지만 사실 우리는 사람 사이에 우선순위를 매기거나 특정 사람을 친밀하게 대하고 있습니다. 그것을 정의가 아니라고 보는 것이 아니라 또 하나의 중요한 생각이라는 것을 돌봄 윤리가 말해주는 것입니다. 가장 강력한 근거는 조금 전에 말했듯이, 우리는 누구나 처음에는 갓난아기였고 갓난아기는 어른의 돌봄 없이는 살아갈 수가 없다는 사실입니다.

돌봄 윤리는 돌봄을 삶의 바람직한 특성 즉, 목적이라고 생각했습니다. 이런 의미에서 공격의 윤리입니다. 하지만 돌봄을 받는 입장에서는 꼭 필요한 방어의 윤리인 것입니다.

돌봄과 정의

돌봄 윤리론자들은 기존 윤리학은 모두 정의의 윤리이고, 정의를 중심으로 접근한 것에 지나지 않는다며 비판했습니다. 하지만 기존의 윤리학에도 여러 가지가 있는데 그것을 '정의의 윤리'로 한데 묶어버리면 안 됩니다. 게다가 정의와 돌봄 중에 하나만 고르라는 식으로 양자택일을 강요하면 거부감이 듭니다.

마음은 이해합니다. 기존 윤리학에서 칸트나 벤담은 유일 원리주의로 완고한 태도를 보였으니, 돌봄의 중요성이 외면받는 것처럼 보였을 것입니다. 하지만 서로 자기 생각이 중요하다고 주장만 해서는 아무것도 시작되지 않습니다.

우리는 여러 개의 원리가 있을 수 있다고 생각하기로 했습니다. 돌봄이든, 정의든 그 밖에 다른 것이든 모두 중요하게 여기면 됩니다.

실제로 처음에는 싸울 듯이 덤비던 돌봄 윤리론자도 지금은 정의와 돌봄은 모두 중요하다는 주장으로 바뀌었습니다. 단지 그렇게 되면 정의와 돌봄을 어느 위치에 놓아야 하는지 생각해야 합니다.

돌봄과 사랑

정의는 사회의 기본이었습니다. 돌봄은 정의와는 상당히 다른 특징을 가지고 있습니다. 개인이 혼자 있으면 돌봄은 성립하지 않습니다. 돌봄은 친밀한 관계에서 중요합니다. 우리는 친밀한 관계에서 윤리의 기본을 사랑이라고 부르기로 했습니다. 그러면 돌봄과 우리가 말하는 사랑은 겹치는 걸까요?

우리는 친밀한 관계에서 네 가지의 패턴을 발견했으니 이 관점에서 돌봄을 생각할 수 있습니다.

돌봄에는 돌보는 쪽과 돌봄을 받는 쪽이 있으니 동등한 친구 사이 같은 공동형이 아니라 상보형일 것입니다. 하지만 그것이 횡적 상보형인지, 종적 상보형인지는 의견이 갈릴 것이라 생각합니다.

윤리학도 진보한다

이 부분은 앞으로 남겨진 과제입니다. 하지만 적어도 돌봄 윤리의 등장으로 기존의 윤리학에도 변화가 필요해진 것은 확실합니다. 돌봄이라는 것은 윤리의 원리라기보다 윤리에 대해서 생각하는 수단, 일종의 관점일지도 모릅니다.

윤리학은 진보하지 않는다고 생각하는 사람이 많습니다. 윤리학의 역사가 길기 때문에 예전부터 이미 고착화된 학문처럼 보일 수 있습니다. 하지만 윤리학은 이런 식으로 지금도 계속해서 발전하고 있습니다.

횡적 상보형(그리고 의료 윤리)

횡적 상보형

다음은 횡적 상보형. 대표적인 예는 연인과 부부였습니다.

연애나 결혼은 우리에게 꼭 필요한 것일까요? 가끔 연애를 안하면 살아가는 의미가 없다고 말하는 사람도 있습니다.

하지만 당장 먹고살기 급급한 사람의 경우를 생각해보면 연애는 하지 않아도 살아갈 수는 있습니다. 그렇다면 우리에게 있어 불가결한 것이라기보다 있으면 행복해지거나 풍족하게 살 수 있는 것, 즉 플러스라는 뜻이 됩니다. 즉, 횡적 상보형은 공격의 윤리에 해당합니다.

의료의 사회성

우리는 횡적 상보성의 모델로서 주로 연인이나 부부를 들었지만 어디까지나 일례입니다. 횡적 상보성은 여러 형태로 나타납니다. 그중에서 생각해볼 만한 것은 의료입니다.

의료 면허는 국가자격증이고 환자와 의사의 관계는 사회적입니다. 특히 경제학적으로 보면 서비스업과 손님의 관계입니다. 부부 사이에서는 파트너를 돌보고 돈을 받지 않지만, 의사는 환자를 진찰하는 것이 직업입니다. 이런 의미에서는 의료는 분명하게 사회적 제도의 일부입니다.

의료의 상보성

그렇다고 의사가 단순 서비스업은 아닙니다. 경제적인 관점에서 말하자면 서비스업이지만 그것이 의료의 본질은 아닙니다. 서비스업이라면 손님에게 서비스를 제공하고 손님은 비용을 지불합니다. 하지만 의료에서는 이런 관계가 기본이 아닙니다. 그래서 법률에도 병원은 보통 회사와 달리 의료법인이라는 특별한 조직으로 명시되어 있습니다. 일반 회사는 영리법인이고 이익 추구가 목적이지만, 의료법인은 비영리법인입니다.

실제로 우리가 의사에게 가는 이유는 병에 걸리거나 다쳐서 몸이 약해졌기 때문입니다. 게다가 내가 걸린 병이 어떤 병인지도 모르고, 다쳐도 어떻게 치료해야 하는지 모릅니다. 그래서 병원에 가서 전문가인 의사 선생님에게 진단과 치료를 받습니다. 즉, 의사와 환자의 관계는 단순히 동등한 사람 사이의 관계가 아니라 비대칭 관계입니다. 우리의 분류로 말하면 종적 상보형 관계에 가깝습니다.

환자의 권리와 사전 동의

예로부터 '의는 인술'이라는 말이 있는데 참 일리가 있는 말입니다. 이는 곧 환자는 약한 상태니 의사는 환자를 배려해야 한다는 뜻입니다. 더 극단적으로 말하면 의사는 환자에 대해 아버지와 같은 배려심을 가져야 한다는 이른바 퍼터널리즘(paternalism) 즉, 온정주의가 되기도 합니다(이 말의 어원은 라틴어의 아버지[pater]이고, 부권주의라고 번역됩니다).

하지만 의사와 환자는 부모와 자녀가 아닙니다. 온정주의가 지나치면 환자는 의사를 너무 의지하게 되고 반대로 의사는 지나친 권위와 힘을 갖게 됩니다. 실제로 의사가 멋대로 치료 방침을 결정해버리는 경우도 많았고(물론 의사로서는 환자를 위해 결단을 내린 것이지만), 환자는 원치 않은 치료를 받고는 했습니다. 의료는 환자를 위한 것인데 이러면 아무 소용이 없습니다. 환자의 권리가 침해받는 셈입니다.

그래서 도입된 것이 사전 동의(인폼드 컨셉트[informed consent])라는 개념입니다. 의사에게 충분한 설명을 들은 뒤에(인폼드) 환자 본인이 치료 방침을 결정한다(콘센트)는 것입니다. 환자의 자율, 자기결정권을 중시하게 되었습니다. 기존에는 환자의 권리가 중시되지 못했기 때문에 그 균형을 맞추기 위해 환자와 의사의 관계를 대등하게 만들려는 노력입니다.

과거에는 종적 상보성이었던 의사와 환자의 관계가 지금은 횡적 상보성이라고 볼 수 있습니다. 이렇듯 기존의 생각도 달라질 수 있습니다.

그래도 환자가 뭐든 결정할 수 있는 것도 아니고 애초에 의사의 설명이 없으면 환자는 자기의 병에 대해서 이해조차 할 수 없습니다. 어떻게 하고 싶냐는 질문을 받아도 어떤 치료법이 있는지 어떤 리스크가 있는지 설명을 들어야 합니다. 따라서 의사와 환자의 관계가 아무리 대등하다고는 해도 서비스업에서 말하는 종업원과 손님 같은 관계가 되기는 어렵습니다.

문제가 복잡해지는 이유

만약 의료가 단순한 서비스업이라면 교환의 일종이므로 나머지는 확실히 돈 문제입니다. 정치인 중에서도 모든 것을 돈 문제(좁은 의미의 경제적 문제)로 보는 사람들이 있습니다. 그래서 적자가 나는 병원은 없애야 한다는 발상이 나오는 것입니다. 시야도 마음도 참 좁습니다.

경제는 중요합니다. 하지만 세상은 경제만으로 해결할 수 있는 문제만 있는 것이 아닙니다. 오히려 경제는 우리의 생활의 일부에 지나지 않습니다. 게다가 의료의 경우는 의사 및 병원과 환자와의 관계만 생각하면 교환으로 보이지만, 의료 보험제도는 의료비의 꽤 많은 부분을 함께 부담하고 있으니 이건 분배이기도 합니다. 그리고 그 중심에 있는 것은 의사와 환자인데, 이것은 약한 사람을 돌본다는 친밀한 관계에 가깝습니다.

의료 하나만 보더라도 이렇게 몇 가지 측면이 중복되어 나타납니다. 의견이 갈라지기 때문입니다. 중요한 것은 내가 보는 면이 유일한 정답이라고 생각하지 않는 것입니다. 다른 면도 있다는 사실을 알아야 합니다. 우리가 지금까지 세세하게 분류했던 이유는 넓은 시야를 확보하기 위해서였기 때문입니다.

횡적 공동형(그리고 공동체주의)

횡적 공동형

다음은 횡적 공동형입니다. 예를 들면 친구 사이입니다.

연애의 경우와 마찬가지로 친구가 없으면 외롭긴 해도 죽지는 않습니다. 요즘에는 또 다들 자립해서 자율적으로 혼자서 살고 있습니다. 그런 점에서는 우정은 있으면 좋지만 꼭 필요한 건 아니라고 볼 수 있습니다. 그래서 이것은 필요한 방어라기보다 적극적인 공격에 들어갑니다.

어차피 혼자 사는 세상

실제로 사람은 그다지 강하지 않기 때문에 고독을 견디기 어렵습니다. '사람은 혼자서는 살 수 없다'라는 주제의 작품은 엄청나게 많습니다. 영화화된 만화 『옆자리 괴물군』도 그렇죠. 주인공 시즈쿠는 변호사가 되어 많은 돈을 버는 것이 목표입니다. 이것이 그녀의 자율입니다. 목표를 이루기 위해서 친구도 옷도 필요 없고 오로지 공부에만 매달려야겠다고 생각합니다. 하지만 등교거부 문제아인 같은 반 친구 하루에게 학교 프린트를 전해주러 갔다가 그에게 끌리고 맙니다. 하루는 낯을 가리고 친구를 잘 못 사귀는 성격인데, 그래서 그런지 너무나 친구를 원하고 있었습니다. 그리고 예상대로 둘 사이에는 우정이(또는 연심도) 싹트게 됩니다.

이런 이야기는 '자립해서 자율적으로 혼자 산다'라는 말에 대해 인간은 그다지 강하지 않다는 반증처럼 보입니다.

지역 커뮤니티

조금 더 시야를 넓혀봅시다. 예를 들어 지역 커뮤니티도 횡적 공동형인지 모릅니다. 지역 커뮤니티는 우리의 분류로 보면 가족처럼 아주 친밀한 관계는 아니지만 사회만큼은 아닌, 사회에 비하면 역시 가까운 관계입니다.

지역 커뮤니티는 필요 없다고 생각하는 사람도 있을지 모릅니다. 하지만 정든 고향의 지역 커뮤니티가 삶의 낙이라는 사람이 있는 것도 사실입니다. 이 점을 중시하면 이것은 방어의 윤리에 속하게 됩니다.

실제로 동일본 대지진 이후 재해 관련 사망이 큰 사회적 문제가 되었습니다. 개개인의 사정은 모두 다양하지만, 특히나 원자력 발전소 사고 때문에 오래 살았던 고향을 떠나서 생활해야 했던 사람들 중에 자살하는 사람이 많이 나타났습니다. 그런 사람들에게 혼자서 살 수 없을 정도로 약했던 거라고, 본인의 책임이라고 말할 수는 없지 않을까요?

한 걸음 더 7 공동체주의

현대의 윤리학이나 정치 철학의 중요한 사상 중 하나가 바로 공동체주의입니다. 『정의란 무엇인가』의 저자 마이클 샌델은 공동체주의를 주창한 학자 가운데 한 명입니다.

샌델은 같은 하버드대 교수였던 존 롤스를 굉장히 집요하게 비판했습니다. 롤스는 정의론의 대표적인 이론가로 샌델은 롤스의 정의론과 대립하며 자신의 입장을 만들어왔습니다.

롤스의 기본적인 입장은 공정한 정의입니다. 모든 인간이 있는 그대로의 상태라면 모두 같은 입장이 된다는 전제가 깔려 있습니다. 하지만 샌델은 있는 그대로의 인간이라는 추상적인 개념은 없다고 주장합니다. 샌델의 공동체주의는 인간은 공중에 떠 있는 존재가 아니라 공동체 속에서 태어나고 자라는 구체적인 존재라고 생각한 사상입니다.

사실은 저 지역 커뮤니티 회장입니다

도시에서 이런 지역 커뮤니티는 별로 큰 역할이 없는 것처럼 보입니다. 또 이런 모임을 싫어하는 사람이 있을지도 모릅니다.

사실 저는 지금 지역 커뮤니티의 회장을 맡고 있습니다. 지역 행사에 참여하지 않는 사람이 많아서 고생하고 있습니다. 커뮤니티 임원은 참 힘들더군요.

커뮤니티 임원을 맡으면서 알게 됐는데, 평소에는 커뮤니티의 필요성을 느끼지 못하는 경우가 많은 것 같습니다. 사실 저도 이전에는 이런 커뮤니티가 무슨 일을 하는지, 다른 지역과는 어떤 교류를 하는지 전혀 몰랐고 지역 행사에도 참가하지 않았습니다.

하지만 평소에는 잘 모르더라도 위급한 상황에는 꼭 필요한 것이 커뮤니티입니다. 예를 들어 재해 시 식량 배급, 고령자 피난 순서 등을 지역 커뮤니티에서 결정합니다. 이런 상황이 발생하면 커뮤니티가 필요했다는 것을 새삼 깨닫게 됩니다. 그럼 이것은 꼭 필요한 윤리, 즉 방어의 윤리에 속한다고 생각할 수 있습니다.

방어이자 공격

단지 이것은 방어의 윤리인 정의와는 꽤 다른 성질을 가집니다. 지역의 전통 축제가 삶의 낙이자 행복인 사람도 있으니 그런 사람에게는 지역 커뮤니티는 공격의 윤리에 속할 것입니다.

이렇듯 앞에서 살펴본 의료, 여기서 알아본 지역 커뮤니티는 우리의 분류로 정확하게 어딘가에 넣을 수 없고, 공격과 방어의 구별도 절대적인 것이 아닙니다. 물론 완전한 공격도 있고 확실한 방어도 있습니다. 하지만 그 중간에 있거나 양면적인 것도 있을 수 있습니다. 그것은 분류가 불완전하기 때문이 아니라 단순히 우리의 생활이 생각보다 복잡하기 때문입니다.

우리는 평소에 그 복잡함 속에서 물 흐르듯 별로 의식하지 않으며 살고 있습니다. 하지만 때에 따라서 고민이 필요한, 곤란한 사건이 생길 때도 있습니다. 바로 그럴 때 우리의 윤리학은 그것이 왜 어떤 식으로 곤란한 건지를 이해할 수 있도록 도와줍니다.

종적 공동형(참고로 경영윤리)

종적 공동형

친밀한 관계도 이제 종적 공동형 하나 남았습니다. 이건 아마도 공격의 윤리일 것입니다. 종적 공동체라는 건 공통의 목적을 위해서 조직된 집단이었습니다. 회사도 그렇고 특정 목적을 위해서 만들어진 그룹을 생각해보면 될 것입니다.

이런 집단이 필요한 이유는 혼자서는 달성할 수 없는 목적을 달성하기 위해서입니다. 그것을 위해서는 조직도 필요합니다. 목적이 없다면 모두 동등하게, 사이좋게 지내면서 수직 관계, 상하 관계는 없는 편이 좋습니다.

이런 종적인 공동관계는 없으면 살아갈 수 없는 것이 아니고 보다 좋은 것을 만들기 위한 것이기 때문에 공격의 윤리에 들어갑니다.

회사는 복잡한 조직

하지만 앞서 알아봤던 가족처럼 회사는 단순한 조직이 아닙니다. 가족의 경우와 마찬가지로 회사를 자세히 살펴보면 종적인 공동성과 횡적 공동성이 모두 포함되어 있습니다. 상사와 부하의 관계도 있고 같은 평사원끼리의 동료 관계도 있기 때문입니다.

하지만 상보성과 공동성, 그리고 횡적과 종적 이 두 가지의 조합이라서 단순하게 분해할 수 있습니다. 그리고 여러 문제에 대처하기 위해서는 이렇게 분해를 해두는 게 좋습니다.

공격으로 나오면: 횡과 종의 차이

종적 공동형의 경우에는 목적이 확실하므로 남은 건 목적을 효율적으로 달성하는 것입니다. 하지만 효율이 언제 어디서든 중요한 건 아닙니다. '효율적으로 일하는 것'은 중요하지만 '효율적으로 노는 것'은 조금 이상하죠? 그것을 착각해서 무조건 효율만을 생각한다고 하면 시야가 좁은 것입니다.

그리고 목적이 있는 조직은 대개 공격적으로 나옵니다. 동료가 많을수록 강해지고 목적 달성도 쉬워지기 때문에 최대한 조직을 확대하려고 하기 때문입니다. 그러다 보면 종종 다른 조직과 마찰도 일어납니다.

이 부분이 횡적 공동형과 다른 부분입니다. 횡적 공동형(친구 사이를 떠올려주세요)은 크게 만들 수도 있지만 사실 크지 않아도 상관없습니다. 오히려 너무 커지면 관계가 돈독해지지 않습니다. 하지만 종적 공동형은 목적이 확실하고 상하관계가 있기 때문에 탄탄한 조직을 만들면 확대할 수도 있는 것입니다.

자기목적화하는 조직

이렇게 커지면 조직 자체가 하나의 주체에 가까워집니다. 목적을 이루기엔 적합하지만, 조직 자체가 일종의 자기 보호 본능을 지나치게 발휘하면 곤란한 일도 생깁니다. 회사나 관공서, 군대 등에서는 자주 있는 일입니다만, 본래의 목적을 떠나서 조직 자체가 중요해지는 것입니다. 그렇게 되면 다른 조직이나 사람들에게 나쁜 영향을 미치게 될 수 있습니다. 그 전형적인 예가 바로 조직폭력배나 마피아입니다.

조직 자체가 주체가 된다고 했듯이, 실제 우리는 회사나 조직에 법인 즉 '법률상의 인격'이라는 자격을 부여할 때가 있습니다. 조직에도 사람과 동등한 권리를 인정하고 동시에 의무가 있다는 것을 명확히 하기 위해서입니다. 즉, 조직이 멋대로 움직이기 시작해 사회 및 사람들에게 해를 끼치지 않도록 하기 위해서입니다.

회사도 주체다

앞에서 회사는 사회에 비해 친밀한 관계지만 가족이나 연인 같은 더 친밀한 관계에 비하면 사회적으로 보인다는 것을 알았습니다. 꽤 골치 아프고 신기한 관계입니다. 그뿐 아니라 법인도 사실 신기한 존재 형태입니다.

법인은 권리(법)상의 인격이란 뜻입니다. 회사는 명확하게 살아 있는 인간이 아니기 때문에 그런 의미에서는 물건입니다. 오너의 소유물이기도 하고 많은 사람으로 이루어진 조직이기도 합니다. 하지만 그것만으로는 여러모로 불편합니다. 그래서 법률상으로는 사람과 같은 취급을 합니다. 그러면 회사가 독자적인 자산을 소유할 수 있습니다. 이것이 법인입니다. 물건이면서 사람이기도 합니다.

사회 속에서 다른 사람과의 관계가 있는 한 회사도 윤리적인 주체여야 합니다. 그렇지 않으면 회사가 안 좋은 행위를 했을 때 책임 소재를 명확히 할 수 없기 때문입니다.

준법감시와 CSR

최근에는 경영 윤리학(응용 윤리학의 하나입니다)에서 이 점이 중시되고 있습니다. 이전에는 비지니스와 윤리는 관계가 없다는 상식이 통용되고 있었습니다. 하지만 윤리와 비즈니스가 상관이 없다면 기업은 뭐든 하고 싶은 대로 하게 될 수 있습니다. 그래서 현대에는 회사도 인격을 가진 주체이므로 윤리적이어야 하고, 사회적인 책임도 가져야 한다는 생각이 주목받고 있습니다.

기업도 윤리적이어야 한다. 이것을 이른바 준법감시(compliance)라고 합니다. 과거에는 '법령준수'라고 번역되었지만 그러면 '법률만 지키면 된다'라고 착각을 불러일으킬 수 있어서 최근에는 그렇게 번역하지 않습니다.

이와 함께 이른바 기업의 사회적 책임(CSR)도 강조되고 있습니다. 기업은 사회의 일원이라는 것, 그래서 사회에 확실한 책임을 갖는다는 것, 그리고 사회에 공헌할 것을 확실히 정해두기 위해서입니다(많은 기업의 홈페이지에 실려 있으니 관심 있으신 분은 봐주세요).

20장 모두를 위한 정의는 가능한가

최대다수의 최대행복

사회에서의 공격과 방어

다음에는 사회의 경우를 살펴봅시다.

사회의 기본 원리는 정의였습니다. 그리고 우리는 이것을 방어의 윤리라고 생각했습니다. 그렇다면 사회에서 공격의 윤리는 없을까요?

있습니다. 바로 공리주의라고 불리는 것입니다.

공리주의와 유틸리티

공리주의는 '최대다수의 최대행복'이라는 공리성 원리를 유일한 원리로 인정하는 사상입니다. 공리성은 영어로는 유틸리티(utility)

라고 합니다. 쓸모가 있다는 뜻입니다. 무엇에 쓸모가 있냐 하면 바로 행복입니다. 즉, 공리주의는 최대한 많은 사람이 행복해지는 데 쓸모 있다는 사상입니다. 행복의 최대화를 목적으로 하는 사고방식이므로 확실한 목적론 유형에 속합니다.

게다가 공리주의는 의무론과는 달리 결과를 중시합니다. 의무론은 행위의 의도를 문제 삼지만 공리주의는 결과가 어떻게 될지를 중시합니다. 그래서 목적론 중에서도 귀결주의라고 불리는 사상에 속합니다(덕 윤리나 돌봄 윤리는 목적론이지만 귀결주의는 아닌 유형입니다).

공리주의가 이런 성격을 띠는 건 창시자인 벤담의 생각이 크게 영향을 미치고 있습니다. 벤담은 학자라기보다 사회의 개량을 지향했던 사람이었습니다. 따라서 공리주의도 사회를 더 좋게 만든다는 목적을 확실히 갖고 있었기에 효과와 결과를 중시했습니다.

공리주의의 약점

하지만 최대다수의 최대행복은 오해를 불러일으키기 쉬운 표어입니다. 벤담이 행복이라고 말한 것은 개인이 각자 느끼는 행복이 아니라 그저 고통이 없고 쾌적한 상태를 말하기 때문입니다.

행복을 느끼는 것은 사람에 따라 달라서 양적으로 계산하기 어렵습니다. 사회를 개량한다는 점에서 보면, 개량 후의 결과가 중시되기 때문에 결과를 객관적으로 계측해야 합니다. 그러기 위해선 행복이 모두에게 공통된 것이고 측정할 수 있어야 합니다. 측정할 수 있다면 계산도 할 수 있습니다. 이른바 쾌락을 계산할 수 있다는 사고방식입니다.

따라서 공리주의는 공격의 윤리가 확실하지만, 공리주의가 있다고 해서 모두가 행복해지는 건 아닙니다. 이 사상은 가능하다면 사회 구성원들이 고통을 받지 않길 바라는 사고방식이기 때문에 그런 의미에서는 방어의 윤리라는 측면을 갖고 있습니다.

한 걸음 더 8 동물의 권리

아직 완전히 확립되었다고는 할 수 없지만, 동물의 권리를 나타내는 동물권(Animal Rights)이 대두되고 있습니다. 1장에서 윤리는 인간의 것이라고 썼지만, 앞으로는 정의의 범위가 인간을 넘어 확대될 가능성이 있습니다.

예를 들어 호주의 철학자 피터 싱어는 '동물에게도 인격이 있고, 충분히 권리를 가질 수 있다'라고 주장합니다. 인격(person)은 지금까지는 인간에게만 있다는 인식이었지만, 싱어는 동물도 고통을 느끼므로 동물에게도 퍼슨(동물에게 '인격'이라는 말은 이상하니 그냥 퍼슨이라고 하겠습니다)이 있으니 윤리적인 배려의 대상이라고 주장합니다.

이것은 고통을 줄이고 쾌락을 크게 한다는 공리주의에 기반한 사상입니다. 하지만 이 부분은 아직 논의해야 할 부분이 남아 있습니다. 윤리학자가 멋대로 윤리를 만들 수는 없습니다. 그리고 사람들이 이해할 수 없으면 윤리는 유효하게 제 기능을 발휘하지 않습니다.

특히 동물의 권리를 어디까지 확장할지는 어려운 이야기입니다. 동물애호단체 PETA에서 포켓몬을 잡는 것은 정의에 위반된다는 비판을 한 적이 있습니다. 이 주장은 그다지 찬성 의견을 얻고 있는 것 같지는 않습니다.

공리주의의 또 다른 약점

공리주의(功利主義)는 때에 따라서 '공리주의(公利主義)'로 쓰일 때가 있을 정도로 사회 전체에서 쾌락을 최대치로 늘리는 것을 중시합니다. 예를 들어 쾌락의 양이 100인 사람과 80인 사람, 70인 사람이 있는 사회 A가 있습니다. 사회 A의 쾌락의 합은 250입니다. 한편 사회 B에는 1000인 사람과 20인 사람, 10인 사람이 있습니다. 사회 B의 쾌락의 합은 1030이 됩니다. 어느 쪽이 좋은 사회일까요? 벤담의 생각대로라면 답은 B입니다. B의 총량이 크니까요.

B는 총량이 크지만 격차도 심합니다. 이 정도로 격차가 심하다

사회 A 합계=250	사회 B 합계=1030
p=100 q=80 r=70	x=1000 y=20 z=10

공리성 원리와 불평등·격차의 대립

면 평등이나 공평이라는 사회의 정의는 없어질 것입니다. 균형을 맞추기는커녕 균형을 파괴하고 있으니까요. 공리성의 원리가 때에 따라서는 정의를 파괴할 수도 있다고 인식되는 이유입니다.

쓸 수 있는 경우와 쓸 수 없는 경우

따라서 공리성의 원리는 언제 어디에서든 사용할 수 있는 것은 아닙니다. 사용법이 굉장히 한정적입니다. 목적이 누가 봐도 확실한 경우에는 최대한 많은 쪽, 숫자가 큰 쪽을 좋은 것(善)으로 볼 수 있지만 그 이외의 경우에는 잘 사용할 수가 없을 가능성이 있습니다.

예를 들어 대형 사고나 재해 현장에 다친 사람이 많은 경우, 응급 처치를 하기 전에 사람마다 색깔별로 되어 있는 딱지 같은 것을 붙입니다. 응급 처치의 순서를 정하기 위해서입니다. 피를 흘리면서 큰소리로 도움을 요청하고 있는 사람이 있더라도 순서가 뒤로 밀릴 수 있습니다. 당장 목숨이 위태로운 사람의 처치가 최우선이기 때문입니다. 아무리 아픔을 호소해도 경상이라면 후 순위로 분류됩니다. 부상이 너무 심해 살아날 가망이 없는 경우에도 뒤로 밀려납니다. 경상자나 가망이 없는 사람을 먼저 치료하느라 당장 치료해야 하는 사람을 후 순위로 분류하면 전체적으로는 사망자가 늘어날 수밖에 없기 때문입니다.

이런 방식을 '트리아지(triage)'라고 합니다. 이것은 '최대한 많이'라는 공리적인 원리가 사용되고 있는 대표적인 상황입니다. 이런 경우에 사람의 생명을 구해야 한다는 목적은 누가 봐도 분명하므로 최대한 많은 사람의 생명을 구하는 일(즉, 양적인 최대화)이 최우선되어야 하기 때문입니다.

하지만 최대한 많은 사람의 목숨을 구하는 것이 선이라는 주장을 절대화할 수는 없습니다. 만약 이 주장이 언제나 옳다면 사람한 명 죽여서 그 장기를 다섯 명의 환자에게 이식하면 더 많은 사람의 목숨을 구한 셈이 됩니다. 이런 방식은 안 됩니다.

한 걸음 더 9 공리주의에 대한 다양한 이야기

이 책에서 다룬 것은 벤담의 고전적인 공리주의입니다. 사실 공리주의는 더 다양합니다.

고전적 공리주의는 행위 공리주의라고 불립니다. 이 밖에도 규칙 공리주의가 있습니다. 행위 공리주의는 특정 행위를 통해 최대치를 지향하지만, 긴 안목으로 보면 그것이 최선은 아니었다는 난점이 있습니다(예를 들어 한 명을 죽이고 다섯 명의 환자에게 장기 이식을 하는 것). 그래서 행위가 아니라 규칙을 기반으로 생각하면 어떨까 하는 사상이 생깁니다(사람을 죽이면 안 된다는 규칙을 적용해야 긴 안목으로 봤을 때 더 많은 사람을 구할 수 있다는 것).

벤담은 즐거움(쾌락)의 양에 집착했습니다. 하지만 사람에 따라 무엇을 좋아하고 선으로 여길지는 다르니 개인의 취향은 존중해야 한다는 선호 공리주의라는 사상도 등장합니다.

쾌락 계산에 대해서 고전적인 공리주의는 사회 전체에서의 즐거움 (쾌락)의 최대화를 지향합니다. 쾌락 계산이라는 기본 발상은 이미 고대 그리스 시대에도 존재했을 정도로(플라톤의 '프로타고라스' 등) 윤리학에서는 가장 오래된 사상이며, 우리가 개인적으로 윤리적 결정을 할 때 사용할 수 있습니다. 예를 들어 케이크를 먹고 싶지만, 여름에 수영복을 입기 위해 다이어트 중일 때, 우리는 어느 쪽의 즐거움과 이득이 더 클지를 계산합니다. 이것은 일상적으로 굉장히 유효한 사고방식 중 하나입니다. 타인과의 관계 속에서 공리 계산만 하고 있으면 타산적인 사람으로 보일 테니 주의가 필요하지만, 공리성의 원리는 상당히 단순하고 강력한 사고방식입니다.

윤리에서 정치로

모두에게 있어서 무엇이 중요한지가 결정되는 경우

누가 보더라도 중요한 것이 확실해서 객관적인 가치가 정해지는 경우, 나머지는 수량의 문제가 됩니다. 이럴 때는 공리성의 원리를 사용할 수 있습니다. 하지만 사람에 따라 중요한 것이 다를 때는 공리성의 원리는 별로 도움이 되지 않습니다. 앞에서는 이것에 대해 알게 되었죠.

일반적으로 긴급성이 높은 경우에 공리성의 원리가 도움이 되는 경우가 많습니다. 트리아지의 경우처럼 목숨을 살리는 일이 최우선인 경우, 이것저것 따지지 말고 빨리 결정해야 하는 경우 등입니다. 이런 이유로 발전도상국에서는 공리주의 정책을 택하는 경우가 많습니다. 사회가 전체적으로 움직이지 않으면 모두가 살아갈 수 없을지도 모르기 때문입니다. 하지만 성숙한 국가나 사회에서 공리성은 언제나 옳다고는 할 수 없습니다.

그렇다면 사람에 따라 중요한 것이 다르지만, 그래도 사회가 결정해야 하는(그렇지 않으면 곤란한) 경우에는 어떻게 하면 좋을까요?

사람에 따라 다르지만, 개인의 문제라서 사회에서 결정할 필요가 없다면 이건 그냥 개인에게 맡기면 됩니다. 예를 들어 오늘 저녁 식사로 무엇을 먹을 것인지는 굳이 국회에서 결정할 필요가 없으니까요(사실 의원 중에는 그런 바보 같은 짓을 하는 사람도 있긴 합니다).

하지만 다 함께 결정하는 것이 좋은 문제도 있습니다.

난임 치료와 건강보험

사람에 따라 다르지만 다 함께 결정하는 것이 좋은 것, 그 일례로 생식보조의료에 대해서 생각해봅시다. 이것도 생명윤리학에서 자주 다뤄지는 주제입니다.

최근에는 난임 치료를 위해 생식보조 의료를 이용하는 사람이 늘고 있습니다. 이것은 비용이 많이 드는 시술이며, 성공 확률이 낮기 때문에 여러 번 반복하느라 거액이 드는 경우도 흔합니다. 인공수정은 한 번에 성공하는 일이 거의 없습니다.

하지만 일본에서 난임 치료는 건강보험의 대상이 아닙니다.* 일반적으로 병에 걸려 병원에 가면 보험에서 일부 비용이 지원되기 때문에 개인이 부담해야 하는 금액이 적습니다. 하지만 난임 치료는 미용성형과 마찬가지로 모든 금액을 자기가 부담해야 합니다. 그런데 난임 치료에도 보험을 적용하면 어떨까요?

현재 일본은 저출산이 문제시되고 있으니 생식보조의료를 이용해서라도 아이를 낳아야 한다. 그러니 난임 때문에 힘들어하는 사람들의 경제적 부담을 줄여주기 위해 보험 대상에 넣도록 하자는 의견이 있습니다. 반면 아이를 낳고 안 낳고는 어디까지나 개인적인 일이므로 사회가 개입하지 않는 것이 좋다는 의견이 있습니다. 어떻게 생각하시나요?

이것은 개인의 문제라고 생각하는 게 좋을 것 같습니다. 난임으로 힘들어하는 사람이 있는 것은 알고 있습니다. 그런 사람들을 모른 척하자는 게 아닙니다. 하지만 난임과 질병은 다릅니다. 난임 때문에 자신의 생명이 위태로워지거나 건강이 나빠지지는 않습니다. 목숨이 걸려 있는 병이라면 사회가 도와야 하지만, 아이를 만드는 것은 사회에서 결정할 일은 아닙니다.(단, 일시적으로 난임 치료에 보조금을 지원해주는 등의 정책을 생각할 수는 있겠죠.)

실제로 모든 사람이 아이를 낳아야 하는 건 아닙니다. 난임 부부

---

* 한국은 2017년부터 난임 시술 및 치료에 건강보험을 적용하고 있다.—옮긴이

중에서도 난임 치료를 하지 않는 부부도 있고, 난임은 아니지만 아이를 낳지 않겠다는 부부도 있습니다. 본인이 자기 인생을 어떻게 할 것인지에 따른 것이기 때문에 이것은 자율 또는 사랑의 문제입니다. 공격의 윤리에 속하죠. 반대로 생식 여부를 사회에서 정한다면 심각한 일이 일어날 것입니다(난임 수술의 강제 실시 등 문제가 된 적이 있습니다).

가끔 정치인 중에 여자라면 아이를 낳아야 한다거나 아이를 낳지 못하면 여자가 아니라는 등의 망언을 하는 사람이 있는데 그런 사람은 장관이나 국회의원직을 내려놓는 게 맞다고 생각합니다.(그런데도 관직에서 내려오지 않는 사람이 있고, 선거 때마다 등장하는 걸 보니 더는 정치인의 문제가 아니라 그런 사람을 선택하는 우리의 문제일지도 모릅니다.)

왜 정치가 필요한가

개인의 문제인지 사회의 문제인지를 확실히 구별할 수 있다면 좋겠지만 구별이 쉽게 되지 않는 경우가 있습니다. 사회에서 결정하는 게 좋을 것 같은데, 그렇다고 누구나 인정할 수 있는 게 아니라서 목표를 정할 수 없고 효과도 확실하지 않은 경우엔 어떻게 할까요?

그런 경우에는 다수결로 정하기도 합니다. 즉, 윤리는 어느 정도의 가이드라인을 제시할 뿐이고 구체적인 결정은 정치의 자리로 옮겨가는 것입니다.

다수결이란 무엇인가

정치는 이렇게 사회 윤리의 연장선상에 있습니다. 단, 정치는 윤리적인 결정이 어려운 일을 판단하기 때문에 민주적인 절차(즉 다수결)로 결정했다고 해서 늘 윤리적으로 옳다(정의)고 할 수는 없습니다. 정해졌는데도 반대하는 사람은 있을 수 있고 모두가 공감할 수 없을지도 모릅니다. 결국 정치는 모두가 공감하지 못하는 것에 대한 판단입니다.

반드시 모두가 공감하고 인정해야 하는 것이 선이라면 다수결은 최선의 선택이 아닙니다(모두가 인정할 수 없어서 다수결을 선택한 것이니까요). 다수결이나 민주 제도는 결정을 위한 절차, 방법일 뿐이므로 민주 제도 자체가 윤리적인 의미에서 선 또는 정의라고 할 수는 없습니다. 하지만 최고 권력자가 혼자 마음대로 결정하는 것보다는 다수결을 채택하는 것이 더 낫지 않나요? 그래서 우리는 민주적 절차를 중요시하는 것입니다.

민주 제도는 반대하는 사람이 있어도 다 같이 결정한 것이라면 그것을 따르자는 약속 위에서 성립합니다. 반대로 그런 약속이 지켜지지 않는다면 민주 제도는 위험해집니다. 거짓말을 일삼는 정치인은 아무리 다수결로 선발되었어도 애초에 정치인으로서 자격이 없습니다. 자신을 뽑아준 다수결이라는 제도를 자기가 배신하고 있는 꼴이니까요.

어퍼머티브 액션

정의를 둘러싼 갈등

이렇게 보면 방어의 윤리는 모두가 안심하고 생활하기 위해 필요한 것이므로 윤리학적으로 확정하기가 쉽지만, 공격의 윤리는 적극적인 윤리인 만큼 확정이 어렵습니다. 그래서 사회에서 이런 문제를 결정해야 한다면 그 부분은 정치적인 결정이 됩니다.

다시 돌아보니 정의의 세 패턴에도 차이가 있다는 것을 알 수 있습니다. 교환의 정의는 거의 의식하지 않습니다. 교환할 때 받는 것과 주는 것이 대등해야 한다는 것은 너무나도 당연하니까 굳이 정의라고 말하지 않아도 되지 않냐는 의견도 수업 시간에 나옵니다. 모두가 의식하지 않아도 암묵적으로 인정하고 있고 그것을 따르고 있죠.

이에 비해 조정의 정의나 분배의 정의는 좀 더 의식적입니다. 그래서 교환의 정의는 잘 거론조차도 되지 않는 것에 비해서 나머지 두 패턴은 종종 의견이 갈리고 논의의 표적이 됩니다.

조정의 정의의 경우, 죄를 지은 사람에게 벌을 준다는 생각에 의문을 갖는 사람은 없지만 '어느 정도의 벌을 줄 것인가'에 대해서는 의견이 갈립니다. 분배의 정의는 훨씬 더 의견이 많이 갈려서 갈등을 빚기도 합니다.

세금의 사용 방식

세금의 납부 방식도 분배의 정의이고 갈등이 생긴다는 것은 칼럼에서 언급했습니다. 여기서는 세금의 사용 방식 중에서 문제가 되는 예를 살펴봅시다. 예를 들어 도로를 설치하는 공사는 확실하게 모든 사람에게 도움이 된다는 것을 알 수 있습니다. 하지만 꼭 필요할까 싶은 곳에 세금이 사용되는 경우가 있습니다. 기초생활수급은 어떤가요? 모든 사람에게 세금을 걷어 일부 사람을 보호하고 있는 셈입니다. 이것은 과연 공평한 것이며 정의라고 할 수 있을까요?

이 문제는 몇 가지로 설명이 가능합니다. 하나는 이를테면 장애가 있는 경우. 장애 때문에 일을 할 수 없는 것은 그 사람의 책임이 아니므로 사회에서 돌봐야 한다는 생각입니다. 또 하나는 기초생활수급이라는 보장이 없으면 빈부격차가 심해져 사회 전체가 불균형을 이루게 된다는 점입니다.

게다가 우리가 지금은 건강해도 미래에 일을 못 하게 되어 기초생활수급자가 될 수도 있으니 이런 사회 안전망(safety net)이 없으면 결국 우리가 힘들어집니다. 얼핏 일부 사람만을 위하는 것으로 보이지만 사실 이것도 모두에게 필요한 것, 즉 방어의 윤리에 속합니다.

어퍼머티브 액션(소수집단 우대정책)

사회와 관련되어 있고 정의와도 비슷하지만, 확실한 공격의 윤리에 속하는 정책이 있습니다. 영어로는 어퍼머티브 액션(Affirmative action), 번역하면 '적극적 우대조치'입니다. 비교적 최근에 등장한 개념입니다.

예를 들어 지금까지는 남성 중심 사회에서 여성은 불리한 위치에 놓여 있었습니다. 이것을 바로잡고 균형을 맞추기 위해서 어떻게 하면 좋을지 논의가 되었습니다. 예를 들어 관공서나 기업에서 남녀 차별 없이 인재를 채용하는 것입니다. 하지만 그것만으로는 충분하지 않습니다. 불균형은 과거에서부터 지금까지 계속 축적되었기 때문에 그 정도로는 상황이 변하지 않기 때문입니다. 그래서 불리한 위치에 있는 사람을 적극적으로 우대하자는 정책의 필요성이 대두되었습니다. 이것이 어퍼머티브 액션입니다. 그래서 능력과 실적이 같다면 여성을 우대한다는 조치가 실제로 이루어지기도 합니다.

역차별의 가능성

이 우대정책에 문제가 없는 건 아닙니다. 잘못하면 역차별이 될 가능성이 있기 때문입니다.

어퍼머티브 액션은 지금까지 쌓여온 불균형을 해소하기 위한 것이라는 점에서는 정의의 일종이라고도 할 수 있지만, 정의의 다른 패턴에 비하면 훨씬 적극적이며, 정의를 넘어섰다고도 볼 수 있습니다. 그리고 앞에서 봤던 공리주의도 그랬지만 사회 속에서 적극적으로 공격의 윤리를 발휘하는 것은 오히려 사회의 균형을 잃게 할 수 있습니다. 따라서 이 정책을 실시한다면 정말로 필요한 경우에 신중하게 해야 합니다. 그렇다고 아예 하지 않는다면 사회는 불균형인 상태에서 벗어나지 않습니다. 균형을 맞추는 일은 그만큼 어렵습니다.

신의 정의, 인간의 정의

완전한 정의

성실하고 고지식한 사람일수록 정의는 없다고 말하고 싶어 하는 경향이 있다는 건 말했습니다. 『데스노트』의 주인공 야가미도 사실은 그렇지 않았을까 생각합니다. 사람을 다치게 하거나 살인을 저질러도 처벌할 수 없을 때가 있습니다. 증거 불충분으로 불기소가 되었거나 범인이 도망쳐버린 경우 등이죠. 그리고 가령 재판이 열렸다고 해도 저지른 범죄에 비해 처벌이 너무 가볍다는 생각이 들 때도 있습니다. 야가미가 데스노트를 사용한 것도 그런 이유에서였습니다.

우리는 최대한 정확하게 균형을 찾으려고 노력합니다. 하지만 인간의 힘에는 한계가 있습니다. 범죄를 일으키는 사람을 모두 처벌하는 건 불가능한 이상에 가깝고, 우리도 어쩌다 우연히 죄를 범하거나 연루되는 경우가 생길 수 있습니다. 사실 크고 작은 것을 모두 포함해 단 한 번도 위법 행위를 하지 않은 사람은 아마도 거의 없을 것입니다.

살인을 한 사람에게는 사형이라는 구형을 내린다고 칩시다. 균형을 맞추기 위해서는 이게 맞는 것처럼 보입니다. 하지만 같은 살인이라도 '늘 나를 괴롭히는 사람이 있어서 벗어나려고 밀쳤는데, 그 사람이 넘어지면서 머리를 부딪혀 죽었다'와 '그냥 지나가다 마음에 안 들어서 잔인하게 죽였다'는 같을까요? 게다가 죽였으니까 죽이는 걸로 균형을 맞춘다면 한 명을 죽인 경우엔 사형 1회, 두 명은 사형 2회가 되겠죠. 이건 불가능합니다. 즉 완전한 정의의 실현은 원리적 의미로 불가능합니다.

살인범을 죽여도 죽은 사람은 돌아오지 않습니다. 살해당한 아이의 엄마가 "난 어떻게 되든 좋으니 죽은 아이를 돌려주세요"라고 호소하는 모습을 TV에서 봤습니다. 가슴을 에는 듯한 말입니다. 이런 상황에서 정의는 무력합니다.

인간이라서(나쁜 의미로)

반대로 아이를 잃은 엄마가 "범인을 처벌하지 않아도 돼요. 처벌해 봤자 우리 애가 살아 돌아오지도 않잖아요"라고 말한다고 해도 사회적인 관점에서 그럴 수는 없습니다. 범죄를 저지르는 일도, 그것을 재판하는 일도 인간이 인간에 대해 하는 행위입니다. 엄밀히 관리된 실험실에서 정밀하게 이루어지는 과학 실험 같은 단순한 것이 아닙니다. 물론 과학자도 힘들게 고생하고 있겠지만 인간에 관한 일은 좀 더 근본적인 의미에서 복잡합니다. 민사재판에서 배상금을 청구할 때 받은 피해를 돈으로 딱 (양적으로) 측정할 수는 없습니다(손해배상청구를 하는 사람은 돈보다 사죄를 더 중요하게 생각하는 경우가 많습니다).

좀 더 근본적으로 말하자면 죄를 저지른 사람을 재판하여 벌을 주는 것처럼, 반대로 범법행위도 하지 않고 사람을 다치게도 하지 않은 착한 사람이 불행하게 살다가 젊어서 목숨을 잃는 경우에는 보상을 해야 할까요? 정직하고 성실하고 친절하게 사는 사람이 보상받게 하려면 어떻게 하면 좋을까요? 돈을 줄까요? 아니면 훈장? 그런 걸 준다고 그 사람이 기뻐할까요? 반대로 온갖 범법 행위에 무자비한 일을 하면서도 경찰에 붙잡히지 않고 아무런 고생도 하지 않다가 편안하게 죽는 사람이 있다면 어떻게 할까요? 시체를 채찍으로 때릴까요? 그게 의미가 있을까요?

인간에 관한 일은 우리가 막연하게 생각하고 있는 것보다도 훨씬 더 복잡하고 어렵습니다.

종교적인 『데스노트』

그런데도 우리는 완전한 의미에서 균형을 맞춰주는 신과 같은 존재를 원했습니다. 살아 있을 때 보상을 받지 못하거나 재판을 받지 못하면 사후에라도 보상이나 처벌을 받을 수 있도록, 천국이나 지옥도 그려왔습니다.

그렇습니다. 『데스노트』의 야가미가 하려고 했던 일은 그런 완전한 정의의 실현이었습니다. 그리고 그것을 위해 야가미 자신이 신이 되려고 했습니다. 야가미의 대사가 인상 깊습니다. "나는 신

세계의 신이 될 것이다!"

그런 의미에서는 『데스노트』는 매우 종교적인 만화입니다. 마지막 장면이 사람들의 기도로 끝나고 있는 것도 이해가 됩니다.

인간으로서 찾는 해결책

이렇게 완전한 정의를 목표로 하면 종교적인 것을 추구하게 됩니다. 사회에서 균형이란 것은 얄팍하고, 부족하다고 생각하는 사람은 이른바 신의 정의를 원하고 있는 것인지도 모릅니다.

물론 신이 존재한다면 신이 완전한 정의를 실현해줄지도 모르지만, 적어도 여기서 생각하고 있는 것은 윤리학입니다. 즉, 문제를 안고 있는 것도, 해결을 원하는 것도, 결론을 내리는 것도 우리 인간이 할 수밖에 없습니다. 종교에 의지하지 않는다면, 반드시 윤리학적인 해결이거나 정치적인 해결을 찾아내야 합니다.

얇고 약할 수 있지만 우리가 찾아낸 정의는 어디까지나 인간의 정의로서 필요한 것입니다.

윤리학 칼럼 10 종교와 경제

경제와 종교는 상관없다고 생각하는 사람이 있을지도 모르지만, 이 두 개가 밀접하게 관련되어 있다는 것은 역사나 인류학에서 많은 전문가가 수없이 논했던 테마이므로 여기서는 상세히 적지 않겠습니다. 단지, 신에 의지하지 않고 인간 세계에서 정의를 실현하기 위해, 특히 '양적'으로 엄밀하게 실현하기 위해 우리가 찾아낸 답 중 하나가 바로 경제였다는 것은 확인하고 넘어갈까 합니다.

쉽게 말하자면 돈은 절대적으로 다른 모든 상품의 위에 있고 모든 상품의 가치를 양으로 측정합니다. 이것은 신(유일신)이 인간의 위에 있고 죄와 벌을 측정하는 것을 대신하는 것입니다.

하지만 돈과 신은 다른 점이 있습니다. 신은 모든 인간에게 자비(사랑)를 베풀어 어려운 사람을 돕고 나쁜 사람을 벌합니다. 즉, 신은 분배의 정의와 조정의 정의를 모두 완벽하게 해낼 수 있습니다(존재한다면요). 하지만 돈의 경우에는 교환의 정의만 작용합니다. 경제학자는 경제가 '균형'을 만들어낸다고 하지만, 그것은 상품의 세계에서의 균형일 뿐 인간 사이의 균형은 아닙니다. 게다가 겉으로는 등가교환으로 보여도 결과적으로 부자가 되는 사람과 빈곤해지는 사람으로 나뉩니다. 사람들이 막연하게 생각하고 있던 이 사실을 피케티는 『21세기 자본』을 통해 명확하게 보여줍니다. 어려운 책인데도 이례적으로 베스트셀러가 된 책입니다. 쉽게 말하면 경제는 굉장히 잘 만들어진 구조이며, 과거에는 종교가 하고 있던 역할의 일부를 맡을 수 있게 됐지만, 인간 세상에는 한계가

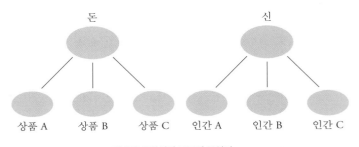

화폐와 유일신의 구조의 동일성

있어 분배나 조정의 역할까지는 할 수 없다는 내용입니다.

원리 하나로 전부를 아우르는 것은 그야말로 신이 아니라면 어려운 것 같습니다. 이 책에서 원리를 여러 가지로 생각하는 방식을 채택한 것도 이 때문입니다.

한 걸음 더 10 글로벌리제이션과 정의

강의를 하다 보면 가끔 몇몇 학생이 이런 질문을 할 때가 있습니다. "저는 지금 먹고사는 데 지장이 없지만 세계에는 극단적으로 빈곤해서 당장 내일 먹을 것도 없는 사람들이 있습니다. 그런 사람들을 그냥 방치해도 되나요?"라는 내용입니다.

이것은 정의의 문제 중에서 분배의 문제에 해당합니다. 어려운 문제이지요. 분배를 위해서는 전체적으로 어느 정도 저장량이 있어야 공평하게 나눌 수 있는 방법을 생각할 수 있습니다. 국가 단위로 생각하는 것도 어려운데 전 세계 단위로 생각하려면 정말 복잡합니다. 정의에 위반되지 않도록 분배를 적절히 하는 것이 정치의 역할이지만, 지금 우리는 국가 단위의 정치가 이루어지고 있고 세계 정부 같은 것은 꿈 같은 이야기입니다.

교환의 정의에는 돈이라는 사회 제도가 관련되어 있고, 돈은 국가 단위로 발행하지만 외국 돈과 교환할 수도 있습니다. 그래서 교환 또는 경제에 관해서는 손쉽게 국제적이 될 수 있습니다. 글로벌리제이션

(세계화)이라고 하죠. 특히 이 경우엔 경제의 글로벌리제이션입니다. 하지만 뭐든지 국제적이 될 수는 없습니다. 특히 정치나 문화의 글로벌리제이션은 굉장히 어렵습니다.

그렇다고 두손 두발 다 들었다는 말로 끝낼 수는 없습니다. 실제로 윤리학에서 이미 이런 문제는 다양하게 논의되고 있습니다. 이른바 글로벌 윤리학입니다. 대표적인 논자로는 피터 싱어, 마사 누스바움, 토머스 포기라는 사람이 있습니다.

21장 더 좋은 사람이 된다는 것

나에게로 향하는 자유

개인에 있어서의 공격과 방어

다음은 개인의 경우입니다. 개인의 자유는 적극적 자유와 소극적 자유가 있었죠. 그럼 이야기가 간단해 보입니다. 적극적 자유는 공격의 윤리일 테고 소극적 자유는 방어의 윤리일 테니까요.

공격하는 것은 어렵다

개인의 자유 중에서 공격의 윤리인 적극적 자유를 떠올려봅시다. 적극적 자유란, 나에게로 향하는 자유였죠. 우리는 태어났을 때에는 아무것도 아니지만 주위의 자극을 받고 성장하며 결국 스스로 자기 인생의 목적을 전하고 행복을 추구합니다. 이것이 적극적 자유, 즉 자율이었습니다.

소극적 윤리는 모두에게 공통된 것이며, 필요한 것이니까 안정적입니다. 안정적이지 않으면 안 됩니다. 반면 적극적 윤리는 처음부터 공통된 것이 정해져 있지 않습니다. 공격적으로 나올수록 불안정해집니다. 사회에서 공격의 윤리에 속하는 공리주의도 그랬고, 어퍼머티브 액션도 그랬고, 친밀한 관계에서 공격의 윤리에 속하는 연애도 그랬습니다. 그리고 당연하지만 자율도 역시 그렇습니다.

강요받는 자유

우리는 각자 자기 인생의 주인공이 되기 위해 자율적으로 인생의 목적 즉, 자신의 행복에 대해 생각해야 합니다. 이것이 어려운 이유는 생각을 하더라도 쉽게 깨닫지 못하고 타인의 생각에 억지로 끌려가거나 누군가에게 강요받는 경우가 있기 때문입니다.

예를 들어 사람이 행복하다고 느끼는 요소 가운데 꽤 많은 사람이 꼽는 아이를 낳고 기르는 문제를 한번 살펴봅시다. 앞에 나왔듯이 아이를 낳는 것은 기본적으로 부부가 결정해야 합니다. 자기 결정, 자율의 영역이죠. 물론 아이는 혼자서는 낳을 수 없으니 완전한 개인의 자율 문제라고는 할 수 없습니다. 이른바 부부의 자율 문제입니다.

아이를 낳고 싶어 하는 사람들 중에는 아이를 키우며 느낄 행복에 확신을 가진 사람만 있는 것은 아닐 것입니다. 결혼하면 아이를 낳고 기르는 것이 평범한 행복이라고 하니까 우리도 그 상식을 따르자고 생각하는 사람도 있습니다. 극단적으로는 아이는 당연히 낳아야 한다는 옛 가치관에 영향을 받아 아이를 낳아야 한다며 괴로워하는 난임 부부도 있습니다.

나에 대해서는 내가 가장 잘 안다는 것은 착각인 경우가 많습니다. 내 의지, 내 욕망을 나 자신이 판단하기는 어렵습니다.

하지만 나 자신을 알려는 노력은 우리가 각자의 행복을 찾기 위해서 반드시 해야 하는 중요한 일입니다. 스스로를 잘 돌아보면서 나 자신에 대한 착각이나 오해를 없애고, 특정 가치관에 얽매여 있지는 않은지 잘 생각해보면 좋겠습니다.

불확정 의무

네 가지 자유

사회에서는 정의의 패턴 세 가지와 공리성까지 포함해 총 네 가지, 친밀한 관계에서도 역시 총 네 개의 패턴을 찾았었죠. 그런데 자유만 두 가지? 딱히 숫자를 맞춰야 하는 건 아니지만 더 이상 없는 걸까요?

한 가지 아이디어가 있습니다. 소극적 자유는 타인으로부터의 자유였습니다. 한편 적극적 자유는 나에게로 향하는 자유. 그럼, 타인과 자신, '~로부터'와 '~에게로 향한'의 두 가지 구별이 있는

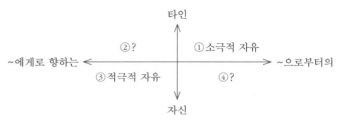

자유의 네 가지 패턴

셈입니다. 이것들을 조합하면 네 개의 패턴을 생각할 수 있습니다. 즉, ① 타인으로부터의 자유 ② 타인에게로 향하는 자유 ③ 나에게로 향하는 자유 ④ 나로부터의 자유.

하지만 형태를 찾았어도 알맹이가 없으면 소용이 없겠죠. 새롭게 찾은 타인에게로 향하는 자유와 나로부터의 자유에는 어떤 내용이 들어갈까요?

일단은 타인에게로 향하는 자유부터 생각해봅시다. 미리 말해두자면 이쪽은 윤리학에 있어 굉장히 중요한 파트입니다. 하지만 조금 돌아가겠습니다.

법적 의무와 도덕적 의무

앞에서도 언급했습니다만, 윤리와 도덕은 법과 비슷하다고 생각하는 사람이 있고, 법 이상의 것이라고 생각하는 사람이 있는 것 같습니다. 법도 넓은 의미에서의 윤리의 일부입니다만, 따지자면 법은 사회적으로 해선 안 되는 것을 정해놓은 것, 윤리는 무엇이 선인가에 관한 것입니다.

즉, 윤리 중에서도 네거티브한 것이 법입니다. 그리고 넓은 의미에서의 윤리에서 법을 뺀 나머지, 즉 좁은 의미에서의 윤리는 포지티브한 것이라고 생각할 수 있습니다. 이에 따라 의무에도 네거티브한 의무와 포지티브한 의무가 있다고 생각할 수 있습니다. 법적 의무와 (좁은 의미에서의) 도덕적 의무입니다.

이렇게 보면 우리가 방어의 윤리라고 불렀던 것이 법적인 의무이고, 공격의 윤리라고 불렀던 것이 (좁은 의미에서의) 도덕적 의무에 해당한다는 것을 알 수 있습니다.

완전 의무와 불완전 의무

법적인 의무는 지키지 않으면 처벌을 받는 종류의 것입니다. 그렇게 정해져 있기 때문에 완전 의무라고 불렀습니다. 한편 안 해도 딱히 처벌받진 않지만 하면 좋은 것이 도덕적 의무입니다. 이것은 노력이나 목표 같은 것이고, 누구나 반드시 지켜야만 하는 것이 아니라서 불완전 의무라고 불렀습니다.

예를 들어 '길거리에 쓰레기를 버리면 안 된다'는 완전 의무입니다. 누구나 반드시 지켜야 하고, 지키지 않으면 불법 투기라는 범죄 혐의로 처벌받습니다. '떨어져 있는 쓰레기를 줍는 것'은 불완전 의무입니다. 하지 않아도 처벌받지 않지만, 만약 하는 사람이 있다면 "좋은 일하네"라는 칭찬을 듣습니다. 포지티브입니다.

포지티브와 불완전이라는 표현이 어울리지 않는다는 생각이 들 수도 있는데요, 완전 의무가 하면 안 되는 것이 구체적으로 정해져 있는 것에 비해, 불완전 의무는 구체적인 것이 정해져 있지 않기 때문에 불완전이라고 불릴 뿐입니다. 안 좋은 것, 모자란 것이라는 의미로 쓰이는 것이 아니므로 불완전 의무는 불확정 의무라고 부르는 게 좋을 것 같군요. 그리고 완전 의무는 확정 의무. 이렇게 해야 오류가 더 적을 것 같으니 전통적인 용어와는 다르지만, 앞으로는 이렇게 부릅시다.

친절에 대하여

불확정 의무는 일상적으로 말하면 친절(또는 선행)이라고 하는 편이 이미지에 맞을 것 같습니다. 예를 들어 무거운 짐을 들고 있는 할머니를 돕는 행동이 그렇습니다. 이런 일을 하는 사람은 좋은 사람이고 친절한 사람이잖아요.

의무라는 표현이 좀 이상할 수도 있습니다. "할머니, 짐 들어드릴게요!"라고 말하면 할머니가 "아유, 고맙구나. 참 친절한 사람이네"라고 말하죠. 그런데 이때 "아니에요, 이것도 의무니까요"라고 말하면 뭔가 이상하잖아요?

인간이라면 이 정도는 해야 한다는 의미로 의무의 범주 안에 넣을 수는 있지만 의무라는 말은 법적 의무나 확정 의무에 가까운 어감인 듯합니다. '사람을 친절히 대하는 의무'라는 말 자체는 정확하다고 할 수 없습니다.

친절이 불확정 의무인 이유

게다가 이 의무는 범위도 명확하지 않습니다. 무거운 짐을 들고 횡단보도를 건너는 할머니가 있다고 칩시다. 짐을 들어드리고 길 건너는 걸 도와드렸습니다. 잘한 일입니다. 그런데 저 앞은 언덕길이 군요. 거기까지 짐을 들어드릴까요? 아주 잘했습니다. 기왕 그럴 거면 할머니 집 앞까지 들어드릴까요? 참 잘했습니다. 아니 그러면 그냥 택시비를 드리는 건 어때요? 그건 좀 너무 나갔나요? 여기서부터는 의무라고 할 수 없을 것 같군요. 그럼, 어디까지가 의무죠? 그래요. 그 의무의 범위가 확정되지 않아서 불확정 의무라고 부르는 것입니다.

권리를 동반하지 않는 의무

앞에서 의무와 권리는 한 세트라고 말했습니다. 자녀를 교육하는 건 의무고, 의무를 지키지 않으면 상대의 권리(이 경우에는 자녀가 교육을 받을 권리)를 침해할 가능성이 있습니다. 즉, 이런 식으로 반드시 해야 하는 것이 확정 의무입니다. 확정 의무는 누군가의 권리와 대응합니다. 그런데 할머니의 짐을 들어드리는 것이 불확정 의무인 것은 그에 대응하는 다른 사람의 권리(이 경우에는 할머니가 짐을 맡기는 권리)가 있지 않기 때문입니다.

하지 않아도 상대의 권리를 침해하는 것이 아니므로 그런 의미에서는 하지 않아도 됩니다. 하지만 역시 이 정도의 일은 인간으로서 해야 할 일이라는 생각이 들긴 하죠. 이렇게 복잡하고 사사로운

확정(완전) 의무	불확정(불완전) 의무
법적 의무	(좋은 의미의) 도덕적 의무
권리와 세트	권리와 세트가 되지 않음
하는 게 당연	하면 좋다
하지 않으면 처벌	하지 않아도 처벌받지 않는다

도덕적 의무(넓은 의미)의 분류

것이 불확정 의무입니다.

한 걸음 더 11 글로벌 정의론

글로벌한 윤리를 상세하게 다룰 수는 없지만, 예일대학교 교수 토머스 포기의 생각을 조금 알아봅시다. 포기는 롤스의 제자로 그의 사상을 계승하여 발전시켰습니다. 롤스는 생활이 어려운 사람을 나라에서 도와주는 것이 정의라고 했습니다만, 포기는 그것을 한 나라뿐 아니라 전 세계가 함께 생각해야 한다고 주장합니다. 이른바 글로벌 정의, 코스모폴리탄 정의입니다.

기존에도 어려운 사람을 돕는 것이 의무라는 생각은 있었지만, 아마도 불확정 의무(자원봉사 같은) 정도의 생각이 주류였을 것입니다. 하지만 포기는 가령 지구 반대편에 사는 사람이라도 가난 때문에 생명이 위태로운 사람이 존재한다는 것은 정의가 아니며, 그런 상태를 없애는 것이 최소한의 정의라고 말했습니다. 확정 의무라고 주장한 것이지요. 이것은 그때까지의 통념과 달라서 논의의 대상이 되었지만, 포기의 논의 포인트는 그렇게 해야 한다는 단순한 주장이 아니라, 그것이 가능하다는 논증에 힘을 기울이고 있는 점입니다. 반대 의견도 있을 수 있겠지만 검토할 만한 주제입니다.

타인에게로 향한 자유

불확정 의무는 의무인가?

현대에는 뭐든 확실한 것이 선호되는 경향이 있습니다. 학생들의 반응을 보더라도 불확정 의무는 마치 그레이 존 같다며 좋아하지 않습니다. 정말로 해야 하는 것(확정 의무)이라면 법률로 정하면 되지 않느냐는 의견도 많습니다.

확정 의무를 법률로 정하면 어떻게 될까요? 그러면 반드시 해야만 하는 의무가 계속해서 늘어날 가능성도 있고, 그러다 결국에는 법률로 정해져 있지 않은 것은 (불확정 의무니까) 안 해도 그만이라는 사람도 나올 수 있겠죠.

그렇게 되면 사회는 꽤 불편해질 것입니다. 조금 전 예시에 나왔던 횡단보도를 건너는 할머니를 다시 볼게요. 할머니에게 '남에게 짐을 맡길 권리'는 없습니다. 하지만 무거운 짐을 끙끙거리며

들고 가는 할머니에게 "당신은 그 짐을 맡길 권리가 없고 저는 그 짐을 들어드릴 의무가 없습니다"라고 말한다면 너무 매정하지 않나요? 굳이 그렇게까지 말할 필요는 없지 않냐며 핀잔을 주고 싶어집니다.

타인의 권리가 아니더라도, 해서 좋은 일은 하면 된다고 생각하면 서로가 꽤 편해질 것 같다고 생각합니다.

칸트의 '의무'론

다른 측면의 불만도 나옵니다. "사람을 도울 필요가 없다고 말하는 게 아니에요. 하지만 그런 건 의무라기보다 사람으로서 당연한 거잖아요. 그러니까 의무라는 말을 붙여서 억지로 하는 게 아니라 자발적으로 하고 싶다고요." 그렇습니다. 많은 사람이 의무라는 말을 들으면 억지로 시켜서 하는 느낌을 가집니다.

윤리학의 전설인 칸트는 엄격한 성격으로 유명합니다. 칸트는 산책 시간을 정확히 지켰기 때문에 사람들은 그가 자기 집 앞을 지나갈 때 시계를 맞췄다고 하는 일화까지 있습니다. 칸트가 주장한 것이 바로 의무론입니다.

하지만 자주 사람들이 오해하곤 하는데요, 칸트가 말하는 의무는 억지로 시켜서 하는 거만한 명령이 아니라, 좋은 일이니까 한다고 하는 의욕 같은 것이었습니다.

칸트는 의무와 행위의 관계를 세 종류로 나누었습니다. 하나는 '의무에 반하는 행위'입니다. 이것은 하면 안 되는 것입니다. 두 번째는 '의무에 따른 행위'로 당연히 지켜야 하는 수준의 행동을 말합니다. 법을 지키는 것이 당연한 것과 같은 느낌입니다. 세 번째는 '의무에서 나오는 행위'로 이것은 단순히 의무여서 하는 게 아니라 자발적으로 하는 것을 말합니다. 칸트는 이 세 번째만 (좁은 의미에서) 도덕적이라고 말합니다. 굉장히 엄격한 생각입니다. 하지만 이것은 타인이 억지로 시키는 엄격함이 아니라 나에 대한 엄격함입니다. 내가 하고 싶고, 해야 한다고 생각해서 하는 일이 도덕적인 의의가 있는 의무라고 말하고 있으니까요.

타인에게로 향하는 자유

여기서 이야기를 복잡하게 만들고 있는 것은 의무라는 말입니다. 이야기를 쉽게 만드는 방법이 있습니다. 바로 의무가 아니라 자유를 출발점으로 삼는 것입니다.

칸트는 의무에 따른 행위가 아니라, 의무에서 나오는 행위만이 도덕적이라고 생각했습니다. 그저 의무라는 말을 썼기 때문에 해야만 한다, 억지로 한다는 느낌으로 들릴 뿐입니다. 하지만 이것은 의무라서 하는 게 아니라 본인이 좋아서 자발적으로 하는 것이기 때문에 '자유에서 오는 행위'라고 부르는 것이 더 나을 것 같습니다.

서론이 꽤 길어졌습니다만, 불확정 의무라는 것은 이름만 의무일 뿐이고, 의무라는 단어를 쓴 이유가 있긴 하지만, 충분히 자유라고 생각할 수 있습니다. 특히 의무의 뉘앙스가 '강제로 하는 것'

으로 느껴진다는 걸 생각하면, 그 말을 배제하고 '자유'의 일부라고 보는 것이 좋습니다.

그리고 이것은 타인에게로 향하는 것이므로 우리가 찾고 있던 '타인에게로 향하는 자유'의 알맹이는 바로 이것이었다는 것을 알 수 있습니다. 이것은 법적인 것도 아니고 방어의 윤리도 아닙니다. 적극적으로 일부러 좋은 일을 하는 것이기 때문에 공격의 윤리에 속합니다.

자유이긴 해도 직접적으로 자신을 위한 것은 아닙니다. 하지만 이로 인해 주변이 풍요로워질 수 있습니다. 모든 사람이 이런 자유를 생각한다면 사회 전체가 조금 더 좋아질 것입니다.

오지랖으로 보이는 건 아닐까

어렵긴 하겠지만 정말로 그렇게 되면 좋겠습니다.

하지만 또 하나 생각해야 할 점이 있습니다. 나는 상대방을 위해서 하는 일인데, 상대방 입장에서는 이 불확정 의무가 반드시 좋은 것은 아닐 수 있다는 점입니다. 특히나 현대 사회에서는 타인을 위해 무언가를 하는 일은 환영받지 못하는 것 같습니다. 상대방이 괜한 오지랖이라고 받아들일 수도 있습니다.

사람을 친절하고 다정하게 위해주고 싶어도 상대가 그것을 불편해할 수도 있다고 생각하면 큰 용기가 필요한 일이 되어버리죠.

예를 들어 기운이 없어 보이는 부하 직원을 격려해주고 싶어서 밥을 같이 먹자고 했는데, 부하 직원이 난색을 표할 수도 있고 집에 돌아가 SNS에 오늘 진짜 싫은 일이 있었다고 올릴지도 모르는 일입니다. 이러면 타인을 위한다고 하는 행동이 맞는지 고민을 해봐야 합니다. 현대 사회는 참 골치 아프지 않나요?

그럴 땐 조금 센스를 발휘해보는 건 어떨까요? 임산부의 경우에는 임산부 배지를 달아서 사람들이 자리를 양보하기 편하게 해주고는 합니다. 스마트폰을 이용해 주변 사람에게 자신에게 벌어진 곤란한 상황을 알리는 서비스도 나오고 있습니다. 이런 것들을 이용하면 조금 더 스마트하게 친절을 베풀 수 있게 되지 않을까요?

나로부터의 자유

초의무!

타인에게로 향하는 자유의 핵심은 불확정 의무였습니다. 불확정 의무 중에서도 "그런 일을 하다니 정말 대단해!"라고 말해줄 만한 것을 초의무라고 부르기도 합니다. 확실히 의무의 범주를 넘어선 일이어서 '해야 한다'의 범주를 뛰어넘어 '하지 않아도 되는' 범주에까지 들어가버리는 것이죠. 하든 안 하든 상관없는 일이 아니라 정말로 대단한 일을 하는 것을 말합니다. 상대의 권리를 침해하기는커녕 이걸 해주면 상대가 눈물을 흘리며 기뻐할 정도로 굉장히 좋은 일을 말하죠.

자원봉사를 예로 들 수 있겠고, 더 극적인 것으로는 내 위험을 감수하면서 물에 빠진 아이를 구하는 일입니다. 매스컴에 미담으로 보도가 될 정도로 좋은 일. 이것은 결국 자기희생입니다.

그런데 최근에는 자기희생의 평판이 좋지 않습니다. 옛날에는 자기희생이 좋은 일로 분류되었지만, 현대에는 사람들이 몇 가지 이유로 자기희생을 혐오하는 경향을 보입니다.

자기희생 부정론?

첫 번째는 자기를 희생하니까 안 된다는 의견입니다. 정확하게는 자기희생이 도덕적으로 훌륭하다고 칭찬해버리면 희생을 강요하는 것이 될 수 있다고 걱정합니다. 특히나 2차 세계대전 이전의 일본에서는 나라를 위해 목숨도 바칠 수 있다는 멸사봉공의 교육이 이루어졌는데, 아이들을 다시는 그런 잘못된 방향으로 이끌고 싶지 않다고 생각하는 교육 관계자들이 자기희생을 싫어합니다.

저도 자기희생을 강요해서는 안 된다고 생각합니다. 하지만 본인의 자유롭고 자발적인 행동이 결과적으로 자기희생이 되고, 그로 인해 기뻐하는 사람이 생겼다면 좋은 일로 분류해도 된다고 생각합니다. 물론 이것은 어디까지나 제 의견입니다(단, 강요하지 않을 것, 의무가 아니라 개인의 자유에 의한 것이라는 것을 확실히 해두어야 합니다).

두 번째는 앞에서 살펴본 것처럼 상대방을 위해서 한 행동이 그 사람 입장에서는 불편한 오지랖일 수도 있다는 의견입니다. 물론 불편할 수 있습니다. 또한 본인을 위해서 한 행동이니 호의라도 받아주면 좋겠다고 얼마간 강요하는 분위기가 생길 수도 있습니다. 이해는 가지만 그 정도라면 더 이상 자기희생도 아니고, 초의무도 아니고 불확정 의무도 아닙니다.

마지막으로 자기희생 부정론이 있습니다. 어차피 남에게 보이기 위한 행동이 아니냐는 의견입니다. 자원봉사에 참여하는 학생들도 많지만, 어차피 그건 자기만족이고 위선이라며 좋지 않게 보는 사람도 꽤 있습니다.

칭찬받고 싶다는 이유로, 또는 취업을 위해 이력서에 쓰겠다는 이유로 자원봉사를 하는 사람들도 있으니까요. 하지만 자기만족이든 위선이든 내가 한 행동으로 실제로 도움을 받은 타인이 있다면 (자연재해 현장에서는 정말로 고마워하는 사람이 많습니다) 그것은 좋은 일이라고 생각합니다.

하지만 역시 현대 사회의 윤리적 복잡함을 알 수 있습니다.

대가 없는 사랑

게다가 자기희생 부정론과 관련된 또 하나의 이유가 있습니다. 이런 자기희생적인 행위나 태도는 이른바 대가 없는 사랑이라고 여겨집니다. 그리고 자기희생을 인정하지 않는 사람은 물론 대가가 없는 사랑이라는 것을 인정하지 않습니다.

우리는 사랑을 친밀한 관계의 근본이라고 생각했습니다. 게다가 상호적인 것으로 생각했습니다. 하지만 대가 없는 사랑은 그중 어느 쪽도 아닙니다. 이것은 친밀한 사람뿐 아니라 모든 사람을 위한 것이고 상호적이 아니라 일방적인 것입니다.

대가 없는 사랑을 실천한 대표적인 사람으로는 테레사 수녀가 있습니다. 훌륭하신 분입니다. 저 같은 사람은 도저히 할 수도 없는 일을 하셨지만 아무리 테레사 수녀라도 모든 사람을 위할 수는 없습니다. 앞에서 생각했듯이 우리 인간은 유한한 존재이고, 사랑도 한정되어 있습니다. 그래서 우리는 사랑은 친밀한 관계를 만드는 폐쇄적인 것으로 생각했습니다. 실제로 테레사 수녀도 인간인이상, 전 세계의 모든 사람을 대상으로 봉사활동을 하실 수는 없습니다(당연하지만요).

하지만 테레사 수녀는 모든 사람은 아닐지언정 친밀한 범위를 넘어 장벽 없이 자신을 희생해 봉사활동을 했습니다.

친밀한 범위를 넘어서? 장벽 없이? 그렇습니다. 이것은 우리의 분류로 말하면 정의의 범주입니다. 하지만 테레사 수녀가 보여준 것은 정의와는 달리, 사람들 한 명 한 명에게 다가가는 태도입니다. 그리고 사심 없는 태도입니다. 이것은 우리가 윤리의 기본 원리로 생각해온 구별법과 상관이 없는 방식입니다. 정의인지 사랑인지, 친밀한 관계를 위한 것인지 인류를 위한 것인지, 그 모든 구별을 넘어선 것입니다.

이것은 무엇을 의미할까요? 그리고 테레사 수녀는 어떻게 이런 일을 할 수 있었을까요? 답은 간단합니다. 테레사 수녀는 전혀 윤리적인 분이 아닙니다. 아니, 윤리적이지 않다는 게 아니라 윤리 같은 건 이미 초월하고 있습니다. 그녀가 모델로 삼고 있는 것은

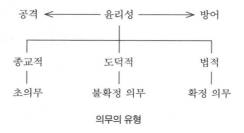

의무의 유형

예수 그리스도이며 그녀가 보여준 것은 윤리라기보다 종교인 것입니다.

현대 특히 일본에서는 종교에 대한 거부감이 강하죠. 이것도 현재 일본에서 자기희생, 대가 없는 사랑이 미움받고 있는 이유 또는 사람들이 선호하지 않는 이유 중 하나일 것입니다.

나로부터의 자유

초의무, 자기희생, 대가 없는 사랑. 이것들은 극단적으로 높은 도덕성을 보여줍니다. 서장에서 한 '왜 나우시카의 행위는 우리를 감동시키는가'라는 질문의 답이 여기 있습니다. 나우시카는 위험을 감수하고 자신이 상처를 입더라도 사람들을 구하려고 했기 때문입니다. 즉, 자기희생입니다. 그 결과, 세계를 구합니다. 냉정히 생각하면 현실에서는 있을 수 없는 일 같습니다. 일종의 기적과 같은 것이죠. 그래서 우리를 감동시키는 것입니다. 나우시카는 정의 같은 개념을 넘어서버렸습니다. 그만큼 윤리학적으로는 굉장히 이해하기 어렵다는 것을 알 수 있습니다.

조금 전에 자유를 네 개로 구별했었죠. 그중에는 '나로부터의 자유'라는 것이 있었습니다. 나로부터 자유라는 말은 성립하지 않는 말처럼 보입니다. 나로부터 자유로워진다는 건 자기가 없어져버린다는 것일까요? 그게 대체 뭐죠?

사실 여기에서도 초의무, 자기희생, 대가 없는 사랑을 생각할 수 있습니다. 하지만 이건 더 이상 윤리학의 주제라기보다 철학 또는 어쩌면 종교의 문제일지도 모릅니다.

지극히 높은 도덕성을 생각하면 어려운 것임에 틀림없지만 테레사 수녀처럼 살 수는 있습니다. 많은 사람에게 요구할 수는 없어도 적어도 생각해볼 수는 있습니다.

이런 이야기가 나오면 "나는 도저히 못 해요"라고 써서 내는 학생이 많습니다. 저도 할 자신이 없습니다. "그런 식의 자기희생은 있을 수 없다고 생각합니다. 인간은 모두 이기적이니까요. 저는 마음이 좁은 걸까요?"라고 써서 낸 학생도 있었는데요, 확실히 말해서 마음이 좁은 게 맞습니다.

"선생님도 할 수 없다고 하셨잖아요. 그럼, 선생님도 마음이 좁은 것 아닌가요?"라고 말하는 사람이 있을 수 있겠군요. 그건 아닙니다. 제가 할 자신은 없지만 다른 사람도 그걸 할 수 없다고는 하지 않았습니다. 그런 일을 할 수 있는 사람은 아무도 없다고 단정 짓는 것은 마음이 좁은 것이 맞지 않나요? 나를 기준으로 삼고 타인까지 모두 나와 같다고 생각하는 것이니까요. 아니면 아무도 그렇게 못 할 거라고 강요하는 일이 될 수도 있습니다.

윤리적인 '사심이 없음'은 철학적으로는 탈자(脫自/extase)라고 하고 종교적으로는 보면 선(禪)에서는 공(空)이라고 부르고, 노장사상에서는 좌망(坐忘)이라고 부릅니다.

여기서는 하나의 예만 소개하겠습니다.

도겐(道元)은 선종의 일파인 조동종(曹洞宗)을 일본에서 처음 세운 승려입니다. 불자로서 뛰어났을 뿐아니라, 근대 이전의 일본의 철학자 가운데 가장 깊은 사색을 하셨던 분입니다. 도겐의 대표작 『정법안장』에는 굉장히 유명한 말이 있습니다.

'불도를 배운다는 것은 자기를 배우는 것. 자기를 배운다는 것은 자기를 잊는 것. 자기를 잊는다는 것은 만물 앞에 자기를 드러내는 것. 자기를 드러내는 것은 자신의 몸과 마음, 타인의 몸과 마음을 자유의 경지로 만드는 것이다.'

어려운 말입니다. 특히 자기를 배운다는 것은 자기를 잊는다는 것이라는 문장은 깊은 울림을 줍니다. 어쩌면 이것도 나로부터의 자유를 시사하고 있을지도 모릅니다.

22장 전체 복습

윤리의 기본 원리와 패턴

3 × 4로 총 열두 개

정의에서 시작해 자기희생까지 살펴보았습니다. 어쩌면 또 있을지도 모릅니다. 하지만 이 책에서 다루는 건 이게 전부입니다.

단계 나누기

이것을 사용할 때의 주의점을 세 가지 정도 말씀드리고자 합니다.

우선 2단계로 생각해주세요. 첫 번째 단계는 세 개의 영역으로 나누는 것입니다. 그것을 각각 네 개로 나눌 수 있었죠. 두 번째 단계는 각각의 단계에서는 세 개 또는 네 개밖에 없기 때문에 한눈에 다 파악할 수 있습니다. 오히려 처음부터 열두 개 중에 뭘 사

인간관계	기본 원리	패턴	공격 또는 방어	구체적 예시
사회	정의	조정	방어	법(형사 처벌)
		교환	방어	경제(매매)
		분배	방어/공격	정치(예산 분배, 세금)
	공리성		공격/방어	트리아지
친밀한 관계	사랑	횡적 상보성	공격	연애, 부부
		종적 상보성	공격/방어	부부와 자녀, 스승과 제자
		횡적 공동성	공격/방어	우정, 커뮤니티
		종적 공동성	공격	동아리, 회사
개인	자유	소극적 자유	방어	프라이버시, 우행권
		적극적 자유	공격	개인의 행복, 삶의 보람
		불확정 의무	공격	타인에 대한 친절
		초의무	공격	자기희생

윤리의 기본과 패턴 총정리

용할지 고민하다가는 전체를 보기 어려우니 오히려 틀리기 쉽습니다.

산에서 조난을 당하면 아래쪽이 아니라 산 정상을 향하는 것이 철칙이라고 합니다. 빨리 집에 돌아가고 싶어서 산을 내려가려고 하면 오히려 길을 잃게 되죠. 산 정상에 올라가면 주변 전체를 둘러볼 수 있습니다. 그것처럼 윤리적인 문제로 망설이게 될 때 구체적인 상황에 시선을 빼앗기지 말고 일단 넓은 관점에서 보고 나서 거기서부터 나아갈 방향을 찾아보는 것이 좋습니다.

인간관계는 고정적이지 않다

관계의 복합

또 하나의 주의점은 얼핏 하나로 보이는 것이 사실은 두 개 이상 복합적으로 얽혀 있는 경우도 있고, 하나인데 다면성을 갖고 있는 경우도 있으며, 또 관계 자체가 변화하는 경우도 있다는 것입니다.

일단은 관계의 복합부터 볼까요?

앞에서 살펴봤듯이 가족은 하나로 묶을 수 있지만 분해할 수도 있습니다. 예를 들어 부부와 자녀라는 3인 가족이라도 남편과 아내는 횡적 상보성이고 아버지와 자녀, 어머니와 자녀 사이에 있는 것은 종적 상보성이었죠. 따라서 이 가족의 기본적인 관계는 종류로 말하면 두 개, 숫자로 말하면 세 개 있게 됩니다. 형제자매가 있다면 여기에 횡적 공동성이 추가되겠죠.

이것은 매우 친밀한 관계의 예시였지만, 사회성이 강한 관계의 경우도 마찬가지입니다. 예를 들어 회사 조직이라면 종적 공동성(상사와 부하의 관계)과 횡적 공동성(동료의 관계)이 보일 것입니다.

따라서 길을 잃었을 때는 나눠보는 것도 하나의 방법입니다. 나눠서 생각하지 않으니까 뒤죽박죽 섞여서 헤매게 되는 것입니다.

관계의 다면성

두 번째는 관계의 다면성, 즉 두 사람만의 관계에서도 몇 가지 측면이 있는 경우입니다.

의사와 환자의 관계는 서비스업의 가게와 손님 같은 측면도 있었고, 돌보는 자와 돌봄을 받는 자라는 측면도 있었습니다. 전자는 교환의 정의가 관련된 사회적인 측면이고, 후자는 횡적 상보적 관계입니다.

부부나 연인은 두 사람이 서로에게 자신에게 없는 중요한 것을 찾았기 때문이었고 이것은 횡적 상보성이었습니다. 하지만 두 사람이 같은 취미를 갖고 있을지도 모릅니다. 그런 경우에는 부부나 연인이라도 친구 같은 횡적 공동성 관계가 될 수도 있겠죠.

인간은 혼자서도 다면적이니까 두 사람의 관계도 당연히 다면적입니다. 이것도 나눠서 생각하지 않으면 혼란과 망설임의 원인이 됩니다.

관계의 변화

세 번째로 관계는 변화합니다.

예를 들어 대학 강사와 학생은 비대칭적인 관계입니다. 하지만 제가 가르친 학생이 사회인이 되어 지금은 친구로 만나고 있는 경우도 있습니다. 또는 카페 주인과 손님의 경우, 손님이 그 카페의 단골이라면 친구가 될지도 모릅니다. 전자의 경우라면 종적 상보성에서 횡적 공동성으로, 후자의 경우라면 교환 관계에서 횡적 공동성으로 변하게 됩니다.

그리고 우리는 모두 나 자신도, 자아도 없는 상태에서 성장하며 자율에 이르게 됩니다. 이것은 인간에게 일어나는 여러 다양한 변화 중에서 가장 큰 것입니다. 따라서 이에 동반되는 타인과의 관계도 근본적으로 변화합니다.

그러니 인간관계에 대해서 생각할 때에는 처음부터 '이거다!'라고 단정 짓지 말고 주의 깊게 긴 안목으로 보는 일이 필요합니다.

넓게 그리고 유연하게

폭넓게 생각하기

마지막 주의점입니다.

우리의 윤리학은 꽤 여러 윤리학설의 포인트를 도입해 폭넓은 윤리학이 되었습니다. 물론 성실한 윤리학자라면 '좋은 부분만 쏙쏙 골라 먹다니!'라고 질책할지도 모릅니다. 하지만 우리의 목적은 윤리학 이론을 만드는 것이 아니라, 최대한 인생의 여러 측면을 빠짐없이 아우르고 실제로 윤리적인 판단에 사용하거나 인생 및 이야기를 해석할 수 있는 윤리학을 만드는 일이었습니다. 그런 점에서 말하자면 어느 정도 형태는 만든 것 같습니다.

다시 '주인공은 나'

여러 원리 가운데 어떤 원리가 가장 중요하냐는 질문도 수업 시간에 자주 나옵니다만, 당연하게도 그건 각각의 구체적인 상황에 따라 다릅니다(단지 이것이 '마음대로 정해도 괜찮다'라는 의미가 아닌 것에 주의하세요. 왜냐하면 정하기 위해서는 이유가 필요하니까요).

각각의 경우에 따라 다르기에 우리는 복수 원리주의를 채택했었습니다. 그리고 반복해서 봐왔듯이 윤리학은 원리를 나타내는 것이고 그 원리의 사용법, 응용 방법, 결정하기 위한 이유는 각자 생각할 수밖에 없습니다. 어느 원리가 우선되는지 전부 정해져 있다면 그건 노예이거나 로봇일 것입니다. 스스로 정하기 때문에 우리 각자의 삶의 의미가 생겨납니다.

즉, 이런 원리들 중에서 무엇을 중요시하고, 전체적으로 어떻게 균형을 맞출지를 생각하는 것, 이른바 인생을 자기 나름대로 디자인하는 것, 그것이 바로 '주인공은 나'의 진정한 의미였습니다.

전체의 균형

하지만 그때 중요한 것은 폭넓게 생각하고 균형을 맞추는 것입니다.

예를 들어 정치는 정의를 실현하는 것이어야 합니다. 하지만 정치에서 모든 것이 정해지는 것은 아닙니다. 또 정의를 실현한다는 목적에 함몰돼 윤리에 반하는 행동을 하면 곤란합니다. 정치도 경제도 법도 중요합니다. 이 모든 것이 정의의 일부이니까요.

정의 자체가 윤리의 일부이며 사랑과 자유도 윤리의 일부입니다. 우리가 원했던 윤리는 이 모든 것들의 균형을 맞추는 것입니다. 이것들 중에 하나가 튀어나와 균형을 잃지 않도록 방지하는 일입니다.

그래서 누군가가 '~가 중요해'라고 주장하고 있다면, 일부만을 중시하고 다른 것을 무시하고 있진 않은지 주의 깊게 봐주세요. 예를 들어 가족은 중요하다는 주장은 틀린 말이 아닙니다. 하지만 무엇보다도 가족이 중요하다고 하면 조금 균형이 틀어지는 것이고, 만약 가족만 중요하다고 하면 문제가 됩니다.

돈이 중요하다는 것도 틀린 건 아닙니다. 하지만 돈만 중요하다고 한다면 균형이 안 맞습니다. 만약 누군가가 '나에게는 무엇보다도 돈이 중요해'라고 한다면 개인의 취향이니 허용될 수 있지만, 그것을 남에게 강요할 수는 없습니다. 누군가가 특이하고 재미있는 주장을 하고 있다면 그 사람이 무엇을 말하려고 하는지를 일단 이해할 필요가 있습니다. 그리고 그 사람이 중요하다고 주장하는 것을 조금 전 리스트에서 찾아보세요. 그 주장이 극단적이지는 않은지 편향되어 있지 않은지를 체크해보세요.

물론 자신의 주장도 체크해봐야 합니다. 특히나 나 자신의 생각은 스스로 당연하다고 생각하게 되기 때문에 더더욱 편협한 생각이 아닌지 다시 확인해야 합니다.

이 책은 끝이 나지만

여기서 만든 것이 유일하게 옳은 윤리학이라고 말할 생각은 없습니다. 저도 판단을 망설이는 부분이 있었고, 전체적인 틀에 대해서도 다르게 이해할 수 있을 거라 생각합니다.

하지만 틀을 바꾸거나 다시 검토하는 것은 제가 할 일이 아니라 여러분이 하는 것입니다. 갑자기 숙제를 받은 느낌이 들지도 모르겠지만 역시 '나'(우리 중 하나)가 주인공이니까요. 게다가 여기까지 한 설명만으로도 이미 재료는 꽤 갖추어졌다고 생각합니다. 여기서 더 말하면 이제는 쓸데없는 참견이자 오지랖이 될 수도 있습니다.

윤리학의 역할은 윤리학의 기본을 배우는 것과 함께 스스로 생각할 수 있도록 하는 것이었습니다. 거기까지는 갈 수 있었을 것으로 생각합니다. 그러니 이 책은 여기서 끝입니다. 책은 여기서 끝나지만 여러분의 인생은 여기서부터 시작하는 셈입니다.

이 책을 다 읽은 지금, 여러분은 내가 주인공이라는 말이 그냥 듣기 좋은 표어라든가 술집 화장실에 붙어 있는 상투 문구가 아니라는 것을 알게 되었을 것입니다. 이제 그 속을 채우기 위한 재료를 얻은 지금부터는 여러분이 '내가 주인공'임을 실천할 차례입니다(내가 주인공인 이야기에 등장하는 조연이나 지나가는 인물들 또한 자신들의 이야기에서는 모두 주인공이랍니다).

그럼, 건투를 빕니다!

에필로그

이 책을 한창 쓰고 있을 때, 과거에 제자였다가 지금은 졸업하고 취직한 한 친구에게 메일이 왔습니다. 그는 '지역 주민의 생활을 풍요롭게 만들고 싶다. 그러기 위해서는 나 하나쯤 죽어도 상관없다'라는 신념을 가지고 시청에 근무하고 있습니다. 과장된 표현이라고 생각할지도 모르지만, 그는 그런 사람입니다. 과장 섞인 표현을 자주 하지만, 굉장히 성실한 친구입니다. 그는 수업 시간에 정의는 없다고 완고하게 주장했던 학생이었습니다. 기억이 나실지 모르겠는데, 본문에서 몇 번인가 언급했던 '너무 고지식해서 정의 실현 수단이 없는 현실에 화가 나 정의는 없다고 말을 하는 유형'의 사람이었습니다.

자신의 정의감에 답답함을 느끼고 있는 그에게 저는 다음과 같이 답장을 썼습니다. 그 편지를 에필로그로 대신할까 합니다.

미조구치 군, 메일 고마워요. 이것저것 정신이 없어서 답장이 늦었습니다.

오늘은 감기에 걸려 집에서 쉬면서 메일을 쓰고 있어요.

제가 요즘 정신이 없는 이유는 출간을 앞둔 책을 마무리하고 있어서 그렇습니다.

이 책은 당신을 위해 쓴 것 같은 느낌이 듭니다.

물론 미조구치 군만을 위해서 쓴 건 아니지만요.

제가 책을 쓰는 첫 번째 이유는 나 자신을 위해서입니다. 이해가 안 되는 것이 있어서 그 부분을 생각하고 싶어서 쓰는 것입니다.

이 책은 제가 옛날부터 늘 의문이었던 '윤리학은 왜, 무엇을 위해서 있는 것인가'를 이해하기 위해 썼습니다. 물론 윤리학의 역할은 설명할 수 있지만, 훨씬 더 근본적인 질문을 확실히 이해하고 싶었거든요.

이 책을 쓰면서 든 생각은 인간은 유한하다는 것입니다.

우리는 생명도, 능력도, 이해력도, 집중력도, 의지도 모두 한정되어 있습니다. 인간이 영원히 살 수 있고 영원히 힘을 발전시켜 나갈 수 있다면 완전한 이상을 실현할 수 있을 테지만 현실은 그렇지 않습니다.

그런데도 우리는 늘 이상을 추구합니다. 이상적인 사회, 순수한 사랑, 완벽한 행복 등. 물론 이런 것들도 필요한 것이기는 합니다. 이상을 추구하지 않는다면 노력도 하지 않을 테고, 현재 상태에 안주하게 될 테니까요. 하지만 이상만을 추구해서는 안 됩니다.

그럼 어떻게 하면 좋을까요? 균형을 맞추는 것입니다. 사회를 좋게 만들고 싶다, 곤란한 사람을 돕고 싶다, 그녀에게 이 마음을 전하고 싶다 등등…… 그러면서 나 자신의 삶도 살고, 친밀한 사람을 소중히 여기고, 자신이 사회 속에서 살아간다는 것도 잊지 않아야 하죠. 윤리학의 역할은 하나가 아니라 여러 요소의 균형을 맞추는 것이 중요하다는 것을 가르쳐주는 것입니다. 그것이 제가 찾아낸 답입니다.

저는 미조구치 군이 추구하는 거의 낭만주의에 가까운 이상을 좋아하지만, 한편으로는 그것이 불행한 쪽으로 향하지 않기를 바라고 있습니다. 왜냐면 말이죠, 멀리 떨어져 있지만 미조구치 군이 열심히 노력하고 있다고 생각하면 그것만으로도 저는 기쁘니까요.

마무리가 무슨 러브레터처럼 되어버렸네요. 그럼 무슨 일 있으면 또 메일 주세요.

그럼, 안녕!

부록

부록에 대해서

부록의 내용은 윤리학의 기본지식과, 윤리학의 방식, 이 책에서 채택한 기본 방침의 설명입니다.

본문 = 윤리학의 내용
부록 = 부록 1: 윤리학의 하위 분야, 윤리학의 기본 사고방식, 윤리학과 다른 학문의 관계
부록 2: 윤리학의 방식
부록 3: 이 책의 기본 방침

처음에 썼을 때는 본문의 1장, 2장 뒤에 이 부록 부분, 그리고 본문 3장 이렇게 이어가려고 했습니다. 그래서 이 순서로 읽어주시는 것이 가장 좋습니다.

하지만 윤리학의 내용에 관심이 있고, 빨리 내용을 알고 싶은 사람이라면 이 부록은 생략해도 괜찮습니다. 물론 저는 이 부분도 읽어주셨으면 합니다. 나중에라도 읽어주시면 좋겠습니다.

또한 빨리 다 읽고 싶지만, 윤리학이 어떤 일을 하는지 또는 윤리학은 어떤 식으로 연구하는지 궁금한 사람은 본문의 3장에 들어가기 전에 부록 2~3장만이라도 먼저 읽어주시면 좋겠습니다. 그러면 본문에서 왜 그런 식으로 논하고 있는지도 알 수 있을 테니까요.

부록 1 윤리학 바로 알기

윤리학의 윤곽

윤리학의 세 분야

윤리학에는 오랜 역사가 있고 지금까지 수많은 지식이 차곡차곡 쌓여왔습니다. 우리가 나름대로의 윤리학을 만든다고 해도 이 지식들을 사용하지 않을 수는 없습니다. 그래서 우리가 생각할 때 참고가 될 수 있도록 학문적인 윤리학의 성과를 조금 살펴볼까 합니다.

일단은 학문적인 윤리학의 윤곽에 대해서 간단히 소개하겠습니다.

윤리학은 크게 세 개로 나뉠 수 있습니다. 규범 윤리학, 응용 윤리학, 메타 윤리학입니다.

규범 윤리학

윤리라는 것은 인간이 살아가면서 필요한 규칙 또는 규율 같은 것이었습니다. 이렇게 우리가 따라야 하는 것을 규범이라고 부르죠.

일반적으로 도덕, 윤리라고 생각하는 것들이 많지만, 그중에는 불필요한 것이 있을지 모릅니다. 규범 윤리학은 그런 쓸데없는 것을 배제하고 중요한 것만, 즉 윤리의 기본을 추려내는 작업을 합니다. 윤리 및 도덕은 어떤 것이어야 하는가, 어떤 도덕적, 윤리적 규범이 필요한가. 규범 윤리학이란 것은 그런 도덕의 핵심을 논합니다. 이것이 윤리학의 중심 부분입니다.

따라서 보통 윤리학이라고 하면 이 규범 윤리학을 가리킵니다. 이 책에서 생각한 것도 이것이죠.

응용 윤리학

규범 윤리학이 윤리학의 기초론이라고 하면 그것을 응용하는 것이 응용 윤리학입니다.

인간은 시대가 지나도 크게 변하지 않습니다. 고대인은 키가 5미터였다거나 그 무렵에는 아이가 알에서 태어났다거나 하지 않았습니다.

한편으로 시대에 따라 크게 변화한 것도 있습니다. 우리가 생활하는 환경입니다. 특히 근대 이후, 환경에 큰 영향을 준 것이 과학 기술이었습니다. 그 결과, 여러 가지 윤리 문제가 생겼습니다. 그런 문제에 규범 윤리학이 쌓아온 윤리의 기본 원리를 상황에 맞게 응용하는 것이 응용 윤리학입니다. 어느 분야에 응용하는지에 따라 여러 가지 응용 윤리학이 있습니다.

예를 들어 원래는 자연을 연구하고 이용하기 위한 것이었던 과학 기술이 최근에는 인간을 대상으로도 사용되게 되었습니다. 과학이라는 것은 사물을 최대한 세세하게 나눠서 연구합니다. 예를 들어 기계가 부서지면 특정 부품을 교체해서 수리할 수 있게 되었습니다. 그것과 마찬가지로 인간 몸의 일부가 고장 났을 때 그 부분만 교체하면 어떨까요? 이 오랜 꿈이 20세기 후반에 실현되었습니다. 바로 장기 이식입니다. 그 밖에도 아이를 낳거나(생식) 생명을 연장하는(연명) 분야에서 의료 기술이 급격히 진보했습니다. 하지만 여러 가지 문제도 일어났습니다. 바로 그런 문제를 연구하는 것이 생명 윤리학(바이오닉스)입니다.

과학 기술의 발달은 자연환경에도 큰 영향을 미치는데 유감스럽게도 환경 파괴도 일으킵니다. 그래서 환경 윤리학 같은 것도 생겼습니다.

게다가 최근 20~30년 동안에는 정보 기술이 폭발적으로 발달함에 따라 정보 윤리학(computer Ethics)이라는 분야도 새롭게 생겼습니다.

규범 윤리학과 달리 응용 윤리학은 현대에 생긴 새로운 분야입니다. 제가 학교 다니던 시절에는 응용 윤리학 강의 같은 건 없었습니다만, 지금은 대학의 커리큘럼에 들어 있습니다.

메타 윤리학

규범 윤리학은 규범의 기본을 다루고, 응용 윤리학은 규범의 응용을 생각합니다. 그래서 이 두 가지를 묶어서 규범적 윤리학이라고 부르기도 합니다.

하지만 '무엇을 해야 하는가'라는 규범의 문제 외에 좀 더 근본적인 문제도 있습니다.

예를 들어 학생들이 수업 시간에 써서 내는 의견 중에 "정의가 정말로 있나요?"라든가 "정의는 존재하지 않는 것 같아요"라는 것들이 있습니다. 이 질문에 대답하기 위해서는 정의가 존재한다는 것이 어떤 의미인지를 확실히 해두지 않으면 안 됩니다. 정의는 존재하지만, 볼펜이나 태양이 존재하는 것과 같은 의미로 존재한다고 생각되지는 않습니다. 그런 문제를 논하는 것이 메타 윤리학입니다.

정의의 존재 여부는 평상시에는 별문제가 되지 않습니다. 왜냐하면 정의가 존재하든 말든 옳은 일이나 부당한 일은 일어나기 때문입니다. 따라서 정의는 존재하는가 하는 문제를 방치해도 윤리학은 성립합니다.

'메타'라는 것은 그리스어로 '~에 대해서'라는 뜻입니다. 따라서 메타 윤리학이란 것은 윤리와 윤리학에 대한 학문입니다. 메타 윤리학은 규범이나 규범의 내용을 다루는 학문은 아닙니다.

따라서 규범적 윤리학이 아니라 비규범적 윤리학의 일종입니다. 규범적 윤리학이 윤리학이라고 하면, 메타 윤리학은 철학의 일부

	대분류	소분류	학문 분야
윤리에 관한 학문	규범적 윤리학	규범 윤리학	윤리학
		응용 윤리학	
	비규범적 윤리학	메타 윤리학	윤리학, 철학
		기술 윤리학	사회학, 윤리학

윤리학의 종류

라고 생각하는 편이 좋습니다.

　그러니 당연하게도 전문적으로 세세하게 논할 수밖에 없습니다. 그래서 대학에서도 메타 윤리학은 철학이나 윤리학 전공자를 위한 강의밖에 없습니다. 이 책에서도 그다지 다루고 있지 않습니다.

기술 윤리학

참고로 기술 윤리학이란 것도 있습니다. 도덕, 윤리 규범이라고 생각되는 것을 조사해서 기록하는 것입니다. 그것이 정말로 필요한 규범인지 아닌지는 제쳐두고 조사만 하는 것이죠. 그래서 이것도 비규범적 윤리학의 일종입니다.

　저는 이 분야도 중요하다고 생각하지만, 윤리학의 왕도는 역시 규범적 윤리학입니다. 기술 윤리학은 현대에는 오히려 사회학, 인류학이 맡고 있습니다.

윤리학의 역사

규범 윤리학의 세 가지 입장

가장 중요한 규범 윤리학의 핵심입니다. 규범 윤리학에는 대표적인 세 가지 사상이 있습니다. 덕 윤리, 의무론, 공리주의입니다.

윤리학 교과서는 이것들을 설명하는 내용이 중심입니다. 물론 그것도 중요하지만, 처음부터 이런 내용이 나오면 우리가 원하는 실용적인 윤리학이 되지 않습니다. 따라서 우리는 어디까지나 이런 것이 있다는 정도로만 알고 넘어가면 됩니다.

윤리학의 시작

고대 그리스의 철학자 소크라테스부터 시작합시다. 이 사람이 윤리학 탄생의 계기를 만들었기 때문입니다.

소크라테스는 확실히 말해서 이상한 아저씨입니다. 한 권의 책도 쓰지 않았고, 사형을 당했습니다.

그가 고발당한 이유는 '젊은이들에게 나쁜 영향을 미치고 있으며, 전통적인 종교를 소홀히 했다'였습니다. 소크라테스는 젊은이들에게 인기가 있었고, 젊은이들에게 삶의 방식에 대해서 스스로 생각하도록 가르쳤습니다. 이것이 보수적인 가치관을 가지고 있던 사람들의 심기를 건드렸던 것이죠. 젊은이들이 소크라테스의 영향을 받아서 자신들이 믿는 전통과 종교를 부정할까봐 두려웠던 것입니다.

소크라테스는 '잘 사는 것이란 무엇인가'라고 사람들에게 질문을 던졌습니다. 사람들이 상식적인 대답을 하면 '아니, 그것은 이상하지 않아?'라며 일일이 따지면서 물었다고 합니다. 게다가 소크라테스는 자신의 생각은 알려주지 않았습니다. 물론 이것은 사람들이 스스로 생각하게 하기 위해서였습니다. 스스로 생각하도록 유도하는 방식은 윤리학의 오래된 전통입니다.

소크라테스는 사형을 선고받고 극적인 죽음을 맞았기에 그의 질문은 후대에게 큰 영향을 주었습니다. 소크라테스를 고발한 사람들은 그를 죽이면 끝날 문제라고 생각했을지도 모르지만, 그것은 역효과였습니다. 결과적으로 소크라테스는 예수, 공자와 어깨를 나란히 하는 '인류의 스승'이 되었습니다.

덕 윤리

소크라테스의 죽음에 충격을 받고 스스로 생각하기 시작한 사람이 플라톤이고, 그의 사상을 계승해 '윤리학'이라는 이름을 만든 사람이 아리스토텔레스입니다. 플라톤과 아리스토텔레스는 선함/악함을 근거로 선한 사람/악한 사람이라는 관점에서 파악했습니다. 그리고 선한 사람은 훌륭한 특성을 가진 사람으로 보았습니다. 인간이 가진 훌륭한 특성을 덕(그리스어로 '아레테')이라고 불렀습니다. 그래서 이런 유형의 사상을 덕 윤리학이라 부릅니다.

'덕'이란 말은 요즘에는 잘 쓰이지 않는 말이라 와닿지 않겠지만 지금 감각으로는 선한 성격이나 착한 인성을 말합니다. 구체적으로 말하면 용기, 인성, 절제입니다.

의무론과 공리주의

중세 유럽에서는 기독교가 큰 힘을 갖고 있어서, 정치도 경제도 법도 물론 윤리도 모두 기독교에 기반하고 있었습니다.

근대에 들어 종교의 영향력이 서서히 쇠퇴하면서 세상의 주인공은 신이 아니라 인간이 됩니다. 그리고 자연을 연구하면서 과학이 발달하고, 인간이 자기 자신을 연구하면서 새로운 윤리학이 생겨납니다. 바로 칸트로 대표되는 의무론과 벤담이 창시한 공리주의입니다.

근대의 윤리학은 과학의 탄생과 발전을 곁눈질로 보면서 의식하기 시작합니다. 과학을 의식하는 방식은 두 가지가 있는데 하나는 부러워하는 것, 그리고 또 하나는 별거 아니라는 식으로 티를 내지 않는 것이었습니다. 과학이 성공했으니 과학의 사고방식을 도입하려고 시도한 공리주의와, 인간(=윤리)의 문제는 역시 자연(=과학)의 문제와는 다르다고 생각하는 의무론입니다.

과학이 자연의 법칙을 발견한 것처럼 도덕의 법칙을 발견하려고 했다는 점에서는 공리주의와 의무론은 공통점이 있습니다. 이것은 고대의 윤리학이 '인성'에 주목한 것과 크게 다릅니다.

칸트의 생각이 의무론이라 불리는 것은 법칙을 의무로 생각하고 있기 때문입니다. 칸트는 윤리와 과학, 인간과 자연은 다르다고 생각했습니다. 인간은 인간으로서의 존엄을 갖습니다. 그걸 위해서는 누구에게든지 의무가 중요하다고 생각했습니다.

한편 벤담은 칸트와 달리 인간은 동물과 같은 존재이며 모든 사람이 쾌락과 고통에 지배당하고 있다는 노골적인 부분(노골적이지만 누구나 인정해야 하는 법칙)에서 출발해 공리성의 원리에 이릅니다.

또한 의무론은 내면의 의욕을 중시하는 데 비해 공리주의는 결과를 중시합니다. 이처럼 굉장히 확실한 차이가 있어서 어느 쪽에 공감하는지로 성격 진단도 할 수 있을 정도입니다.

문제는?

이 세 가지 사고방식은 각각 중요하지만 윤리학자들은 가능하다면 통일된 사고를 선호합니다.

물리학에서는 중력, 약력, 강력, 자기력이라는 네 개의 기본 힘이 있다고 얘기하고 있습니다. 아직 밝혀지지 않은 것은 이 네 개의 힘의 관계입니다. 그래서 물리학자들은 이것들을 전부 하나로 묶어서 통일적으로 설명하는 이론을 찾고자 연구를 계속하고 있습니다.

마찬가지로 윤리학에서도 지금까지 발견된 세 가지 입장을 전부 하나로 묶을 수 있는 통일 이론을 만들 수 없을까 연구하는 중입니다. 어쩌면 세 가지 중 하나가 가장 좋은 이론일지도 모르고, 아니면 하나로 정리한 초통일이론이 있을지도 모릅니다.

세 가지의 좋은 점만 조합해서 전체를 만드는 방식도 있습니다.

그러면 지금까지의 윤리학이 냈던 성과를 살릴 수도 있을 테니까요. 하지만 우리 나름대로의 방식을 만들어가다 보면 이 세 가지 말고도 더 찾을 수 있을지 모릅니다.

윤리학의 이웃

다른 학문과의 관계

그 전에 윤리학과 가까운 다른 학문을 보고 갑시다.

먼저 마음의 문제를 다룬다는 점에서 심리학이 있습니다. 그리고 윤리는 정치나 경제의 기초이기도 하기 때문에 정치학, 경제학도 관련이 있고, 인류학이나 사회학과 같은 사회과학도 관련이 있습니다. 그 밖에도 인간도 생물이니 생물학과의 관계도 있고, 최근에는 뇌과학하고도 관계가 있습니다.

사회과학과 인간과학의 기초가 되는 윤리학

과학은 크게 자연과학과 인간에 관한 과학(사회과학, 인간과학)으로 나뉠 수 있습니다. 자연과학의 기초가 되는 것은 수학입니다. 수학은 실험 및 관찰을 하지 않습니다. 순수한 이론입니다.

물리학은 실험 및 관찰로 데이터를 모으지만 그것을 이론화하기 위해서는 반드시 수학이 필요합니다. 실제로 자연과학의 기초를 만든 데카르트나 고전 물리학을 확립한 뉴턴은 모두 일급 수학

기초가 되는 학문	학문 영역	학문명
수학	자연과학	물리학, 화학 등
윤리학	사회과학, 인간과학	경제학, 정치학, 법학, 사회학, 인류학, 심리학 등

과학과 그 기초

자이기도 했습니다.

이런 관계를 따라가서 말하자면 경제학과 정치학이라는 사회과학이나 심리학 등 인간과학의 기초가 되는 것이 윤리학입니다. 경제학의 원조 애덤 스미스도, 형식 사회학의 아버지 게오르크 짐멜도 심리학을 개척한 빌헬름 분트와 존 듀이도 윤리학자 또는 철학자였습니다.

대부분의 자연과학자는 수학이 기초라는 것을 인정하지만, 사회과학자 중에는 (아마도) 윤리학이 기초라는 것을 인정하지 않는 사람이 많을 것입니다. 왜냐하면 자연과학이 엄청나게 성공한 것을 보고 '부모인 윤리학의 품을 떠나 자연과학 쪽으로 가고 싶다'고 생각해버렸기 때문입니다. 따라서 경제학은 수학을 매우 중시하고, 심리학은 실험, 관찰을 중요시합니다. 동시에 윤리학에게는 겁을 집어먹고 말을 꺼내지 않죠.

그 결과로 사회과학, 인간과학은 왜곡되어버린 면이 있습니다. 그래서 현재는 윤리학과 경제학을 다시 연결하려는 아마르티아 센 같은 경제학자나, 사회학자이지만 윤리를 정면으로 다루는 다

테이와 신야 같은 사람, 윤리학과 심리학을 관련지으려고 하는 로런스 콜버그 같은 심리학자도 나오고 있습니다.

법학과 윤리학

사회과학 중에서도 법학은 윤리, 도덕과 상당히 밀접한 관계가 있습니다.

아이가 규범을 어기는 일, 해선 안 되는 일을 하면 먼저 하지 못하게 막고 혼을 냅니다. 하지만 어른이 되어도 그런 일을 하는 사람이 있습니다. 규범을 어긴 어른을 막으려고 하면 오히려 이쪽이 보복을 당할지도 모릅니다. 그래서 우리는 법률 같은 규칙, 법적 규범을 만들어 경찰이나 법원 같은 실제적인 제도를 운용하고 있습니다.

그리고 규범에는 합리적인 이유가 분명하지 않은 종류의 것이 있습니다. 이른바 상식이나 매너입니다. 이런 건 사회적 규범이라고 합니다.

따라서 규범은 크게 세 종류가 있습니다. 이중 사회적 규범은 전통이나 문화와 관련이 있는 듯하지만, 법률도 도덕도 아닌 굉장히 모호한 것입니다. 이에 비해 도덕이나 법률은 최대한 확실한 편이 좋기 때문에 연구 대상이 됩니다. 법적 규범을 다루는 것이 법학이고, 도덕적 규범을 다루는 것이 윤리학입니다.

과학은 사실을 다루는 사실학입니다. 하지만 윤리학과 법학은 과학과는 달리 규범을 다루기 때문에 규범학이라고도 합니다(또한 가지 중요한 규범학으로서 논리학이 있습니다).

하지만 같은 규범이라고 하더라도 도덕과 법은 꽤 다른 성격을 갖고 있습니다.

법과 도덕의 차이

법률은 명확합니다. 법률은 정확히 문서로 되어 있습니다(성문화). 경찰에 붙잡힌 뒤에 '그런 법률 몰랐어요'라고 해도 안 통합니다. 법률에는 '처벌받고 싶지 않으면 이것을 따라야 한다'는 강제력이 작용합니다.

또한 법률은 일정 절차가 정해져 있다는(실정법) 특징을 갖고 있습니다. '과거에는 왕이 멋대로 법률을 정했잖아요'라고 생각하는 사람이 있을지도 모르지만, 아무리 왕이어도 법률을 정하면 그것을 모두에게 알려야 합니다. 알리는 것(포고)도 절차의 일종이고 이것이 없으면 법으로서 통용되지 않습니다. 현대에는 우리의 대표인 국회의원이 다수결로 법률을 만들고 있는데요, 이것도 절차입니다.

이렇게 법적 규범은 절차가 정해져 있고, 문서에 쓰여 있고, 강제력이 있다는 특징을 갖고 있습니다.

이에 비해 도덕적 규범은 절차가 정해져 있는 것이 아니고, 문서화되어 있지도 않으며, 강제력이 있는 것도 아닙니다. 실제로 "그럼 도덕은 의미가 없는 것 아닌가요"라는 의견도 자주 듣습니다. 하지만 이건 꽤 법률적인 사고방식에 사로잡힌 의견입니다.

법보다 도덕이 우선

법률로 금지되어 있기 때문에 하면 안 되는 것이 아니라, 도덕적으로 안 되는 것이라서 법률에 그렇게 쓰여 있는 것입니다. 따라서 법률에 쓰여 있든 아니든 제대로 된 이유가 있다면 하지 말아야 할 것은 하면 안 되고, 해야 할 것은 해야 합니다. 이것이 도덕적 규범입니다. 윤리학의 일은 도덕적 규범에 적합한 이유가 있는지를 검토하고 이유가 없는 경우에는 제거하고, 있는 경우에는 그것을 제대로 나타내는 것입니다.

반대로 법률은 절차에 따라 정해지지만, 합리적인 이유가 없어도 절차만 강제로 진행할 수는 있습니다. 옛날 폭군 중에는 그런 사람도 있었죠. 지금도 일단 권력을 쥐면 국민이 반대하는데도 억지로 자신들에게 유리한 법률을 만드는 정치인이 있습니다. 따라서 때로는 잘못된(비도덕적인) 법률도 생겨버립니다. 그런 법률을 비판하기 위해서라도 역시 도덕이 필요합니다.

절차가 만들어진 것도 원래는 틀린 것을 방지하기 위해서였지만, 그걸 착각해서 절차만 있으면 그걸로 된 거 아니냐고 잘못된 생각을 하는 사람도 있습니다.

법률에 쓰여 있지 않은 건 뭘 해도 상관없는 거 아니냐고 말하는 사람도 있습니다. 이건 편협한 생각입니다('법은 도덕의 최소한'이라는 고대 로마시대의 격언이 있습니다). 법률에 적혀 있지 않지만 해서는 안 되는 일, 나쁜 일은 많이 있습니다.(성희롱 죄는 법률에 없다고 아무리 주장해도 성희롱 자체가 죄라는 것은 틀림없습니다. 왜냐하

종류	특징	예	학문
도덕적 규범	합리적 이유가 필요	도덕	윤리학
법적 규범	절차로 규정됨, 강제력이 있음(위반하면 처벌받음)	법률, 단체의 규정	법학
사회적 규범	전통이나 문화, 습관	상식, 매너	사회학, 인류학

다양한 규범

면 그것은 나쁜 짓이기 때문입니다).

게다가 법률에는 '이런 착한 일을 하시오'라고는 쓰여 있지 않습니다. 따라서 법률에 쓰인 그대로만 하면 된다는 생각은 편협하고 마음이 좁은 것입니다.

문제를 일으킨 정치인이나 공무원이 자주 하는 변명은 '법의 절차에 따라 성실하게 조사를 받겠습니다'입니다. 하지만 우리가 듣고 싶은 것은 법률에 따를 것인지 아닌지가 아닙니다. 그 당연한 것을 당당하게 말하면 곤란합니다. 오히려 우리는 그 사람이 인간으로서 제대로 행동했는지를 듣고 싶습니다.

강점과 약점

이렇게 생각해보면 도덕과 법에는 각각 강점과 약점이 있습니다. 마지막으로 하나만 더 들겠습니다.

법률은 문서로 만듭니다. 그래서 명확하고 세세하게 정해놓습니다. 구체적으로 지정하지 않으면 법률이 되지 않습니다. 하지만 구체적으로 지정하면 놓치는 부분이 나옵니다. 예를 들어 탈법 허브 (일본에서 유통되는 마약의 일종. 현행법으로는 화학성분을 기준으로 약품에 대한 유통규제를 하는데 특정 성분이 규제되면 재빨리 규제에서 벗어난 화학식으로 바꿔서 재판매를 하기 때문에 탈법 허브 판매업자를 마약 유통으로 잡아넣는 일이 불가능하다. 최근에는 이 명칭이 위험 약물로 바뀌었다) 문제를 떠올려봅시다. 법률로 특정 약품을 금지하면 유통업자들이 다른 약품으로 대체하고, 그 약품도 금지하면 또 다른 약품으로 바꿔서 판매하는데, 이러면 다람쥐 쳇바퀴입니다.

필요한 것을 모두 법률로 만들려고 하면 무수히 세세한 법률이 필요합니다. 지금 있는 법률도 복잡하고 방대한데(일본에는 법률과 명령을 합치면 약 8000개 있다고 합니다), 이걸로도 충분하지 않아서 반드시 틈이 생겨버리는 약점이 있습니다. 그렇기 때문에 그런 골치 아픈 일이 생기지 않도록 한 사람 한 사람이 윤리를 마음에 새겨두어야 합니다.

하지만 유감스럽게도 안 되는 이유를 알고 있어도 하는 사람이 반드시 나옵니다. 그래서 도덕뿐이 아니라 강제력을 가진 법률도 필요한 것입니다. 법과 도덕은 이렇게 서로 보완하는 관계에 있습니다.

<u>한 걸음 더 12</u> 윤리는 문화에 따라 다르다?

여기서는 상세히 다루지는 않겠지만, 문화인류학이나 사회학도 윤리학과 큰 관련이 있습니다. 인류학과 사회학에는 우리들과는 전혀 다른 생활 방식, 다른 문화에 대한 놀라움이 넘쳐나기 때문입니다.

바퀴벌레나 매미를 먹는 곳을 보며 놀라기도 하고, 반대로 외국에서는 날달걀을 먹는 일본을 보고 놀라기도 합니다. 음식 이야기라면 별난 취향이라면서 끝날 이야기지만 우리의 윤리감을 자극할 만한 문화의 차이도 있습니다. 일본은 지금 일부일처제를 시행하고 있지만 일부다처의 문화가 있는 곳도 있고, 과거에는 멀리서 손님이 오면 부인이나 딸을 하룻밤 상대로 내놓는 문화가 있는 곳도 있었다고 합니다.

이러면 도덕이나 윤리는 시대나 문화에 따라 달라서 보편적인 도덕 같은 건 없다는 생각이 생기기도 합니다. 이른바 문화상대주의라는 것입니다. 하지만 이건 꽤 수상쩍은 이론입니다.

애초에 사회학이나 인류학은 가치판단과 관련된 것이 아니라 사실을 연구하는 학문입니다. 그리고 연구의 결과는 사람들이 도덕, 윤리라고 느끼고 믿는 것은 문화에 따라 다르다는 것입니다. 이건 맞습니다. 하지만 사람들이 도덕, 윤리라고 생각하는 건 겉으로 봤을 때 다르다는 사실을 보여주는 것일 뿐입니다. 이건 굉장히 당연한 것입니다. 여기서 보편적인 도덕은 없다는 결론을 이끌어낼 수는 없습니다.

영국에는 '지구는 평평하다 협회'라는 것이 있습니다. 이 협회 사람들은 지구는 평면이라고 믿습니다. 반면에 우리는 지구는 둥글다고 믿고 있죠. 여기에 사회학자들, 인류학자들의 추론을 넣어보면 '지구가 어떤 형태인지 대해서는 보편적인 진리는 존재하지 않는다'라는 말이 되어버립니다. 이것은 이상하죠. 사람들이 믿고 있는 것이 다르다고 진실은 없다는 결론에 도달하는 것은 비약입니다.

단, 이것만으로 보편적인 도덕이 있다는 게 증명되지는 않습니다.

그래서 기묘하게 보이는 풍습이나 문화를 좀 더 깊이 조사합니다. 그러면 겉으로 보기에는 기묘하지만 이유가 있다는 걸 발견하고 이런 풍습, 문화도 사실은 그다지 기묘한 것이 아니란 걸 알게 됩니다. 오히려 깊이 연구할수록 아무리 멀리 떨어진 지역이라도, 시대가 변해도 변하지 않는 도덕이 있다는 것을 알 수 있습니다.

상대주의적 사고방식의 기본은 세상엔 여러 다양한 문화가 있다는 사실입니다. 이런 사실을 확인하는 것 자체는 매우 중요합니다. 자신의 생각만 옳다고 주장하는 독단적인 사람이나 자신들의 풍습, 문화밖에 인정하지 않는 자문화중심주의인 사람에 비하면 여러 문화가 있다는 것을 알고, 인정하고, 서로에게 관용적이 될 수 있다면 그쪽이 훨씬 괜찮기 때문입니다.

저도 제 주장이 무조건 다 맞고 진리라고 말하려는 건 아닙니다. 그러면 독단주의자가 되어버립니다. 사람은 누구나 틀릴 때가 있고 저도 그렇습니다. 하지만 저는 제 생각을 말하고 싶고 그 생각에 대한 사람들의 의견을 듣고 싶습니다. 실제로 수업 시간에 고맙게도 학생들이 자신의 생각은 다르다면서 다른 의견을 말할 때가 있습니다. 학생의 생각이 잘못된 경우도 있지만, 왜 그런 생각을 했는지 이해가 가는 부

분도 있습니다. 이해할 수 있는 의견인 경우에는 제 생각이 틀렸다는
것을 인정하고 덕분에 새로운 것을 하나 알게 된 것이니 학생들과 함
께 기뻐하고 있습니다.

부록 2 윤리학자는 어떻게 연구하는가

무수한 규칙을 정리

윤리학의 방법

윤리 및 윤리학이 어떤 것인지, 왜 필요한지 대략 알았다면, 다음으로 알아봐야 할 것은 윤리학 연구는 어떻게 하는가입니다. 실제로 강의가 진행되며 윤리학의 내용이 보이기 시작하고 이해를 할 수 있게 될 때쯤이면, 윤리학 연구는 어떤 식으로 이루어지는지 궁금해하는 질문이 늘어납니다.

이걸 궁금해하는 사람이 많은 이유는 우리가 잘 알고 있는 학문 방법이 과학에 편중되어 있기 때문이 아닐까 합니다. 과학은 실험과 관찰이라는 익숙한 방법을 사용하죠. 하지만 예를 들어 윤리학에서 '사람을 죽이면 안 된다'라는 것을 다룬다면 이건 실험할 수

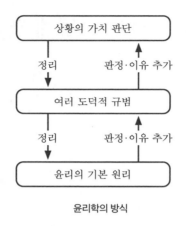

윤리학의 방식

가 없습니다. 그럼 어떻게 하면 될까요?

기본 방식

간단히 말하면 도덕적이라고 생각되는 여러 가치 판단을 묶어서 정리하는 것, 이것이 기본 방식입니다. 정리를 하다 보면 일종의 규칙처럼 되어 있는 것을 찾을 수 있습니다. 그것이 도덕적인 규범입니다. 그것을 더 정리하면 마지막에는 이른바 윤리의 기본 원리 같은 것이 나옵니다. 그러고 나면 이제 그것을 근거로 여러 규범이 적절한지 아닌지를 판단하거나 이유를 붙일 수 있습니다.

가치 판단에서 규범으로

출발점은 실제로 우리가 가치 판단을 하고 있는 상황입니다.

어떤 일을 접하면 우리는 그 상황을 보고 좋다, 나쁘다, 맞다, 아니다라는 가치판단을 합니다. 예를 들어 어떤 아이가 다른 아이를 괴롭히고 있는 걸 보면 "그런 짓은 하면 안 돼!"라고 혼을 냅니다.

그 경우에 우리가 판단한 것은 눈앞에 보이는 개별 행위에 관한 것입니다. 하지만 우리는 모든 행위를 하나하나 그때마다 개별적으로 판단하고 있을까요? 그냥 단순하게 '이건 안 돼, 이건 해야 돼'라고만 생각하고 있을까요? 모든 일, 모든 상황을 일일이 판단하고 결정하려면 너무 힘들기도 하고 판단이 흔들릴지도 모릅니다. 즉 우리가 '이건 안 돼'라고 할 때의 '이것'은 특정 개별 행위가 아니라 그런 종류의 행위인 것입니다.

이것은 단순한 가치판단이 아니라 나의 판단을 뒷받침하고 있는 가치에 관한 사고방식입니다. 이것이 바로 규범입니다.

노 모어 룰즈!

인간은 옛날부터 이런 규범을 전해왔습니다. 어른들이 아이들에게, 세대를 넘어 세대로 전해왔습니다. 그리고 긴 역사 속에서 여러 가지 습관이나 규정, 규칙, 법률을 만들었습니다. 하지만 그 덕에 수도 엄청나게 많아졌지요. '노 모어 룰즈!'라는 말이 있습니다. 룰이 너무 많아서 룰 같은 건 이제 필요 없다는 뜻입니다.

규범에서 기본 원리로

모든 상황, 개별 행동을 일일이 생각하고 판단하기엔 너무 오래 걸리니까 규칙, 규정이 필요합니다. 하지만 규칙도 너무 많습니다. 그래서 세세한 개별 규칙보다는 '규칙의 규칙(메타 룰)' 같은 것이 있으면 좋을 것 같습니다. 이것이 도덕이나 윤리의 기본 원리입니다.

윤리학자들은 규칙, 원칙, 원리로 세세하게 구별하기도 합니다만, 여기서는 일반적인 여러 규범 즉 윤리와 도덕, 그리고 그것들을 뒷받침하고 있는 윤리의 기본 원리라는 대략적인 구별만을 해 두겠습니다.

예를 들어 '칼로 사람을 찌르면 안 된다'를 봅시다. 규칙이 이것밖에 없다면 "그럼 송곳으로 찌르는 건 괜찮나요?"라는 질문이 나올 수 있습니다. 중요한 것은 '무엇으로도 사람을 찔러서는 안 된다'입니다. 하지만 사람을 찔러서는 안 된다 말고도, 여자아이의 치마를 들추면 안 된다, 다른 사람을 때리면 안 된다, 다른 사람을 발로 차면 안 된다는 규칙도 있을 수 있겠죠. 그 밖에도 여러 가지 경우가 있겠지만 노 모어입니다. '다른 사람을 다치게 해서는 안 된다'가 기본입니다.

마찬가지로 남의 가방을 망가뜨리면 안 돼, 다른 아이의 장난감을 부수지 마, 다른 아이의 옷을 찢지 마 등등을 정리하자면, '다른 사람의 물건을 훼손해서는 안 된다'가 됩니다.

나아가서 이 두 가지는 결국 '타인의 권리를 침해해서는 안 된다'로 묶을 수 있습니다. 이렇게 처음에는 무수히 많은 것처럼 보였던 가치 판단을 몇 가지 규칙으로 묶은 후에 아주 적은 규칙 즉, 윤리의 원리로 정리하는 것입니다.

이유로서의 원리

그렇게 찾아낸 윤리의 원리가 '~해서는 안 된다'라든가 '~해야 한다'라는 도덕적 규범이나, 그 상황의 가치 판단을 뒷받침하는 이유가 됩니다. 또한 다양한 도덕적 규범이나 가치 판단이 바른지 아닌지를 판단할 수도 있게 됩니다.

본문에도 썼지만 이런 기본 원리는 추상적이 될 수밖에 없는데, 사실은 그래야 더 편리합니다. 너무 구체적이면 오히려 곤란합니다.

기본 원리를 정한다

정리하는 건 너무 힘들어

이런 식으로 정리하는 작업을 하다 보면 윤리의 기본 원리가 드러납니다. 하지만 이 방식에는 난점이 두 가지 있습니다.

하나는 시간과 수고가 너무 많이 든다는 것입니다. 여러 도덕적 규범을 정리해나가는 일은 실제로 해보면 너무나 힘이 듭니다.

이 방식은 예전부터 있었지만(아리스토텔레스), 현대에는 미국의 연구자 제인 제이콥스가 시도했습니다.

제이콥스는 윤리학자가 아닙니다. 도시계획 연구로 명성을 얻었고, 만년이 되어서 우리의 생활이 얼마나 '도덕이라는 가느다란 실'에 의지하고 있는지를 통감하고 나름대로 도덕에 대한 연구를 시작했습니다.

그녀는 도서관에 틀어박혀 신문과 잡지, 역사책을 닥치는 대로 읽고 기록하며 사람들이 규범이라고 생각하는 것들을 최대한 많이 모았습니다. 그리고 정리에 정리를 반복해 결국 서른 개 정도로 추렸습니다. 정직할 것, 용감할 것, 충실할 것, 계약을 지킬 것 등등.

하지만 제이콥스는 이 작업에 무려 15년이 걸렸다고 합니다. 규범을 모아서 정리하는 작업은 이 정도로 많은 시간과 노력이 필요합니다.

어디서 멈춰야 하지?!

하지만 이게 끝이 아니었습니다. 무수히 많은 도덕적 규범을 정리했을 때쯤 제이콥스는 기묘한 것을 발견합니다. 옛날부터 중시되어온 규범에는 서로 모순되는 것이 포함되어 있더라는 것입니다. 예를 들어 '베풀어라'가 있는가 하면 '절약하라'도 있습니다. 이 두 가지는 모순적이라서 양립할 수 없습니다.

이러면 일관적이지 않을 테고 일관적이지 않으면 사람들이 받아들이지 않을 것입니다. 어떻게 해야 할까요? 두 가지 방식을 생각할 수 있습니다. 한 가지는 어느 한쪽을 올바른 도덕으로 남기고 다른 한쪽을 버리는 것입니다. 또 한 가지 방식은 모두 남기는 것입니다. 도덕에 두 종류가 있다고 생각하는 것이죠. 우리의 표현으로 하자면 두 가지 기본 원리를 인정하는 방식입니다.

제이콥스는 두 번째 방식을 선택했습니다. 찾아낸 도덕적 규범

중에는 서로 모순되는 것도 있는 한편, 서로 연동되는 것도 있어서 모순되는 것을 나누고 연동되는 것을 연결하면 깔끔하게 나눌 수 있다고 생각했기 때문입니다.

그녀는 '정직할 것, 절약할 것, 계약을 존중할 것'은 장사에서 중요한 도덕이고, 한편 '충실할 것, 베풀 것, 용감할 것'은 관료제 조직에 중요한 도덕이라는 식으로 두 종류의 원리로 정리해 각각을 시장의 윤리, 통치의 윤리라고 이름을 붙였습니다.

시장에서는 자유로운 개인이 물건을 주고받습니다. 서로 평등합니다. 하지만 조직에서는 아랫사람은 윗사람을 따르는 것이 기본입니다. 보스가 있고 부하가 있어서 평등하지 않습니다. 하지만 그래야 조직을 확실히 지킬 수 있습니다. 회사나 관공서가 그 전형입니다.

참 잘 정리한 방식이긴 한데 정말로 두 종류밖에 없는지 의문이 듭니다. 제이콥스는 강하게 주장합니다만, 조금 더 세세히 나누면 사실은 네 종류일지도 모르고, 좀 더 많을지도 모릅니다. 좀 더 크게 정리하면 결국에는 하나가 될지도 모릅니다(벤담이나 칸트는 그렇게 했습니다).

따라서 정리한다고 하더라도 어디에서 멈출지가 중요해집니다.

발상의 전환

그렇다면 먼저 기본 원리를 정해두는 건 어떨까요? 이 장의 서두에서 살펴본 '정리한다'는 방식과는 반대되는 방식입니다. 원리를 먼저 정해두면 '어디까지 정리할 것인가'라는 문제에 막히지 않습니다.

칸트나 벤담은 원리로만 생각했던 대표주자들입니다. 그들의 원리는 오직 하나였고 아주 엄격했습니다.

그럼 우리는 정리하는 방식과 원리만 보는 방식, 두 가지를 참고하면서 우리 나름대로의 방법을 찾아봅시다.

부록 3 어떻게 기본 원리를 정하는가

기본은 하나인가

벤담의 경우

일단은 비교적 알기 쉬운 벤담의 공리주의부터 알아봅시다.

벤담은 『도덕 및 입법의 원리서설』의 서장에서 '인간은 모두 쾌락(기쁨, 즐거움)을 추구하고 불쾌(고통)를 피하려고 한다'는 알기 쉬운 출발점을 설정합니다. 순수한 도덕적 선을 지향해야 하며, 결과적으로 얻을 수 있는 이익을 추구하면 안 된다고 말하는 사람(칸트)도 있지만, 벤담은 우리의 지극히 당연한 욕구에서 출발해서 그것을 선으로 충족하면 된다고 생각했습니다. 쾌락은 플러스, 불쾌는 마이너스입니다. 플러스를 늘리고 마이너스를 줄이면 된다는 것이죠.

이것은 쾌락이나 불쾌를 양으로 파악할 수 있다는 전제가 있을 때 성립되는 이야기인데, 이 전제 자체가 굉장히 무모합니다. 하지만 전제를 설정만 해두면 계산이 가능해집니다. 이른바 쾌락 계산이라는 사고방식입니다.

이 생각을 기반으로 벤담이 주장한 것이 '최대다수의 최대행복'으로, 유명한 공리성의 원리입니다. 최대한 많은 사람이 최대한 많이 행복하도록 하는 것이죠.

양이라서 더하면 합계가 나오고, 이것을 사회 전체까지 넓힙니다. 벤담의 목표는 여기에 있었습니다. 벤담이 중시하는 것은 사회 전체에서 쾌락을 최대화하는 것입니다.

이 사상의 이점은 인간은 쾌락을 추구하고 불쾌를 피하려 한다는 누구나 공감할 수 있는 전제에서 출발했기 때문에 논리 전개가 매우 원활하게 진행된다는 것입니다. 자신감을 갖게 된 벤담은 이것이 단 하나의 옳은 원리라고 주장합니다. 아무도 부정할 수 없을 테니 반론할 수 있으면 해보라고 합니다.

벤담은 오직 하나의 원리만 주장한 사람입니다.

그에 따른 약점이 있습니다. 원리가 하나뿐이라면 그것에 해당되지 않는 경우가 나오기 때문입니다. 그렇다고 예외를 인정하면 기껏 세운 원리가 무색해지고, 예외를 용납하지 않으면 너무 엄격해져버립니다.

고드윈의 경우

벤담은 사회 전체의 행복을 최대치로 늘리는 것이 좋다고 주장합니다. 그리고 인간을 차별하면 안 된다고 생각했습니다.

이 생각에 감명을 받은 윌리엄 고드윈은 결혼도 하면 안 된다고 주장했습니다. 결혼하면 특별한 관계가 되어버리니 배우자를 타인보다 우선하게 될 것이고, 그러면 평등을 위반하게 되기 때문입니다.

물론 공리성의 원리는 중요하고, 인간은 평등하다는 생각도 중요합니다. 그걸로 모든 것이 해결된다면 편하겠지만, 우리는 사회 안에서 살아가고 있으며 가족의 구성원이기도 하고 회사의 직원이기도 합니다. 아무리 기본 원리가 적을수록 좋다고 해도 벤담이나 고드윈은 인간을 너무 단순하게 생각한 것 같습니다. 오히려 복잡함을 잘 이해하기 위해서 기본 원리를 여러 개 생각하는 게 낫지 않을까요?

참고로 고드윈은 후에 자신의 주장을 버리고 결혼을 합니다.

기본은 여러 개인가

덕 윤리학의 경우

아리스토텔레스 선생님의 생각도 간단하게 알아봅시다. 아리스토텔레스는 제이콥스가 활용한 정리 방식의 원조입니다. 사람들이 일반적으로 생각하는 도덕관에서 출발했고, 정리 끝에 '덕'이라는 핵심 개념을 찾아냈습니다. 그가 생각한 덕은 관대함, 용기, 절제, 정의 등 여러 가지입니다. 즉, 아리스토텔레스의 덕 윤리에는 기본 원리가 많이 들어 있습니다.

덕을 주목하는 사상은 동양에서도 찾을 수 있습니다. 유교의 경우, 인(仁), 예(禮), 효(孝)라는 덕이 중시되었습니다. 인은 배려, 의는 정의, 효는 효도입니다.

덕 윤리는 기본 원리가 하나뿐인 공리주의보다 현실에 유연하게 대처할 수 있다는 점에서 큰 이점이 있습니다. 잠시 잊혔던 덕 윤리가 최근 다시 주목받고 있는 것도 이것 때문입니다. 칸트의 의무론, 벤담의 공리주의가 너무 경직적인 사고방식이 아니냐는 자성의 목소리가 나왔기 때문입니다.

덕 윤리에도 약점은 있습니다. 개념이 너무 많아서 수습이 불가능하다는 점입니다.

애초에 어느 정도의 덕이 있어야 훌륭한 인간인지를 판단하는 것이 어렵습니다. 현대의 덕 윤리론자 중에는 수십 개의 덕이 있어야 한다고 주장하는 사람조차 있습니다. 게다가 이렇게나 많은 덕이 각각 왜 중요한지를 깔끔하고 누구나 이해할 수 있게 설명하는 것이 어렵습니다.

또한 덕이라는 것은 성질이라서 구체적인 양을 보여주지 않습니다. 근대 이후 우리는 과학의 영향으로 양으로 모든 것을 파악하는 것이 익숙해진 바람에 질적인 것은 모호하다고 느끼게 되었습니다.

근대에 덕이라는 생각이 후퇴해 유일한 원리를 가진 공리주의
가 다시 힘을 얻게 된 이유가 바로 이런 점에 있습니다.

너무 많아도 너무 적어도

〈첫 심부름〉이라는 TV 프로그램에서 어린 여자아이가 아빠의 심
부름을 하는 장면을 본 적이 있습니다. "케이크 가게에 가서 케이
크를 사고 그걸 엄마가 일하는 댄스 교실에 가져가는 거야. 그러고
나서…" 이 얘기를 듣고 나서 여자아이가 했던 대답을 잊을 수 없
습니다. 아이는 엉엉 울면서 이렇게 말하더군요.

"너무 많아서 못 외우겠어!"

아이의 마음이 이해됩니다. 아리스토텔레스 선생님이 "용기가
없으면 안 된다, 그리고 절제도 해야 한다, 또 관대해야 하며 온화
해야 하고 늘 정직해야 한다. 그리고…"라고 말씀하시면 "너무 많
아서 못 외우겠어요!"라고 소리치고 싶어질 것 같습니다.

하지만 현실은 한두 개의 원리로 해결할 수 있을 만큼 단순하지
않습니다. 그러면 예외를 처리할 수 없고 머리가 패닉 상태가 될
수 있습니다.

이렇듯 원리는 너무 많아도 너무 적어도 안 된다는 것을 알 수
있습니다. 한두 개로는 너무 적고 열 개가 너무 많다면, 그 중간을
노리는 게 좋을 것 같습니다.

기본원리의 기반을 추구하며

소수원리주의는 윤리를 좁게 생각하고 있다

기본 원리는 몇 개로 정하는 게 좋을까요?

중요한 문제라서 대충 정할 수는 없습니다. 이건 단순히 개수의 문제가 아닙니다. 원리의 수를 몇 개로 할지는 애초에 윤리라는 것을 어떻게 이해하는지와 큰 관련이 있습니다.

벤담은 원리를 하나로 정했지만, 이런 식으로 기본 원리의 개수를 적게 할 수 있었던 것은 윤리를 한정하여 좁게 생각했기 때문입니다. 벤담은 수량화할 수 있는 사회적인 것에 초점을 맞춰서 생각했습니다. 그에게 있어 수량화할 수 없는 것은 윤리의 대상이 아니고 가족이나 연인이라는 친밀한 관계는 안중에 없습니다.

제이콥스는 정리를 하면서 결국엔 두 종류의 도덕을 찾았습니다. 이른바 이원리주의입니다. 벤담보다는 폭넓게 생각했고 원리 하나에만 집착하지 않았습니다. 하지만 그녀가 결국 이 두 가지로 추린 것 또한 그 이외의 것을 배제하거나 고려하지 않았기 때문입니다. 그래서 기본 원리의 숫자가 적어도 괜찮았던 것입니다.

하지만 우리의 목표는 보통 사람의 인생을 최대한 아우르는 윤리학을 만드는 것입니다. 이 관점에서 보면 그들의 원리만으로는 부족합니다.

우리가 조금 욕심을 부리고 있는 것이긴 합니다. 훌륭한 윤리학자들도 윤리의 영역을 좁게 만들어 간신히 윤리의 기본 원리를 발견했는데, 범위를 넓힐 만큼 넓힌 우리는 과연 괜찮을까요?

관점 정하기

기본 원리를 정하려면 윤리라는 것을 어떻게 생각할지, 어떤 관점에서 생각할지가 중요합니다. 벤담이 하나의 원리를 채택한 것은 사회에 초점을 맞추어 수량적으로 생각했기 때문입니다. 제이콥스의 원리가 두 개였던 것은 노동에 관한 윤리였기 때문입니다. 기본 원리를 정하려면 먼저 어떤 부분에서 찾아낼 것인지 관점을 정해야 합니다. 우리의 목표는 보통 사람의 인생을 최대한 아우르는 알기 쉽고 실용적인 윤리학입니다. 그럼 이제 우리의 일상을 아우르기 위해서 어떻게 생각하면 좋을지, 어떤 점에 주목하면 좋을지 관점을 정하는 것부터 시작합시다.

본문을 먼저 읽은 사람은 이 책에서 채택한 방식이 부록에서 설명한 두 가지 방식을 합친 것이라는 걸 알았을 것입니다. 사람들이 윤리, 도덕이라고 생각하고 있는 것을 참고해서 그것들을 정리해나가는 방식과, 동시에 기본적인 시점을 확립한 다음에 원리의 개수를 정해나가는 방식입니다.

원리의 개수는 너무 많지도 너무 적지도 않게 정리했습니다. 그 결과 기본 원리는 세 개. 부록을 먼저 읽으신 분은 여기서 나온 설명을 머리에 먼저 넣어두고 본문으로 가서 세 가지 원리를 확인해주세요.

아리스토텔레스는 수많은 덕을 생각했습니다. 그리고 모든 덕에는 공통점이 있다고 생각했습니다. 벤담이 주장한 유일한 원리와는 조금 다른 점은 바로 중간(중용)이었습니다. 중간은 극단으로 가지 않는 균형이 잡힌 것을 말합니다. 예를 들어 용기가 덕인 이유는 너무 크면 만용이 되고 너무 적으면 겁쟁이가 되고 그 중간이 딱 좋기 때문입니다(따라서 '어느 정도 용기가 있으면 되는가'라는 양은 문제가 되지 않습니다. 양을 정해주지 않아 용기를 모르겠다면 이는 덕을 익히지 않은 것입니다). 그리고 그는 우리 삶을 멀리 내다보고 적절히 조화롭게 덕을 발휘하는 실천적인 지혜(프로네시스/phronesis)가 중요하다고 생각했습니다. 최근에는 비즈니스에서도 아리스토텔레스형 경영이 유행하고 있고 그중에서도 프로네시스가 중요시되고 있습니다).

즉, 아리스토텔레스의 생각으로는 덕에서 중요한 건 '조화롭고 유연하게'입니다.

제이콥스도 마찬가지입니다. 그녀는 도덕은 두 종류밖에 없다고 완고하게 말하지만, 말하자면 전환하는 유연성이 중요하다고 말하고 싶었던 것입니다. 실제로 제이콥스는 도덕 유연성(모럴 플렉시빌리티/moral flexibility)이라는 말을 키워드로 사용하고 있습니다(단, 이건 윤리 선택으로 번역되어 알기 어려운 말이 되어버렸습니다).

이렇듯 한 가지 원리를 강요하기보다는 여러 개의 기본 원리를 인정하고 전체를 내다보며 그것들을 유연하게 사용할 수 있으면 좋을 것 같습니다.

실제로 다양한 상황에서 유연하게 생각하고 판단하고 행동하는 것은 우리니까요. 윤리학에 정답은 있지만, 그것은 추상적인 원리이며 그것을 응용해서 사용하는 것은 우리라는 사실을 다시 한번 기억해주세요. 내 인생의 주인공은 바로 나 자신이니까요.

왜 그렇게 살아야 할까

초판 발행   2024년 10월 25일

지은이   히라오 마사히로
옮긴이   최지현
펴낸이   김정순
책임편집   최형욱
편집   허영수
마케팅   이보민 양혜림 손아영

펴낸곳   (주)북하우스 퍼블리셔스
출판등록   1997년 9월 23일 제406-2003-055호
주소   04043 서울시 마포구 양화로 12길 16-9(서교동 북앤빌딩)
전자우편   editor@bookhouse.co.kr
홈페이지   www.bookhouse.co.kr
전화번호   02-3144-3123
팩스   02-3144-3121

ISBN   979-11-6405-284-4   03190